MICHAEL HERBST
FELIX EIFFLER

Mündig!

LEBENDIGES CHRISTSEIN
VOLLER KLARHEIT

SCM
Hänssler

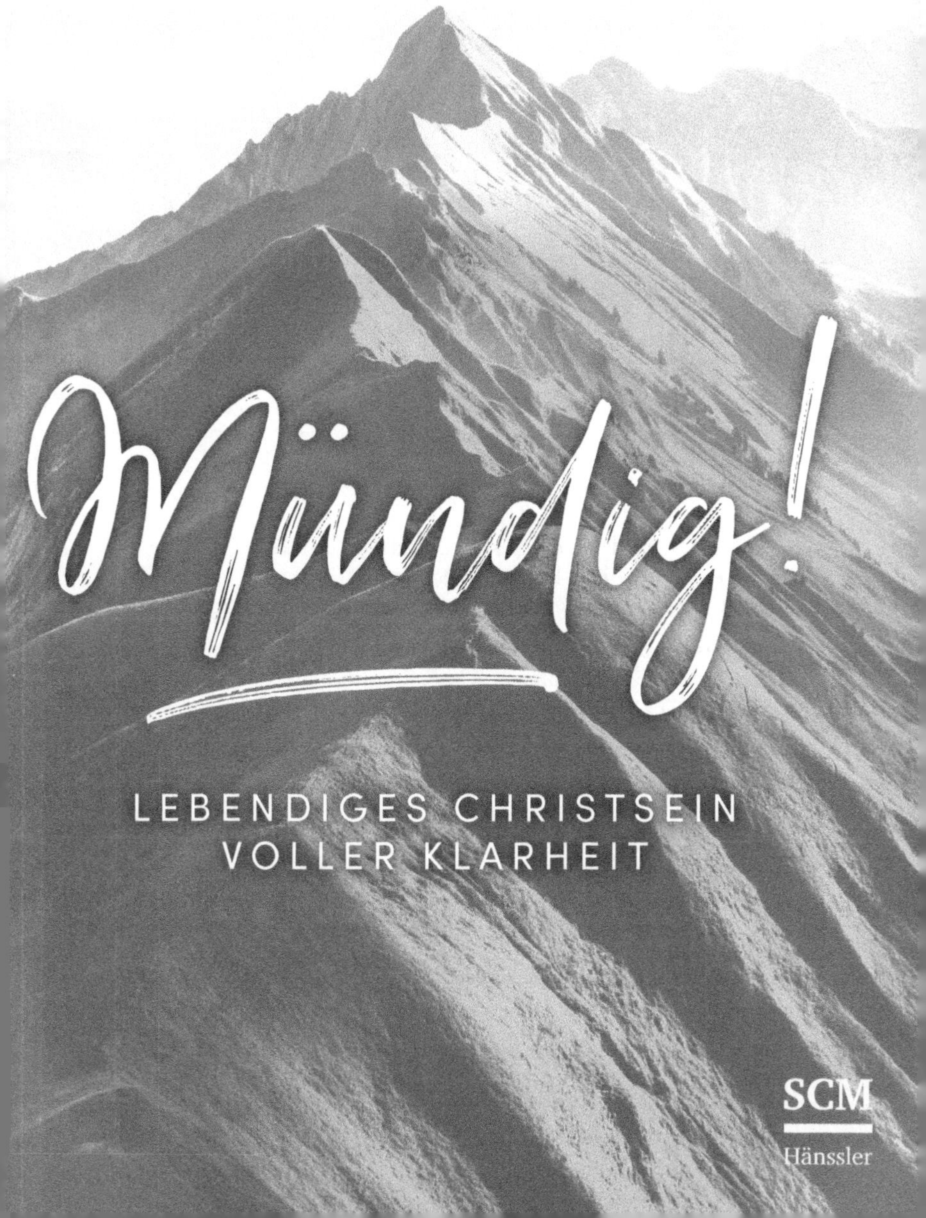

SCM

Stiftung Christliche Medien

SCM Hänssler ist ein Imprint der SCM Verlagsgruppe, die zur Stiftung Christliche Medien gehört, einer gemeinnützigen Stiftung, die sich für die Förderung und Verbreitung christlicher Bücher, Zeitschriften, Filme und Musik einsetzt.

MIX
Papier aus verantwortungsvollen Quellen
FSC® C014496

Max-Eyth-Str. 41 · 71088 Holzgerlingen
Internet: www.scm-brockhaus.de; E-Mail: info@scm-brockhaus.de

Die Bibelverse sind, wenn nicht anders angegeben,
folgender Ausgabe entnommen:
BasisBibel © 2021 Deutsche Bibelgesellschaft, Stuttgart. www.basisbibel.de

Umschlaggestaltung: Kathrin Spiegelberg, www.spika-design.de
Lektorat: Christiane Kathmann, www.lektorat-kathmann.de
Titelbild: etienne-bosiger/Unsplash
Autorenfoto Herbst: © Kaja Kaiser
Autorenfoto Eiffler: © Carla J. Witt
Satz: typoscript GmbH, Walddorfhäslach
Druck und Bindung: GGP Media GmbH, Pößneck
Gedruckt in Deutschland
ISBN 978-3-7751-6155-8
Bestell-Nr. 396.155

INHALT

EINFÜHRUNG

Volljährig. Erwachsen. Geschäftsfähig. Straffähig. Alles das umfasst Mündigkeit. Aber was bedeutet es, im Glauben an Jesus Christus mündig zu werden? Wie äußert sich Mündigkeit, und wie erreicht man sie? Also: Wie wird man eine mündige Christin bzw. ein mündiger Christ?

Wenn man den Begriff »mündig« als rechtlichen Begriff versteht, dann bedeutet »mündig glauben« so viel wie »erwachsen glauben«. Es beschreibt einen Glauben, der reif und den Kinderschuhen entwachsen ist. Mündiger Glaube ist Glaube, der nicht kindisch ist – also nicht unreif, nicht unreflektiert und nicht bequem.

Damit ist keineswegs gemeint, dass Glaube nicht kindlich sein soll – so wie es Jesus fordert (Markus 10,13-16) –, im Gegenteil! Kindlich sein bedeutet neugierig, vertrauensvoll und abhängig zu sein. Kinder wissen, dass sie vieles (noch) nicht können und Hilfe brauchen. Zudem wissen Kinder, dass ihre Eltern (normalerweise) für sie da sind und sie unterstützen. Kinder schätzen damit sich und ihre Situation durchaus zutreffend ein. Das kommt unserer Beschreibung von Mündigkeit schon ziemlich nah. Wenn wir von einem reifen Glauben sprechen, dann meinen wir einen Glauben, der in diesem Sinne kindlich ist: einen Glauben, der ein Gespür für die richtigen Verhältnisse hat. Einen Glauben, der neugierig und vertrauensvoll ist und von Gott und seiner Güte abhängig bleibt.

Aber wir verbinden noch mehr mit »mündig«. Im Anschluss an eine berühmte Formulierung des Philosophen Immanuel Kant lautet der Grundgedanke dieses Buches. Mündigkeit ist der Ausgang aus geistlicher Unmündigkeit, indem man über zwei Dinge Klarheit gewinnt: über sich selbst und über Gott. Oder anders: Mündig zu sein bedeutet, sich selbst zu durchschauen und Gott zu erkennen.

Sich selbst durchschauen heißt, dass wir keine Illusionen über uns haben, sondern uns so wahrnehmen, wie wir sind, sodass wir uns selbst realistisch einschätzen. Wir nehmen unsere Ambivalenzen wahr. Wir sind weder nur gut noch nur schlecht, sondern wir entdecken beides in uns: die Fähigkeit zu Gutem und zu Schlechtem. Sich zu durchschauen umfasst auch, dass wir den unangenehmen Seiten unseres Charakters nicht ausweichen und nicht nur unsere Schokoladenseiten betrachten. Letztlich bedeutet Selbsterkenntnis, dass wir uns so sehen, wie Gott uns sieht. Dann entdecken wir, dass wir zutiefst geliebt sind und zugleich von tiefem Misstrauen Gott (und anderen) gegenüber geprägt sind.

Selbsterkenntnis hängt also eng mit Gotteserkenntnis zusammen. Gott zu erkennen beschreibt einen sehr persönlichen und intimen Vorgang. Das hebräische Wort für »Gott erkennen« wird in der Bibel auch zur Beschreibung von Sex gebraucht (1. Mose 4,1). Sex beschreibt die intensivste und exklusivste Form, wie Menschen sich begegnen, sich empfangen und sich erkennen können. Die Erkenntnis Gottes hat auch diese Qualität: die intensive und exklusive Intimität. Es ist die Entdeckung des Herzens Gottes. Sein Wesen, seine Liebe und sein Charakter. Das innere Geheimnis Gottes beschreibet Johannes als Liebe (1. Johannes 4,7-21). Das Wunder dieser dynamischen Liebe beschreiben Christen mit dem Begriff »Trinität«. Gott ist nicht allein. Er ist drei in eins. Er ist Beziehung, Leben und Liebe. Und er lädt uns ein, Teil seiner Liebesbeziehung zu sein.

Mündiger Glaube ist der Glaube eines Menschen, der auskunftsfähig ist – über sich selbst und über Gott. Das bedeutet Mündigsein im wörtlichen Sinne: einen Mund und etwas zu sagen haben. Mit anderen Worten: Mündige Christen schätzen sich selbst und Gott realistisch ein. Sie verlassen sich nicht auf Vermutungen über Gott und geben sich keinen Illusionen über sich selbst hin. Sie kennen ihre Stärken und Abgründe. Sie stehen zu sich und versuchen nicht besser zu sein, als sie sind. Sie lassen sich nicht von Umständen, Scheitern, Erfolgen oder selbst von Menschen sagen, was sie wert sind. Sie lassen sich gefallen, was Gott über sie sagt: dass sie geliebt und vermisst, verloren und gefunden sind. Mündige Christen lassen sich von Gott lieben und vertrauen ihm letztlich mehr als sich selbst. Sie kennen Gottes und ihr eigenes Herz. Sie schließen von Gott auf ihre Umstände und nicht andersherum.

Und wie geht das? Wie wird man mündig? Wie gestaltet sich mündiges Christsein konkret? Woran merke ich, dass ich mündig bin? Wie durchschaue ich mich? Wie lerne und wo lerne ich Gott kennen? Woran merke ich, dass meine Beziehung zu Gott wächst? Solchen Fragen geht dieses Buch nach.

Wir freuen uns, dass Sie sich mit uns auf die Suche nach dem Geheimnis mündigen Glaubens machen. Wir wünschen Ihnen, dass Ihr Glaube durch die Lektüre an Klarheit gewinnt.

Wir danken denen, die uns geholfen haben, dieses Buch fertigzustellen: Lara Nayomi Keller und Stella Falgenhauer haben Korrektur gelesen. Der SCM Verlag hat unser Buch in sein Verlagsprogramm aufgenommen; wir danken Annalena Pabst, Christiane Kathmann, Heike Hütter und Carola Spengler für die Mühe mit unserem Buch. Wir danken unserer Gemeinde »GreifBar«, in der wir manches aus diesem Buch in unseren Predigten vorstellen konnten. Wir danken unseren Ehefrauen; ohne die Gemeinschaft mit ihnen könnten wir kaum schreiben, was wir geschrieben haben. Denn sie gehören wesentlich zu denen, die uns auf unserer Reise zu mündigem Christsein geholfen haben.

Michael Herbst und Felix Eiffler
Weitenhagen und Greifswald, im August 2021

Teil I

KLARHEIT GEWINNEN ÜBER GOTT

Gottes Alleinstellungsmerkmal: Vergebung

Ich mag diesen »kleinen Propheten« schon wegen seines Namens: Micha. Das muss ja gut werden! Micha, Kurzform für Michael. Als ich geboren wurde – und das ist noch nicht so lange her –, da war Michael die Nr. 1 unter den Jungennamen. Mit Abstand. Wenn damals ein Kind geboren wurde, hieß es Angelika oder Michael. Michael – deutlich vor Klaus, Peter, Hans, Jürgen und Thomas. Das waren noch Zeiten. Heute lauten die Spitzenreiter bei den Jungennamen Noah, Ben, Matteo und Finn. Und was wurde aus Michael? Es ist eine Schande: Michael liegt auf Platz 92, hinter (hinter!) Pepe, Fiete und Fritz. Verrückte Zeiten.

Micha lebte vor über 2700 Jahren in Israel, 750 Jahre vor unserer Zeitrechnung, und hatte einen besonderen Beruf – er war Prophet. Nicht, weil er Voraussagen über die Zukunft gemacht hätte, sondern weil er sagen konnte, wie es um sein Volk stand, und »klare Kante« zeigte. Micha nahm keine Rücksicht auf zartbesaitete Gemüter. Er kritisierte die Zustände in seinem Land hart. Er machte mehr als deutlich, dass Gott, in dessen Dienst er stand, überhaupt nicht einverstanden war mit dem, was er sah. Und was sah er? Er sah, wie Reiche immer reicher und Arme immer ärmer wurden. Er sah Korruption und Betrug, er sah rücksichtslose und verlogene Machthaber. Und Micha sagte: »Gott wird sich das nicht mehr länger anschauen.«

Interessant: Gott findet solche Zustände nicht lustig! Prophet war Micha, weil er das laut und deutlich aussprach. Prophet war Micha, weil er dazu aufrief, umzukehren, sein Leben zu ändern, anders miteinander umzugehen.

Mündig sein heißt: sich unangenehmen Wahrheiten stellen

Sein Buch ist eher ein Büchlein, gerade mal sieben Kapitel lang – aber sieben Kapitel, die es in sich haben. Micha wettert, zetert, kritisiert, schimpft, klagt. Er lässt kein gutes Haar an seinen Zeitgenossen. Und damit zeigt er uns einen Ausschnitt vom Leben, der nicht wirklich schön ist. Er zeigt uns, was Schuld macht. Und er sagt: »Das ist wirklich hässlich, und für dieses Problem braucht ihr eine Lösung. Habt ihr eine Lösung?«

Wir müssen uns auf dem Weg zum mündigen Christsein über dieses unangenehme Thema verständigen. Denn es gehört (leider! Leider?) zum Mündigwerden, sich unangenehmen Themen zu stellen.

Sprechen wir also über Schuld. Und darüber, was sie anstellt. Nicht weil die frommen Leute immer Spaß daran haben, alle anderen als Sünder zu sehen. Sondern weil Schuld das Leben so sehr beeinträchtigt. Weil Schuld so viel kaputt macht. Weil Schuld uns in eine fatale Form von Unmündigkeit verfrachtet.

ES GEHÖRT ZUM MÜNDIGWERDEN, SICH UNANGENEHMEN THEMEN ZU STELLEN.

Wie sieht das aus? Ich will es bei einem Beispiel belassen. Nur eines. Und zwar eines, bei dem ich vermute, dass die meisten sagen werden: »Das ist wirklich nicht gut. Es ist hässlich. Es macht so viel kaputt. Wir brauchen eine Lösung!« Aber haben wir eine Lösung? Ein Beispiel, bei dem sich bei den meisten innerlich etwas regt und das Gewissen schlägt. Das Beispiel stammt von Micha.

Der Prophet beschreibt in wenigen Kapiteln das Leben zu seiner Zeit: Familien, Beziehungen und so weiter. Und er zeigt, was Schuld da anstellt. In Familien. In Beziehungen. Schuld ist ein Killer. Schuld bringt Beziehungen an den Abgrund, denn Schuld zerstört Familien (Micha 7,5-7):

Niemand kann seinem Nächsten noch über den Weg trauen. Niemand kann sich auf seinen Freund verlassen. Man muss aufpassen, worüber man redet, wenn man mit diesem oder jener spricht. Kann ich ihm vertrauen? Was wird sie damit machen? Söhne verachten ihre Väter. Töchter wollen mit ihren Müttern nichts mehr zu tun haben. Am schlimmsten ist es mit Schwiegermüttern. Tatsächlich. Ist so. Steht so in der Bibel! Und dann fasst Micha das alles zusammen, fast wie in einem Sprichwort: »Jeder Mensch hat seine Feinde im eigenen Haus« (Micha 7,6). Das alles wird durch Schuld verursacht.

Gott sei Dank ist es nicht immer so. Es gibt auch andere Verhältnisse. Familien können gut funktionieren und Menschen können einander vertrauen. Alt und Jung leben friedlich miteinander, selbst mit der Schwiegermutter.

Aber wir wissen ebenso: Immer wieder passiert es. Schuld macht kaputt. Irgendwann läuft etwas schief. Anfangs ist es gar nicht so schlimm. Eine Kleinigkeit. Ein Fehler. Ein Versäumnis. Jemand hat etwas vergessen. Die Tochter hat mich enttäuscht. Der Partner hatte einen schlechten Tag. Aber dann wird mehr daraus. Das Gespräch erstirbt. Böse Worte fallen. Gutes wird nicht mehr getan. Schweigen kehrt ein. Es wird nicht mehr verziehen. Schweigend liegt man nebeneinander. Jeder geht seine eigenen Wege und das Vertrauen schwindet.

Und schließlich kommt man an den Punkt, da wird aus einem Streit ein Konflikt, und aus dem Konflikt wird langsam Feindschaft. Irgendwann legt einer den Schalter um: Der andere tut nicht nur Böses, er ist böse. Irgendwann ist vergessen, dass man einander einmal so sehr gemocht, vertraut und geliebt hat. Jetzt entzieht jeder dem anderen seine Zuneigung und Hilfe. Schlägt zurück. Wird schuldig, macht Fehler, ohne Reue, jetzt, wo der Schalter umgelegt ist.

Schuld zerstört. Aber wenn ich ehrlich bin, muss ich sagen: Ich tue es auch. Ich beteilige mich an elenden Teufelskreisen und wirke eifrig daran mit, dass es wahr wird: »Jeder Mensch hat seine Feinde im eigenen Haus« (Micha 7,6).

Irgendwann ist es dann so weit. Schuld greift um sich. Ganze Dörfer sind betroffen und zeigen, was passiert: Niemand kann seinem Nächsten über den Weg trauen. »Jeder Mensch hat seine Feinde im eigenen Haus.« Das stellt Schuld an. Ach, seien wir doch ehrlich: Das stellen wir an. Ich. Du. Wir alle.

JEDER MENSCH HAT SEINE FEINDE IM EIGENEN HAUS.

Und oft genug finden wir keinen Ausweg mehr. Innerlich verbittert. Oder voller Scham. Ratlos, aber auch gründlich verärgert. Kein Weg führt mehr zurück zu dem Menschen, der einmal so wichtig war, so herzlich verbunden, so vertraut. Zu dem Kind, das wir im Arm hielten, oder zu dem Vater, in dessen Arme wir sprangen. Zu dem Freund, mit dem wir stundenlang redeten, oder zu der Liebsten, für die wir täglich an der Bushaltestelle standen. Kein Weg zurück. Zwischen uns ist es tot. In uns ist es dunkel. Und wir wissen, dass wir nicht unschuldig sind. Wenn wir ehrlich sind, dann spüren wir es in einem Winkel unseres Herzens. Auch ich. Nicht nur der andere. Auch ich. Ganz selten nur liegt es nur an einem, ganz oft liegt es auch an mir. Wir sind so. Es liegt auch an mir.

Mündig? Nein, die Schuld hat uns den Mund verboten, besser noch: verschlossen. Wir agieren wie unter Zwang. Wir sind gefangen im Teufelskreis von Missgunst und Bitterkeit, von Verletzen und Verletztwerden.

Wie wäre es, wenn …

Micha fragt: »Ist es nicht so?« »Nicht immer«, sagen wir. Aber doch viel zu oft. Wir kennen das. Wir waren selbst schon da, wo es so ist. Vielleicht sind wir dort auch jetzt.

Micha fragt: »Wie wäre es, wenn es jemanden gäbe, der damit fertigwird?«

»Wo sollte so jemand sein?«, könnten wir fragen.

Micha entgegnet: »Was, wenn im Himmel eine Macht wäre, die mit Schuld fertigwird? Was, wenn Gott den Willen und die Kraft hätte, Schuld zu vergeben? Was, wenn es dem, von dem alles kommt, das Herz zerreißt, wenn er sieht, wie ihr euch quält? Was, wenn es Gottes Alleinstellungsmerkmal ist, zu vergeben?«

»Moment«, sagen jetzt die einen. »Gott? Gott kommt in unserer Rechnung nicht vor. So sind wir nicht erzogen worden. Unsere Stadt im Osten ist eine Stadt ohne Gott! Das hat man uns so beigebracht. Mündige Menschen sind vernünftig ohne Gott! ›Der Himmel ist leer‹, das war unser Bekenntnis. Wo soll jetzt auf einmal ein Gott herkommen?«

»Einen Augenblick«, sagen die anderen. »Gott? Also gut, wir denken schon, dass Gott da ist. Wir gehen auch davon aus, dass er etwas mit uns zu tun hat. Er hat die Welt geschaffen. Er hat Gebote verordnet. Und er wird uns am Ende unserer Tage zur Rechenschaft ziehen. Wir haben den Eindruck: Er ist gerecht. Er ist streng. Hat Micha nicht wieder und wieder gesagt: ›Gott lässt sich das nicht bieten!‹? Hat er nicht hart kritisiert, wie es hier zugeht, und Strafe angekündigt, wenn wir unser Leben nicht ändern?«

SEHNT IHR EUCH NICHT NACH EINER LÖSUNG UND NACH EINEM NEUANFANG?

Und dann sagen sie beide, die einen und die anderen: »Gott? Diese Lösung enttäuscht uns. Falls es dich gibt, sagst du uns hiermit also, wie es um uns steht. Okay, schuldig im Sinne der Anklage! Aber deine Lösung? Müssten mündige Menschen nicht selbst damit fertigwerden?«

Aber Micha bleibt auf Kurs. »Ach was«, sagt er. Zunächst mal: »Sehnt ihr euch nicht nach einer Lösung? Nach einem Neuanfang? Nach Entlastung von alten Verfehlungen? Nach Verzeihen und Versöhnung? Nach einem frischen Start? Noch einmal anfangen können? Ganz von vorne? Immer wieder? Ohne die alten Schulden? Dann hört doch wenigstens mal zu! Hört zu, wie Gott ist:

> Gibt es einen Gott, der so handelt wie du, der Schuld vergibt und Fehler nicht anrechnet? Tut er es nicht für den Rest seines Eigentums? Ja, er hält nicht für immer fest an seinem Zorn. Denn die Güte liegt ihm mehr am Herzen. Er wird wieder Erbarmen mit uns haben: Er wird unsere Schuld zertreten und alle unsere Vergehen tief im Meer versenken. Ja, du wirst Jakob die Treue halten und Abraham mit Güte begegnen. So hast du es unseren Vorfahren geschworen, und zwar von Anfang an.«
>
> *Micha 7,18-20*

In die Tonne gekloppt und ins Meer versenkt

Warum solltet ihr bei den alten Geschichten bleiben? Stadt ohne Gott? Wer sagt, dass eure Lehrer damals in der Schule recht gehabt haben? Warum muss es stimmen, was man euch eingeimpft hat?

Was, wenn jene Menschen die Wahrheit sagen, die behaupten: »Es war Gott, der mich ins Leben gerufen hat. Es ist Gott, der für mich sorgt. Ich habe es erfahren: Es ist Gott, der mich entschuldet. Er hat mir einen neuen Anfang geschenkt. Er hat alte Lasten von mir genommen«?

Micha beschreibt es so: »Er zertritt die Schuld.« Bei uns in Westfalen heißt es: »etwas in die Tonne kloppen«. Gott kloppt die Schuld in die Tonne. Micha gebraucht noch eine andere Wendung: »Er versenkt die Schuld in den Tiefen des Meeres.« An der Ostsee muss man dazu ziemlich weit rausfahren. Ganz weit weg, ganz tief unten. Mülleimer und Meer erzählen es: »Sie ist weg, die Schuld, wenn Gott sich ihrer annimmt. In die Tonne gekloppt. Im Meer versunken. Denkt doch mal! Wenn das wahr wäre! Wäre es nicht einen Versuch wert?«

Und ihr, habt ihr Gott wirklich schon ganz verstanden? Ihr glaubt an ihn. Recht so! Ihr seht, dass er euch das Leben gegeben hat und es erhält. Ja. Ihr erkennt an, dass er die Regeln für ein gutes Leben aufgestellt hat? So ist es! Ihr habt verstanden, dass Gott es nicht ausstehen kann, wenn ihr Arme unterdrückt, betrügt und lügt, eure Beziehungen vor die Wand fahrt und aus Liebe Feindschaft werden lasst? Ihr seht, dass ihr eines Tages für euer Leben Rechenschaft ablegen müsst? So ist es, so ist es wirklich.

> DIE SCHULD IST WEG, WENN GOTT SICH IHRER ANNIMMT.

Mündiges Dasein ist rechenschaftspflichtig. Man erkennt den Erwachsenen daran, dass er weiß: Zu alledem muss ich »ich« sagen. Ich muss für mein Dasein geradestehen. Ich werde zur Verantwortung gezogen. Als mündiger Mensch entziehe ich mich der Verantwortung nicht. Wie auch, es würde ja sowieso nicht funktionieren!

Aber wenn das alles ist, was ihr von Gott begriffen habt, dann tut ihr mir leid. Dann habt ihr das Ende nicht gelesen! Dann seht ihr nur das halbe Bild. Micha sagt all das, was ihr auch sagt. Aber dann erklärt er: Für jeden anderen wäre dies das Ende. Nicht für Gott. Dieser leidenschaftliche Gott erträgt es nicht, euch loszulassen. Es zerreißt ihm das Herz. Er sucht einen anderen Weg. Die Schuld muss weg. Gott wird einen gewaltigen Preis dafür bezahlen, dass sie wegkommt. Aber das ist eine andere, eine lange Geschichte. Vergebung heißt Gottes Lösung. Vergebung für jeden, der es sich gefallen lässt. Vergebung für jede, die sich danach sehnt. Noch einmal anfangen. Alle Rechnungen beglichen. Das Gewissen frei und froh, das Herz leicht, die Last vom Rücken gehoben, der Gang aufrecht, mündiges Leben »reloaded«.

Vergebung! Vergebung?

Micha sagt: »Genau das, haargenau das will ich euch doch sagen: Das ist Gottes Alleinstellungsmerkmal. Vergebung! Für jeden, der sie will. Für jede, die es sagt: Vergib, mein Gott, verzeih mir, was ich angestellt und kaputt gemacht habe. Entschuldige mich! Und Gott? Gott tut, was Gott tun will: Er tritt Schuld in die Tonne. Er versenkt Versagen im tiefsten Meer. Weg. Frei. Neu. Und dann spürst du: Ich fange noch einmal an. Von vorne. Ein erstes Mal. Und wenn es sein muss, an jedem neuen Tag noch einmal.«

»Nun mal langsam«, möchten manche jetzt antworten, »nehmen wir an, es sei so mit Gott. Er sei so: Barmherzig nennt ihr das, mitfühlend und warmherzig, nicht hart und kalt. Okay. Nehmen wir weiter an: Man kann mit ihm reden. Man kann über Sachen mit ihm reden, über die man nicht gerne redet. Über Scham. Schuld. Feindschaft. Zerbrochene Liebe. Verbitterte Kinder. Verlorene Töchter. Verlorene Väter. Man könnte sagen: Ich möchte meine Schuld loswerden. Und er hätte tatsächlich die Macht, Schuld zu vergeben. Und – jetzt wage ich mich weit vor!!! – ich würde es spüren, wäre frei und wie neugeboren. All das mal vorausgesetzt, jedenfalls für den Moment – was dann? Wird dann alles gut? Freunde vertrauen einander wieder? Gespräche leben auf? Paare gehen wieder Hand in Hand? Väter und Söhne sitzen abends mit einem Bier am Feuer? Schwiegermütter werden zu Vertrauten? Alte Geschichten werden beerdigt? Und man fängt noch einmal neu miteinander an? Echt jetzt?«

»Tja«, sagt Micha, »das kann alles passieren. Das ist alles schon passiert. Es fängt an. Aber ehrlich: Es ist immer erst einmal: ein Anfang. Hier und da. Ein Anruf. Ein vorsichtiges Kontaktaufnehmen – keine großen Versprechungen! Ein klärendes Gespräch. Anfängliches Vertrauen. Eine ausgestreckte Hand. Es fängt an.«

Wir wagen es mit der Beichte und hören, wie Gott uns ausrichten lässt: »Dir sind deine Sünden vergeben!« Nicht allgemein, sondern persönlich, spürbar, gewiss! Dann geht es weiter: Wir suchen uns Hilfe. Wir gehen zur Beratungsstelle. Wir arbeiten mit einem Seelsorger, einer Therapeutin an alten Geschichten. Wir lernen neu, was es heißt, zu lieben, zu verzeihen, füreinander da zu sein. Es fängt an. Noch fängt es nur an. Manche Narbe bleibt. Manches kommt nur allmählich zur Ruhe. Manches bleibt noch lange schwierig. Vielleicht noch nicht wieder Hand in Hand, noch nicht zusammen mit dem Bier am Feuer. Vielleicht aber auch nicht mehr stumm, verbittert und verbrettert, nicht mehr auseinander, sondern zueinander.

»Aber«, sagt Micha, »so fängt es an. Es fängt in euch an. Im Herzen. Im Gewissen. Da, wo die quälende Schuld hockt. Wo der Unrat sich breitgemacht hat. Der muss in die Tonne gekloppt werden. Das muss im Meer versenkt werden. Und so kann es anfangen. Wieder. Von Neuem. So fängt Gott an. So macht er das!« Das ist die Grundlage mündigen Lebens. Einmal und dann immer wieder!

Micha. So heißt der Mann, der das erzählt. So endet sein Buch. Er ist ein cleveres Kerlchen, der Micha. Sein Name ist Programm. Alle Michas tragen es in ihrem Namen. Micha ist nämlich die Kurzform von Michaja oder Michael und bedeutet auf Deutsch: »Wer ist wie Jahwe?« Oder: »Wer ist wie Gott?«

Wer ist so? Wem zerreißt es das Herz, wenn er an uns denkt? Wer kann Schuld in die Tonne kloppen wie er? Wer ist wie Gott? So warmherzig und barmherzig mit mir?

»Keiner«, sagt Micha. So ein schöner Name: Michael. Wer ist wie Gott? Man sollte wieder mehr Kinder so nennen. (mh)

Gottes Abstieg: Jesus tut, was getan werden muss

Es gibt Momente im Leben ...

Es gibt Momente im Leben, in denen ganz klar ist, was zu tun ist. In denen man weiß: Das muss jetzt passieren. Vielleicht geht man an einem See vorbei. Auf dem Steg spielen zwei Kinder, vielleicht sieben Jahre alt. Eines stolpert, fällt ins Wasser und kann offensichtlich nicht schwimmen. Dann ist völlig klar, was zu tun ist: Man muss da jetzt reinspringen und dieses Kind rausholen. Man wird in so einem Moment nicht überlegen, ob das Wasser vielleicht kalt ist oder schmutzig, man wird nicht denken: »Ich habe die Hose gerade heute frisch angezogen. Nachher stinkt die nach Fischwasser.« Das alles denkt man nicht für eine Sekunde, sondern man weiß, was jetzt getan werden muss: Man muss dieses Kind retten.

Oder ein cineastisches Beispiel: Django, der Held des Films »Django unchained«, ist ein Sklave, der freikommt und sich mithilfe des Kopfgeldjägers Dr. King Schultz auf die Suche nach seiner Frau Hildi macht, von der er vor längerer Zeit getrennt wurde. Er weiß nicht einmal, ob sie noch lebt, aber er will sie suchen. Schließlich findet er heraus, dass Hildi an den Plantagenbesitzer Calvin Candie verkauft wurde – ein ziemlich übler Kerl. Django gelangt mithilfe seines Kopfgeldjägerfreundes zu der Plantage von Candie. Da es auffällig wäre, wenn sie nach einer einfachen Sklavin fragen würden, geben sie vor, einen besonderen Sklaven kaufen zu wollen, um Hildi mitzukaufen und auf diesem Weg zu befreien.

Hildi ist unglaublich begeistert und völlig fassungslos, dass Django noch lebt. Und auch Django hätte vermutlich nicht gedacht, dass er seine Frau noch einmal wiedersieht – vor allem gesund und unversehrt. Ihr Leben war schwierig und hart und sicherlich nicht schön, aber sie lebt und es geht ihr weitestgehend gut.

Calvin Candie merkt jedoch, dass die beiden Männer eigentlich Hildi kaufen wollen und keinen anderen Sklaven, und er bedroht Hildi mit einer geladenen Flinte. Calvin Candie ist niemand, der Skrupel hätte, eine Sklavin zu erschießen. Sie ist sein Besitz, das Leben dieser Person zählt nichts.

Was tut Django? Django, der seine Hildi vermisst, sich nach ihr gesehnt, sie gesucht und viele Mühen auf sich genommen hat, um sie zu finden? Der sie letztlich findet – gesund, lebendig, wohlauf –, er tut das einzig Sinnvolle, das jetzt getan werden muss: Er stellt sich zwischen die Flinte und seine Hildi. Wie gesagt ist Calvin Candie niemand, der Skrupel hätte, jemanden zu erschießen, vor allem keinen Schwarzen. Kein vernünftiger Mensch würde sich normalerweise vor eine Flinte stellen, die dieser Mann in der Hand hält. Aber in dieser Situation ist es das einzig Richtige – eben das, was getan werden muss. Django drückt damit aus: »Wenn irgendjemand heute hier zu Schaden kommt, dann bin ich es und nicht Hildi.«

> MÜNDIGE MENSCHEN ZEICHNET AUS, DASS SIE WISSEN, WAS ZU TUN IST.

Mündige Menschen zeichnet aus, dass sie wissen, was zu tun ist. Mündige Christen zeichnet aus, dass sie Situationen richtig einschätzen und sich ihrer Verantwortung nicht entziehen, sondern tun, was getan werden muss.

Der Menschensohn

Es gibt Momente im Leben, in denen ganz klar ist, was getan werden muss. Von solch einem Moment spricht Jesus, wenn er sagt: »Der Menschensohn muss erhöht werden, damit jeder, der an ihn glaubt, das ewige Leben hat« (Johannes 3,14-15). Jesus spricht öfter von diesem Menschensohn. Die Leute um ihn herum – seine Zeitgenossen, Freunde, Bekannten, Weggefährten, die Menschen, die ihm zuhören – wissen, wer der Menschensohn ist. Sie kennen die alte Verheißung aus dem Buch Daniel (7,13-14), einem der Prophetenbücher ihrer heiligen Schriften. Daniel hatte eine Vision und berichtet, dass am Ende der Zeit ein besonderer Mensch kommen wird – ein Menschensohn. Wörtlich heißt es eigentlich nur ein »Mensch«. Ein Mensch, dem Gott alle Macht überträgt. Ein Mensch, dem Gott alles anvertraut. Ein Mensch, der die Welt regieren soll, der alle Macht bekommt, der gerecht und aufrichtig diese Welt regieren und Gutes bringen wird. Eine Erlösergestalt. Der Menschensohn ist ein hoher Titel, der bei den Juden damals viele Erwartungen und Hoffnungen weckt.

Jesus spricht immer öfter von diesem Menschensohn. Er tut es meist in der dritten Person. Anfangs ist den Leuten vermutlich gar nicht so klar, wen er damit meint. »Von wem spricht er? Wir kennen diese Figur, aber wer ist das? Warum spricht er vom Menschensohn?« Nach und nach merken sie, dass Jesus sich selbst meinen könnte. Und schließlich wird immer deutlicher: Ja, er spricht von sich selbst. Er spricht von sich in der dritten Person und identifiziert sich mit diesem Menschensohn – mit dieser Figur ganz am Ende der Geschichte, diesem Menschen – diesem besten Menschen, den man sich vorstellen kann. Ein Mensch im besten Sinn des Wortes, ein gerechter, ein guter, ein edler, einer, der von Gott alle Macht bekommt, einer, der eine ganz enge Verbindung zwischen den Menschen und Gott herstellt. Das ist ein ziemlich großer Anspruch.

Aber die Leute, die mit Jesus unterwegs sind, erleben genau das in der Begegnung mit ihm – sein Umgang mit den Menschen, seine Zuwendung, seine Vollmacht, sein klarer Blick ins Herz jeder und jedes Einzelnen –, diese Erfahrungen bestätigen ihnen, dass dieser Anspruch stimmen könnte. Die Menschen erleben, dass Jesus sie kennt. Männer treffen ihn zum allerersten Mal und nach einem kurzen Augenblick schaut Jesus tief in ihr Herz. Frauen, die ihm begegnen, merken: Dieser Mann kennt mich besser, als ich mich selbst kenne. Er versteht mein Leben so klar, so eindeutig, als wäre es vor ihm ausgebreitet.

Diese Erkenntnis ist ziemlich erschreckend, aber letztlich doch sehr wohltuend. Die Menschen erleben, dass Jesus sie kennt und durchschaut.

Aber da ist noch mehr: Sie entdecken, dass Jesus nicht nur sie, sondern auch Gott auf eine intime und persönliche – auf eine sehr unmittelbare – Art und Weise kennt, die sie sich nicht einmal vorstellen können. Er beschreibt Gott mit Worten und Bildern, die uns Menschen unvorstellbar sind und gleichzeitig so wahr klingen und Sehnsucht in uns wecken.

JESUS VERBINDET ZWEI MITEINANDER, DIE EIGENTLICH GETRENNT SIND: GOTT UND MENSCH.

Jesus kennt die Menschen und er kennt Gott. Jesus kennt beide genau, detailliert und er verbindet damit zwei Welten miteinander, die eigentlich getrennt sind.

Menschensohn und Gottessohn

Zwei Welten, deren Beziehung von Misstrauen und Skepsis geprägt ist, bringt dieser Mann zusammen, denn in ihm kommen beide zusammen: Gott und Menschheit. Neben Menschensohn gibt es da nämlich noch diesen anderen Titel von Jesus: Sohn Gottes. Dieser sagt sehr viel darüber aus, wer Jesus ist.

Wenn ich eine Statue von mir bauen würde und so begabt wäre wie Michelangelo (das bin ich zwar nicht, aber sagen wir mal, ich wäre es) – dann würde mir diese Figur rein äußerlich in allem ähneln: Größe, Statur, Gesicht und so weiter. Meine Tochter hingegen sieht ziemlich anders aus als ich. Wir haben zwar die gleiche Augenfarbe und sogar die gleiche Frisur (ich hoffe, dass sich das bei ihr noch ändert), aber abgesehen davon sind wir uns nicht sehr ähnlich. Sie ist deutlich kleiner und hat so dicke Backen und sieht in fast jeder Hinsicht ganz anders aus – und trotzdem ist sie mir viel ähnlicher als diese Marmorstatue. Die Statue sieht mir zwar ähnlicher, aber sie hat eine ganz andere Qualität, denn sie hat nicht mein Wesen. Sie ist kein Mensch. Meine Tochter aber ist ein Mensch – und mein Kind – und mir deshalb ähnlich.

Wenn Jesus also sagt: »Ich bin der Sohn Gottes«, dann sagt er: »Ich bin göttlich, weil Gott und ich das gleiche Wesen haben. Wir sind verwandt. Ich komme von Gott. Mehr noch: Ich bin Gott.« Jesus verbindet diese zwei Welten. Jesus ist – das dämmert den Menschen, die mit ihm unterwegs sind, nach und nach –, Jesus ist mehr als nur ein Mensch, der Gott gut kennt. Jesus *ist* Gott. In ihm kommt Gott selbst. Deshalb kennt er die Menschen so gut, durchschaut sie, liebt sie, blickt ihnen tief ins Herz. Und deshalb kennt er Gott so gut, nennt ihn Vater und spricht von ihm als einem wahren Freund. Jesus gibt Gott ein Gesicht. Er stellt Gott vor und an ihm kann man ablesen, wer und wie Gott ist: ein liebender Vater. Alles

Rätseln und Mutmaßen ist damit vorbei. Alle Spekulationen, wie Gott sein könnte und wie wir ihn uns vorzustellen haben, haben ein Ende, denn Jesus zeigt uns, wie Gott ist. Jesus ist so etwas wie Gottes ganz großes Ausrufezeichen hinter dem Satz: Ich liebe euch und ich möchte bei euch sein, da ihr mir fehlt!

So sendet Gott seinen Sohn. Sein Bestes. Ja sich selbst. Als Geschenk. Als Kind in einer Krippe. Als Helfer inmitten der Nöte seiner Zeit. Als beliebter Partygast. Als vollmächtiger Prediger, der Gott kennt und weiß, wovon er redet. Als Freund derer, die am Rand stehen und keine Freunde haben. Als Provokateur, der mit vielen Konventionen bricht. Als Förderer von Frauen, lange bevor der Feminismus erfunden wurde. Als Verteidiger der Rechte von Kindern. Als Einladung an alle Menschen, ihm zu vertrauen. Ihm zu glauben und sich gefallen zu lassen, was Gott durch ihn tut.

JESUS IST GOTTES GROSSES AUSRUFEZEICHEN.

Mündiges Christsein bedeutet, dass ein Mensch Klarheit darüber gewonnen hat, wie Gott ist. Dass ein Mensch unterscheiden kann zwischen seinen eigenen Vorstellungen, Wunsch- oder Zerrbildern von Gott und Gott selbst. Mündiges Christsein lernt von Jesus, wer und wie Gott ist: Gott als liebender Vater. Gott als treuer Freund. Gott als Zuhause für meine Seele und mein Herz. Mündiges Christsein sucht Gott nicht in den (Un-)Tiefen der eigenen Seele, sondern dort, wo er sich zeigt: in Jesus und seinem Weg.

Der Menschensohn muss erhöht werden

Gott stellt sich in Jesus vor und die Menschen, die mit Jesus unterwegs sind, merken: Wenn Jesus vom Menschensohn spricht, dann spricht er von sich. Ihnen dämmert: Er meint sich selbst. Die Ereignisse, an die der Palmsonntag erinnert, scheinen das zu bestätigen, denn Jesus zieht in Jerusalem ein wie ein König. Er wird begeistert empfangen. Die Leute jubeln ihm zu, sie loben ihn, sie stimmen Lieder an, sie wedeln mit Palmen. Das macht man für Könige. Sie ziehen ihre Mäntel aus und legen sie auf den Boden. Sie sagen: »Das ist gerade gut genug, dass du mit deinem Esel darüberreitest.« Sie ehren Jesus, sie erhöhen ihn, sie jubeln ihm zu.

Der Menschensohn muss erhöht werden.

Jesus kündigt es an – lange vorher. Und es sieht alles ganz gut aus. Genau das passiert doch nun: Der Menschensohn wird erhöht. Aber den meisten ist sicherlich bekannt, dass es dann anders kam. Am Sonntag wird Jesus begeistert empfangen und noch in derselben Woche (welche die Evangelien sehr detailliert schildern) wird Jesus verraten. Wird verhaftet, verachtet, verspottet und verurteilt. Am Freitag dieser Woche – dem Karfreitag – wird er schließlich hingerichtet. Er stirbt an einem römischen Kreuz auf eine äußerst grausame und brutale Art. Es ist offensichtlich anders gekommen als erwartet. Zumindest anders, als es die Freunde von Jesus erwartet haben.

VIELLEICHT VERSTEHT JESUS UNTER ERHÖHUNG ETWAS GANZ ANDERES?

Aber: Ist es wirklich anders gekommen? Was wäre, wenn da überhaupt nichts schiefgelaufen, sondern alles nach Plan verlaufen ist?

Der Menschensohn muss erhöht werden.

Versteht Jesus unter Erhöhung etwas ganz anderes? Versteht er darunter vielleicht nicht Jubel und Ehrung, einen festlichen Empfang oder eine Krönung? Vielleicht versteht er darunter die schlichte Erhöhung einer Person zwei Meter vom Erdboden. Die schlichte physische Erhöhung, wenn ein Mensch an ein Kreuz genagelt wird.

Wenn man die Evangelien liest, dann wird deutlich: Jesus wollte und musste das tun. Die Bibel lässt keinen Zweifel daran, dass es von Anfang an genau so geplant war. Jesus spricht sehr häufig davon. Er sagt es seinen Freunden immer wieder: »So wird es geschehen. Ich werde verraten, verachtet, verspottet, verurteilt und gekreuzigt werden.« Aber auch dies sagt er ihnen: »Am dritten Tage werde ich auferstehen« (vgl. Matthäus 16,21; 17,22-23; 20,17-19).

Erhöht? Erhöht!

Der Autor des Johannesevangeliums benutzt den Begriff »Erhöhung«. Er ist der einzige der vier Evangelisten, der das tut, und er verwendet diesen Begriff, der beides beschreibt, vermutlich sehr absichtsvoll: die Erhöhung als eine Ehrung, als Anerkennung, wer Jesus ist. Und die Erhöhung als eine Kreuzigung. Die brutale Wirklichkeit einer Kreuzigung. Die brutale Wirklichkeit, wenn ein Mensch auf diese Art und Weise erhöht wird, ganz physisch, ganz konkret.

Johannes beschreibt aber auch die darin liegende Schönheit. In all dem Verstörenden und Grausamen liegt etwas Wunderschönes, denn der Menschensohn tut etwas, was nur er tun kann.

Die Einheit zwischen Gott und Mensch, die in Jesus so deutlich wird, möchte er nicht für sich behalten. Sie soll ein Vorgeschmack darauf sein, was in der Beziehung zwischen Gott und Menschheit möglich ist. Das Leben von Jesus ist ein Leben voller Liebe und voller Sehnsucht. Ein Leben auf der Suche. Wie bei Django und Hildi. Django, der sich aufmacht und seine Geliebte sucht. Nicht weiß, wie es ihr geht und was sie macht. Ob sie ihn vermisst, ob sie noch an ihn denkt. Und Hildi, die vermutlich denkt, dass Django längst tot ist. Die vielleicht schon aufgehört hat, an ihn zu denken.

Aber er sucht sie und er findet sie. Und so sucht Gott diese Welt auf. Er sehnt sich nach uns. Wir haben ihn vielleicht vergessen. Wir denken möglicherweise, dass er tot ist, und erwarten nichts von ihm. Aber er sucht uns, weil er sich nach uns sehnt. Und so kommt er selbst zu uns in diese Welt und tut, was getan werden muss.

Genau das beschreibt der Begriff »Erhöhung«: die Ambivalenz, dass in diesem verstörenden, brutalen Vorgang etwas Wunderschönes geschieht. Denn das Kreuz deckt die Brutalität dieser Welt auf – schonungslos und radikal. Das Kreuz hält der Menschheit den Spiegel vor. Darin erblicken wir eine Welt, die diesen Mann, in dem Gott und Menschen zusammenkommen, brutal hinrichtet. Eine Welt, die ihn hinausstößt. Das zeigt das Kreuz. Das Kreuz zeigt aber auch die Tiefe der Liebe Gottes. Wie weit Gott bereit ist, zu gehen, um uns zu suchen, zu retten, nach Hause zu holen.

Der Menschensohn muss erhöht werden, damit jeder, der an ihn glaubt, das ewige Leben hat.

Mündige Christen entdecken diese Ambivalenz und lösen sie nicht in eine Richtung auf, sondern ertragen die Spannung, die in dem Begriff der »Erhöhung« liegt. Mündige Christen entdecken in der skandalösen Botschaft des Kreuzes die Weisheit und Schönheit Gottes (vgl. 1. Korinther 2,6-8), die Tiefe und Ernsthaftigkeit seiner Liebe zu uns.

Warum musste das passieren?

Um diese Frage zu beantworten, möchte ich ein Beispiel aus meinem Leben erzählen: Vor ein paar Jahren liehen wir uns von Freunden ein Auto, um zu einer Hochzeit zu fahren. Als wir zurückfuhren, begann der Motor kurz vor Greifswald, komische Geräusche zu machen, und ging dann mitten auf der Autobahn aus. Das war ziemlich knapp und andererseits wirklich gutes Timing, denn der Motor stotterte und knarrte kurz vor der Ausfahrt – dann war er aus und das Auto rollte gerade noch bis zum Parkplatz.

Nachdem uns der Mechaniker vom ADAC abgeschleppt und die Werkstatt den Motor geprüft hatte, war klar, dass der Motor zu wenig Öl hatte und nun kaputt war. Da ein gebrauchter Motor eingebaut wurde, lag der Schaden »nur« bei knapp 1000 €. Wer sollte das bezahlen? Wir hatten das Auto ausgeliehen und benutzt und nun war es kaputt. Unsere Versicherung sagte: »Dass zu wenig Öl im Motor war, liegt in der Verantwortung des Fahrzeughalters. Dafür sind wir nicht zuständig.« Unsere Freunde meinten wiederum, dass wir das mit dem Öl ja nicht wissen konnten. Also bezahlten am Ende sie die Summe, damit sie ihr Auto wieder nutzen konnten.

Diese Geschichte macht deutlich: Wenn es einen Schaden gibt – ganz materiell gedacht –, muss irgendjemand dafür aufkommen. Entweder zahlen wir, weil das Auto kaputtgegangen ist, als wir damit gefahren sind. Oder die Versicherung zahlt. Oder es zahlen die Besitzer.[1]

Bei einem materiellen Schaden ist das vielleicht noch relativ einfach – wobei auch hier Beziehungen in die Brüche gehen könnten. Aber bei Schäden in menschlichen Beziehungen sieht es ganz anders aus. Vielleicht kenne ich eine Person lange und gut und vertraue ihr. Doch eines Tages unterstellt sie mir Dinge, die schlicht nicht wahr sind. Schlimmes. Sachen, die mich wirklich im schlechten Licht dastehen lassen. Dinge, die an meiner Person zweifeln lassen und dazu führen, dass sich andere von mir abwenden. Unwahrheiten. Unterstellungen. Da geht etwas kaputt – in dieser Freundschaft und in mir.

Diesen Schaden kann man nicht mit ein bisschen »Ja, meine Güte, das passiert schon mal« aus der Welt schaffen. Dieser Schaden hat einen Preis: Entweder gehe ich den langen und mühsamen Weg, vergebe dieser Person und bemühe mich darum, es aufzuarbeiten. Oder ich zahle es der Person einfach heim und erzähl genauso einen Blödsinn über sie, vielleicht noch schlimmere Sachen, um der Person jetzt so richtig zu schaden. Oder vielleicht räche ich mich nicht, aber unsere Freundschaft zahlt den Preis und existiert ab jetzt nicht mehr. Wenn etwas kaputtgegangen ist, zahlt irgendjemand einen Preis, weil der Schaden kompensiert werden muss. Man kann ihn nicht einfach mit einem Schulterzucken aus der Welt schaffen.

Was für einen Motorschaden oder für eine kaputte Freundschaft gilt, das gilt umso heftiger und intensiver und grundsätzlicher für die Beziehung zwischen Gott und der Menschheit. Da ist ein Schaden in der Welt. Wir haben Gott allerlei Dinge unterstellt und unterstellen ihm Dinge, die schlicht nicht stimmen. Wir misstrauen ihm. Wir sind skeptisch, ja wir hassen ihn sogar. Wir ignorieren ihn oder erklären ihn für tot (was irgendwie dasselbe ist). Wir kümmern uns nicht darum, was er denkt, und machen unser eigenes Ding. Hinzu kommen noch all die kleinen und großen Grausamkeiten, die sich Menschen gegenseitig zufügen. Dieses Verhalten richtet einen Schaden an und dieser Schaden hat einen Preis, der bezahlt werden muss.

Jesus bezahlt diesen Preis. Er sagt von sich: »Denn auch der Menschensohn ist nicht gekommen, um sich dienen zu lassen. Im Gegenteil: Er ist gekommen, um anderen zu dienen und sein Leben hinzugeben als Lösegeld für viele Menschen« (Markus 10,45). Jesus schenkt sein Leben, um die Summe zu bezahlen, die nötig ist, um uns auszulösen. Unsere Schuld – der tiefe Schaden – hält uns fest, wie ein Entführer seine Geisel. Jesus kommt und kauft uns frei. Dies tut der Menschensohn am Kreuz. Dort nimmt Gott alles Miss-

DIESER SCHADEN HAT EINEN PREIS, DER BEZAHLT WERDEN MUSS.

trauen, alle Schuld (das, was wir Gott und einander schuldig geblieben sind und bleiben), alle Unterstellungen, Verzerrungen und Verwerfungen, all die Entfremdung in sich auf. Gott wird – wenn man so will – zum Atheisten. Er wird dies tiefer und schlimmer, als wir das jemals sein könnten. Kurzum: Den Schaden, den wir angerichtet haben, nimmt Gott in sich auf.

Er zahlt den Preis. Der Religionsphilosoph und Theologe Ingolf Dalferth formuliert diese Einsicht etwas spitz:

> »Gott liegt mit sich selbst im Streit, und demgegenüber ist jeder Streit des Menschen gegen Gott von kaum zu überbietender Harmlosigkeit. Selbst der aggressivste Atheismus und Antitheismus sind Unendlichkeiten von Lichtjahren von der Schärfe des Widerspruchs entfernt, in dem Gott sich gegen sich selbst wendet.«[2]

Jesus stirbt allein – von allen verlassen. Und vor allem: getrennt von Gott. So nimmt er unseren Platz ein. Er, der uns Gott gebracht hat, wird von Gott verlassen, um ganz bei uns zu sein. Und indem Gott das alles in sich aufnimmt, schafft er es aus der Welt. Er stößt die Tür auf für einen Neuanfang, für einen Neustart in der Beziehung zwischen Gott und Welt. Die Welt, die verloren ging, soll nicht verloren bleiben. Sie kann Gott neu vertrauen. Sie kann Jesus glauben und mit ihm leben – heute und in Ewigkeit.

Timothy Keller[3] beschreibt zwei Perspektiven, die das Kreuz auf unser Leben wirft:

1. Wir sehen, dass es so schlimm um uns und unser Verhältnis zu Gott steht, dass Jesus sterben musste. Dieser brutale Tod ist offensichtlich notwendig, um diesen Schaden zu heilen. Das ist zutiefst beunruhigend und schlimmer als befürchtet.

2. Auf der anderen Seite sehen wir, dass die Liebe Gottes noch viel tiefer ist als alles Schlimme, als all die Schuld, als alles, was da liegen geblieben ist. Die Liebe Gottes ist noch tiefer. Sie ist stark genug, diesen Weg zu gehen. Sie zeigt uns, dass wir noch tiefer geliebt, noch tiefer vermisst und erwartet sind, als wir zu hoffen wagen. Gott liebt uns mehr, als wir uns das in unseren kühnsten Träumen vorstellen könnten.

Diese zwei Perspektiven eröffnet das Kreuz. Diese Ambivalenz spiegelt sich im Begriff Erhöhung: Das brutale, schlimme Kreuz zeigt uns, wozu Menschen fähig sind und wie hoch der Preis unserer Schuld ist. Gleichzeitig offenbart es die Schönheit und die Hartnäckigkeit der Liebe Gottes. Die Tiefe dieser Liebe entdecken wir in der Tatsache, dass Jesus jeden Preis zahlt, um uns bei sich zu haben und diese Freundschaft zu retten. Er gibt uns nicht auf – uns kleine, geliebte, anstrengende, zu vielem Guten und Bösen fähige Menschen. Menschen, die Gott vergessen haben, die ihn vielleicht für tot halten, nichts von ihm erwarten. Menschen, die zugleich von Gott vermisst werden. Menschen, die er nicht aufgibt und die er trotz allem sucht, damit sie nach Hause kommen.

Sich gefallen lassen, was Jesus tut, und ewig leben

Deshalb passiert das alles. Und wozu? Damit, so sagt es Jesus, alle, die an ihn glauben, in ihm und durch ihn – den Menschensohn – ewiges Leben haben (Johannes 3,16). Allen, die glauben, die Jesus glauben, die ihm vertrauen, die sagen: »Jesus, ich glaube dir. Ich vertraue deiner Einschätzung. Ich vertraue darauf, dass es nötig war. Ja, es musste wohl so sein.« Mündigkeit beinhaltet die Bereitschaft, die Beurteilung dessen, der es besser weiß, höher zu werten als meine eigene Einschätzung der Situation.

Mündige Christen sind Menschen, die es nicht besser wissen als Jesus, die nicht sagen: »Ja, aber es hätte doch auch irgendwie anders gehen müssen. Das musste doch nicht sein!« Doch, offensichtlich musste das sein. Jesus hätte sicher gut darauf verzichten können, wenn es anders gegangen wäre. Mündige Christen sind Menschen, die sich gefallen lassen, was Jesus tut. Es sind Menschen, die sich genau das für ihr eigenes Leben gefallen lassen und die sich von Jesus beschenken lassen und sich von ihm dienen lassen – so wie er es eben tut.

Und ja, Glaube ist auch ein Geschenk. Es ist nichts, was ich mir vornehme, nach dem Motto: »Ab morgen glaube ich.« Nein, Glaube ist etwas, das Gott mir gibt. Es bedeutet, dass Gott mir die Augen öffnet für seine Wirklichkeit. Mein Beitrag besteht höchstens darin, Gott darum zu bitten und zu sagen: »Jesus, ich möchte glauben. Ich möchte die Welt mit deinen Augen sehen. Ich möchte sehen, was du siehst. Den tiefen Schaden, meinen Anteil daran, meine eigene Verstrickung darin, meine eigene Schuld. Und ich möchte diese tiefe Liebe sehen, mit der du die Welt anschaust, mit der du mein Leben anschaust. Hilf mir, die Welt aus deinen Augen zu sehen, aus deinem Blick, mit deinen Augen.« Oder mit den Worten eines verzweifelten Vaters: »Ich glaube ja – und brauche doch, dass du mir in meinem Unglauben hilfst!« (Markus 9,24).

Mündige Christen sind Menschen, die Jesus mehr vertrauen als sich selbst. Und solche Menschen – also diejenigen, die glauben und sich Jesus anvertrauen – werden ewiges Leben haben. Ein Leben, das außerhalb ihrer selbst liegt. Ein Leben, das sie nicht herstellen können und müssen, das sie nicht beschützen oder irgendwie verteidigen müssen. Ein Leben, das viel größer, viel älter ist als sie selbst. Ein Leben, das unzerstörbar ist. Ein Leben, das selbst der Tod nicht zerstören kann. Es ist ein Leben in Gottes Nähe, ein Leben als Gottes Freund, als Gottes Kind, ein Leben als von Gott geliebter Mensch. Das ist ewiges Leben.

Das Leben und Sterben von Jesus hat eine Botschaft: »Ich komme in diese Welt und tue, was getan werden muss. Ich zahle, was es kostet. Ich gehe an den Ort, der für euch bestimmt ist. Und ich biete euch meinen Ort an. Mein Zuhause beim Vater. Seine Liebe zu mir und meine Gewissheit, dass der Vater mich liebt – das biete ich euch an, das schenke ich euch und dazu lade ich euch ein.« Das ist das, was Jesus uns schenkt. Das ist ewiges Leben, dass er tauscht und sagt: »Ich nehme euren Platz, ihr bekommt meinen.«

Denn der Menschensohn muss erhöht werden, damit jeder, der an ihn glaubt, das ewige Leben hat.

Mündige Christen sind Menschen, die mit Jesus tauschen, jeden Tag aufs Neue. Menschen, die Jesus die Bruchstücke ihres Lebens geben und sich von ihm mit Glauben, Liebe und Hoffnung beschenken lassen. (fe)

Gottes Aufstieg: Ostern als Wendepunkt unserer Geschichte

Mitten in den Corona-Zeiten 2020 starb Albert Uderzo, der Erfinder von Asterix und Obelix. Ich verdanke dem französischen Zeichner viele Stunden, in denen der Sinn des Lateinunterrichts irgendwie etwas plausibler wurde. Das kleine gallische Dorf, das sich gegen die römische Übermacht behauptet und vor den Römern keine Angst hat, wurde geradezu zum Symbol für tapferes Durchhalten. Nur vor zwei Dingen hatten sie Angst: dass ihnen der Himmel auf den Kopf fallen könnte und dass ihnen etwas Lebenswichtiges ausgehen könnte, dem einen der Zaubertrank, dem anderen die Wildschweine. Aber all das geschah ja glücklicherweise nie. Obwohl – 2017 gab es in »Asterix in Italien« tatsächlich einen römischen Bösewicht, der im Original auf einen Namen hörte, der die Welt seit vielen Monaten in Atem hält: Coronavirus! In der deutschen Übersetzung fand man das damals schon unpassend und nannte ihn lieber Caligarius.[4]

Ob man den Namen in Italien heute noch lustig fände, wage ich zu bezweifeln, denn dieses Virus, so winzig klein es ist, hat 2020/21 eine gewaltige, weltweite Krise ausgelöst: Der französische Präsident sagte, wir seien im Krieg. Unsere Kanzlerin Angela Merkel, die nicht zur Übertreibung neigt, sprach von der schlimmsten Krise seit 1945. Die Direktorin des Internationalen Währungsfonds Kristalina Georgieva sprach von der dunkelsten Stunde der Menschheit. Das klingt alles eher nach Karfreitag als nach Ostersonntag. Es klingt nach einer bedrohlichen Macht, der niemand gewachsen ist.

Vor zweitausend Jahren schrieb Paulus:

Nun lautet die Verkündigung: »Christus wurde vom Tod auferweckt!« Wie können dann einige von euch sagen, »Es gibt keine Auferstehung der Toten«? Wenn es nämlich keine Auferstehung der Toten gibt, dann wurde auch Christus nicht auferweckt. Wenn aber Christus nicht auferweckt wurde, dann hat unsere Verkündigung keinen Sinn. Auch euer Glaube ist dann sinnlos.
Nun ist Christus aber vom Tod auferweckt worden, und zwar als Erster der Verstorbenen. Denn durch einen Menschen kam der Tod in die Welt. So bringt auch ein Mensch die Auferstehung der Toten. Weil wir mit Adam verbunden sind, müssen wir alle sterben. Weil wir aber mit Christus verbunden sind, werden wir alle lebendig gemacht. Das geschieht für jeden nach dem Platz, den Gott für ihn bestimmt hat: Als Erster wird Christus auferweckt. Danach, wenn er wiederkommt, folgen alle, die zu ihm gehören. Dann kommt das Ende: Christus übergibt Gott, dem Vater, seine Herrschaft. Zuvor wird jede andere Herrschaft, jede Gewalt und jede Macht vernichtet. Denn Christus muss so lange herrschen, bis Gott ihm alle seine Feinde zu Füßen gelegt hat. Der letzte Feind, den er vernichten wird, ist der Tod. Denn alles hat Gott ihm zu Füßen gelegt. Das bedeutet: Alles ist ihm unterworfen. Eines ist jedoch offenkundig: Davon ist der ausgenommen, der ihm alles unterworfen hat – Gott. Sobald ihm nun alles unterworfen ist, wird auch der Sohn selbst sich unterwerfen: Er wird sich Gott unterwerfen, der ihm alles unterworfen hat. Das geschieht, damit Gott alles umfasst und in allem gegenwärtig ist.

1. Korinther 15,12-14.20-28

Damals, in Korinth, gab es unterschiedliche Meinungen zur Auferstehung der Toten. Da wurde viel geredet. Und nun stehen wir in einer Krise, die den Tod plötzlich allgegenwärtig macht – Todeszahlen werden veröffentlicht, Bilder von Feuerbestattungen auf Parkplätzen in Indien und Reihen um Reihen neuer Gräber in Brasilien machen uns deutlich, wie es in ärmeren Ländern aussieht.

> HABEN WIR CHRISTEN ETWAS ZU DIESEM THEMA ZU SAGEN?

Meine Frage lautet: Wovon reden mündige Christen? Wovon reden wir, die wir Jesus vertrauen und folgen? Wovon redet ein Mensch, der heute Ostern feiert und morgen wieder über so etwas wie COVID-19 nachdenken muss?

Haben wir Christen etwas zu diesem Thema zu sagen? Oder sollten wir schweigen? Ich fürchte zwei Arten, wie Christen über dieses Thema sprechen:

- Die einen wissen genau, was gerade passiert. Das sind die eifrigen Prediger und Bescheidwisser, die bestens über die göttliche Regierungszentrale informiert sind. Für sie ist klar: Corona ist eine Strafe Gottes.
  Ich sehe einige Gründe, genau das *nicht* anzunehmen, vor allem aber staune ich, wie gut diese Menschen über Gottes Absichten Bescheid wissen.
- Die anderen wissen nicht mehr zu sagen als das, was Virologen auch verkündigen: »Haltet Abstand!«, »Achtet auf die Alten und Kranken!«, »Wascht euch die Hände!«, »Hustet niemanden an!«, »Sucht nicht pausenlos ›Pandemie‹ auf euren Smartphones!«
  Das ist nicht schädlich. Es ist die Stunde vernünftiger Lebensregeln. Man sollte das alles tun – aber ist das alles, was wir zu sagen haben?

Ich fragte mich, was Paulus in solch einer Situation gesagt hätte, und glaube, er hätte uns beharrlich an Jesus erinnert, besonders an die Auferstehung des Herrn nach drei Tagen: »Ostern müsst ihr den Menschen bringen! Vom Auferstandenen müsst ihr reden. Und euch die Hände waschen, Abstand halten, der Wirtschaft helfen, die Pflegekräfte fair bezahlen, zu Hause bleiben und für alle beten, die es gerade schwer haben. Aber ihr, gerade ihr, sollt jetzt an Ostern denken und von Ostern reden.«

Besonders in solchen Zeiten brauchen wir die Erinnerung an Ostern. Alles Mögliche wurde 2020/2021 abgesagt, aber Ostern kann man nicht absagen, egal wie es gefeiert wird. Ostern wird nicht abgesagt! Darum geht es!

Warum das gerade jetzt wichtig ist, erläutern die folgenden vier Punkte.

1. Wie redet Paulus über Ostern?

Paulus hat eine sehr spezielle Weise, über Ostern zu sprechen. Er ist halt doch Theologe, Kopfmensch und Bücherwurm.

Daneben gibt es wunderschöne andere Möglichkeiten, sich dem Geheimnis von Ostern zu nähern. Wie erreicht Ostern unsere Seele? Wie helfen wir unserem Herzen, diesen unglaublichen Umschwung zu erfassen: von der stillen Betrachtung des Gekreuzigten zum überschwänglichen Jubel über den Auferstandenen? Das ist für Seele und Herz nicht so einfach.

Darum versuchen wir, unserer überforderten Seele etwas aufzuhelfen. Normalerweise.

- Wir treten in der Osternacht in eine dunkle Kirche und sehen nur eine Kerze, aber das Licht dieser einen Kerze wird verteilt und erleuchtet bald den ganzen Raum. Dunkelheit weicht, Licht kommt.

- Wir sitzen in den Bänken und die Orgel schweigt, aber dann, wenn erzählt wurde, dass Jesus nicht tot ist, sondern lebt, dann darf der Organist alle Register ziehen. Traurige Stille weicht, Jubel brandet auf.
- Wir schauen auf den Altar, der am Karfreitag leer geräumt war, jetzt aber stehen da Blumen und Kerzen und das Abendmahl erwartet uns zum österlichen Fest.
- Wir kommen aus der Fastenzeit, haben auf dieses und jenes verzichtet, aber nun gibt es Ostereier, Schokolade, Kuchen, vorzügliches Essen und auch einen Schluck guten Weins.

Das alles hilft unserer Seele, diese Revolution zu fassen und mit Gefühl und Verstand irgendwie mitzukommen und einzustimmen, froh einzustimmen: »Der Herr ist auferstanden!« – »Er ist wahrhaftig auferstanden!« Beim dritten Mal kommt es dann schon mit mehr Überzeugung, und österliche Freude keimt auf. Normalerweise.

Das alles hatten wir im Jahr 2020 nicht. Paulus sagt: »Macht nichts. Ich habe noch einen Zugang zu Ostern. Einen, der mir besonders viel Spaß macht! Wir werden – tada! – Ostern durchdenken! Wir werden unsere grauen Zellen auf Vordermann bringen, bis selbst sie zu österlicher Freude finden. Gedanken, die jubeln, Verstand im Ostermodus, Anbetung mit dem Kopf.«

So funktioniert das bei mündigen Christenmenschen. Sie denken *nach*, denken also hinterher. Sie folgen denkend den großen Taten Gottes und wollen so gerne besser verstehen, worum es da geht.

Paulus lädt uns in seinen Hörsaal ein und verspricht ein gutes Seminar über Ostern. Bevor einige das Buch beiseitelegen: Gebt Paulus eine Chance – und mir bitte auch.

2. Paulus zeigt uns: An Ostern hängt alles! An Ostern hängt wirklich alles!

Paulus schreibt seinen Brief an die Gemeinde in Korinth, weil dort Ostern infrage gestellt wird. Nicht von den Heiden, sondern von Menschen in der Gemeinde. Sie bestreiten, dass Jesus wirklich und leibhaftig auferstanden ist. Sie verneinen, dass wir auf so etwas wie unsere Auferstehung nach dem Tod hoffen dürfen. Sie verleugnen das erste Osterfest und jedes persönliche Osterfest. Da läuten bei Paulus die Alarmglocken und er wird sehr grundsätzlich: »An Ostern«, schärft er den Korinthern ein, »an Ostern hängt alles.«

Ist Jesus von den Toten auferstanden, dann ist alles wahr und gültig, wovon wir als Christen reden. Dann lebt Jesus, und wir können ihn im Gebet anrufen. Dann lebt Jesus, und er, der den Tod bezwang, hat Mittel und Wege, uns beizustehen. Dann lebt Jesus, und sein Weg von der Krippe bis zum Kreuz war nicht vergeblich. Dann ist alles bestätigt, was uns versprochen wurde: Unsere Schuld ist vergeben, unser Leben geborgen, der Herr bei uns, immer und überall, unsere Zukunft in guten Händen. Denn dann lebt Jesus, er tut, was er immer tat, er nimmt uns an und trägt uns in großer Geduld, er ruft uns, erklärt uns das Leben und lässt uns teilhaben an seiner Mission. Dann lebt Jesus, und dann ist er weiter dabei, diese Welt neu zu machen. Das alles gilt, wenn Jesus auferstanden ist. An Ostern hängt alles.

Ist aber Jesus nicht von den Toten auferstanden, dann ist unser ganzer Glaube Dummheit, dann ist das ganze Christentum sinnlos. Ist Jesus tot, an wen wollt ihr euch dann im Gebet wenden? Ist Jesus tot, dann ist das Kreuz nichts anderes als eine furchtbare Niederlage, ein endgültiges Scheitern, ein Nein Gottes zu allem, was Jesus getan hat. Ist Jesus tot, dann kann er euch nicht beistehen, dann hofft bloß nicht auf ein gutes Ende und ein Leben in Ewigkeit. Dann vertraut auch nicht auf seine Worte, er kann euch das Leben nicht erklären, seine Weisungen sind durchkreuzt, seine Mission gescheitert. Mündige Menschen müssten sich schleunigst vom christlichen Glauben und der christlichen Kirche verabschieden! Das alles ist die traurige Wahrheit, wenn Jesus nicht auferstanden ist. Denn an Ostern hängt alles. Kein Christentum ohne den auferstandenen Jesus. Punkt. Aus. Ende.

Auch wenn mancher vielleicht denkt: »Na und? Dann ist es eben so!« Auch wenn sich mancher Skeptiker und jeder Spötter nur bestätigt sieht und sagt: »Ihr glaubt es ja selbst nicht! Auch wenn das mancher denkt!« – Die Welt hätte ihre größte Hoffnung verloren. Dass da einer ist, der es wieder hinkriegt und der auch dem Tod gewachsen ist. An Ostern hängt alles. Ohne Ostern sind wir mutterseelenallein in einer bedrohlichen Welt.

KEIN CHRISTENTUM OHNE DEN AUFERSTANDENEN JESUS.

Paulus schlägt eine Brücke: »Ihr Lieben, ohne Ostern lasst uns den Laden dichtmachen und das Kapitel Glauben ein für alle Mal abschließen. Aber! Aber es ist ja nicht so: Gott sei Dank! Der Herr ist auferstanden! Er ist wahrhaftig auferstanden!« Paulus nimmt hier eine Abkürzung. Er proklamiert die Osterbotschaft. Er verteidigt sie nicht. Er bekennt, verkündet, ruft aus: »Der Herr ist nicht tot, er lebt, er ist auferstanden!«

An anderer Stelle trägt er Indizien zusammen, warum Ostern zwar alles auf den Kopf stellt, aber nicht einfach den Kopf ausschaltet. Er nennt gute Gründe, warum auch für vernünftige, mündige Menschen Ostern kein Märchen sein muss:

- Da war dieses leere Grab, und niemand, niemand konnte einen Leichnam präsentieren: »Seht her, da ist er doch, der tote Jesus«? Gab's nicht. Das Grab war gut bewacht, und doch ist Jesus dort nicht mehr.

- Da waren die Freunde von Jesus, die so verzweifelt waren; sie waren überzeugt, dass es aus ist mit Jesus. Sie waren keine geeigneten Kandidaten, um sich eine Auferstehung auszudenken. Und Tage später riskieren sie Kopf und Kragen, um jedem, der es hören will (und den anderen auch), zu erzählen, dass der tote Jesus längst wieder da ist, auferstanden, quicklebendig, ja lebendiger als je zuvor! Ihre unsagbare Trauer hat unfassbarer Freude Platz gemacht. Wie sollte das denn passiert sein, wenn nicht – ja wenn nicht genau das passiert ist: Sie sind einem vom Tod Erweckten begegnet!
- Da waren die vielen Menschen, denen Jesus erschienen war, viele in Jerusalem, die man verhören konnte und die es bestätigten: »Ja, er war hier, und er war kein Geist.«
- Da waren die ersten Christengemeinden, sie sprossen aus dem Boden, sie feierten voller Freude, dass Jesus lebt, der römische Staat verfolgte sie brutal, aber selbst im Angesicht des Todes ließen sie nicht von ihrem Zeugnis ab: »Jesus lebt, er ist auferstanden!« Wer um Himmels willen lässt sich in der Arena von Löwen zerreißen – für ein Märchen?

Das alles sind keine Beweise, aber gute Hinweise, dass es nicht blanker Unsinn ist, an einen zu glauben, der tot war und lebendig ist und dessen Nähe Menschen auf der ganzen Welt seither erleben und bezeugen. Das alles könnte Paulus anführen, wie er es an anderer Stelle tut. Aber in diesem Abschnitt des Briefs muss genügen, dass er mit Nachdruck bekennt: »Jesus ist nicht tot. Er lebt. Er ist auferstanden. Und daran hängt alles.« Aber: Was bitte hängt denn daran? Was ist das für ein »alles«?

3. Paulus verspricht: Euer persönliches Schicksal hängt daran!

Paulus fängt mit uns einzelnen Menschen an und zeigt uns unseren Platz in der Ostergeschichte. Dazu nutzt er zwei große Bilder aus der Heiligen Schrift: das Bild vom Erstling, der ersten Frucht bei der Ernte, und das von Adam, dessen Tat und Schicksal unsere Tat und unser Schicksal wurden. Aber eins nach dem anderen.

Jesus ist der Erstling, der Erste, den Gott auferweckt hat. Im Alten Israel gab es einen Zeitpunkt, auf den alle warteten: den Moment, wenn Feld und Garten die ersten Früchte hervorbringen, die ersten Oliven, die ersten Weintrauben, das erste Getreide. Es war eine heilige Pflicht, diese ersten Früchte Gott zum Dank zu opfern. Aber es war mehr als das: An der guten Ernte hing ja alles, das Überleben, das Gedeihen, ob es ein gutes oder ein schlechtes Jahr würde. Alles hing an der Ernte. Wenn nun die ersten Früchte zu sehen waren, war es wie ein großes Versprechen: Es wird eine Ernte geben. Es wird genug geben für alle, um satt zu werden. Die Erstlinge sind ein Versprechen auf mehr, auf genug, auf alles.

> JESUS IST DER ERSTLING, DER ERSTE, DEN GOTT AUFERWECKT HAT.

»Jesus ist der Erstling«, sagt Paulus. »Und das ist kein privater Triumph. Das ist der Anfang, und dieser Anfang ist ein Versprechen. Jesus ist auferstanden, Jesus lebt. Und ihr, die ihr glaubt und in die Gemeinschaft mit Jesus hineingetauft seid, ihr werdet ebenso auferstehen, ihr werdet leben! Jesus ist der Erstling.«

Beim anderen Bild blättert Paulus weit zurück in der Heiligen Schrift: zu den Anfängen, zu Adam und Eva, zu ihrem fatalen Misstrauen und ihrer folgenschweren Tat. Sie mussten fort aus der Nähe Gottes und ihr Schicksal wurde das Schicksal aller Adamssöhne und Evastöchter. Fern von Gott, erst sie, dann wir alle. Dem Tode geweiht, erst sie, dann wir alle. Ohne Hoffnung auf mehr als ein kurzes, schweres Leben. Generation für Generation wiederholt sich diese alte, traurige Geschichte.

Aber nun ist Christus auferstanden und nun beginnt eine neue Geschichte. Wie die Adamskinder alle Anteil haben an der Adamsgeschichte und dem Adamstod, so haben die, die zu Christus gehören, Anteil an der Christusgeschichte und der Christusauferstehung.

Was qualifiziert uns dazu? Sind wir besser als Adam & Söhne oder Eva & Töchter? Keineswegs. Nichts qualifiziert uns dazu. Nichts können wir anbieten. Nichts wird von uns gefordert. Nur das: zu Christus gehören. Ihm vertrauen. In die Gemeinschaft mit ihm hineingetauft sein. Einmal, endgültig. Und dann ist es wie beim Domino-Spiel. Fällt der erste Stein, so hat er genug Kraft und Dynamik, dass ein Stein nach dem anderen fällt, in schöner Ordnung, erst der erste, von dem alles ausgeht, dann alle anderen. Alle anderen.

Das ist wie bei der Osterkerze. Das erste Licht, die große Kerze des Auferstandenen, ist entzündet. Und jetzt geht er durch die Reihen und zündet an diesem ersten Licht eine Kerze nach der anderen an.

Was haben Christen an Ostern über so etwas wie COVID-19 zu sagen? Was ändert sich durch Jesus und die Auferstehung? Vielleicht ist es weniger, als mancher hofft.

Was darf ein Virus mit uns anstellen? Gibt es einen Unterschied zwischen denen, die glauben, und denen, die nicht glauben? Ja und nein! Werden auch Christen gehalten, die Regeln einzuhalten? Ja, natürlich! Wir tun auch sonst all das Vernünftige und Gebotene. Werden Christen infiziert, erkranken sie an COVID-19, leiden sie unter der Isolation und den Symptomen, müssen auch Christen beatmet werden, können sie an oder mit COVID-19 sterben? Ja, in jedem einzelnen Fall ja. Vielleicht sind sie geübter darin, zu beten, auch in der Krise, vielleicht wissen sie sich eher geborgen, auch in der Krise, vielleicht erleben sie eine heilsame Kraft. Vielleicht – oder auch nicht.

Ändert sich also kaum etwas für Christen? Doch, es gibt ein letztes Stopp-Schild, eine letzte Grenze, die kein Virus überschreiten darf. Es gibt etwas, das den freien Fall auffängt: Nichts kann mich trennen von der Liebe Gottes, meine Angst nicht, mein schwindender Glaube nicht, meine Panik nicht, meine Einsamkeit nicht, mein Gesundheitszustand nicht, meine Atemnot nicht, meine Mattheit nicht, mein drohendes Sterben nicht und selbst mein Tod nicht. Zuletzt bleibe ich geborgen und getragen, nicht weil ich tapfer durchhalte, sondern weil er mich nicht mehr loslässt. »Wir werden alle lebendig gemacht werden, weil wir zu Christus gehören«, schreibt Paulus.

WAS ÄNDERT SICH DURCH JESUS UND DIE AUFERSTEHUNG?

4. Paulus verspricht: Das Schicksal der Welt hängt daran!

Zum Schluss kommt die eigentliche Pointe. Paulus hat noch ein Anliegen. Er sagt: »Bitte bleibt nicht bei eurem privaten Schicksal stehen.« Es geht nicht nur darum, dass ihr persönlich Hoffnung habt. Es ist nicht genug, dass *mein Jesus* es gut mit *mir* und den *Meinen* ausgehen lässt. Es ist nicht genug. Nicht genug für ein mündiges, erwachsenes Christsein. Ein erwachsener Mensch dreht sich nicht mehr pausenlos um sich selbst und ruft der Welt zu: »Ihr seid alle dazu da, dass es mir gut geht!« Ein erwachsener Mensch sieht die größere Welt um sich herum und weiß sich mitverantwortlich für das große Ganze, nach dem Maß seiner Gaben und in den Grenzen der ihm anvertrauten Mittel. Deshalb fragt der mündige Mensch zu Ostern: »Was bedeutet das für unsere wunderschöne und so schlimm geschundene Welt?«

Darum weitet Paulus unser Denken und öffnet uns die Augen für das Größere, das mit Ostern begonnen hat. Seit Ostern, sagt er, ist das Spiel entschieden. Seit Ostern, lehrt er, ist Jesus unterwegs und besiegt einen Feind nach dem anderen, bis er am Ende, ganz am Ende, den schlimmsten und ärgsten unterwirft, den übelsten Feind, den grausamsten Diktator: den Tod selbst. »Und dann«, sagt Paulus, »geht die Geschichte so aus: Alle Mächte des Todes und des Verderbens, die Kriege und Pandemien, die Hungersnöte und Flutkatastrophen, die menschlichen Grausamkeiten und die Unberechenbarkeiten der Natur, sie alle sind bezwungen, vor dem Thron Gottes unterworfen, Abgang, aus, Ende.« Ich sage es noch einmal etwas langsamer: Das Spiel ist entschieden. Der Auferstandene ist auf Siegestour.

WAS BEDEUTET DAS FÜR UNSERE WUNDERSCHÖNE UND SO SCHLIMM GESCHUNDENE WELT?

Das eine: Das Spiel ist entschieden. Wann ist ein Spiel entschieden? Sportfans wissen: Das sollte man nie zu früh denken! Im Jahr 2005 führte der AC Mailand zur Pause des Champions-League-Finales 3:0 gegen Liverpool. Und damals war klar: Die Abwehrkünstler aus Mailand lassen sich ein 3:0 nicht mehr nehmen. Niemals! Nach der Pause begannen ein paar Fans auf der Tribüne zu singen: »You never walk alone.« Erst zaghaft, dann immer mutiger. Der Funke sprang über aufs Feld. Und Liverpool schaffte die Wende, ein unglaubliches Spiel. 5:3 stand es am Ende. »You never walk alone.« Denke nie zu früh, das Spiel sei entschieden. Es kann sich alles noch wenden.

»Nun«, sagt Paulus, »nette Geschichte, ich verstehe nichts von – wie heißt das? – Fußball. Aber kann ja sein. Mit Ostern ist es anders. Seit Ostern ist das Spiel entschieden, der Sieger steht fest, die Gegner haben schon verloren. Diese Champions League hat einen Gewinner, obwohl noch gekämpft wird.« Wir rufen noch: »Dein Reich komme!« Wir leiden noch unter den Feinden: Viren und Tumore, Kriege und Hunger, Naturkatastrophen und menschliche Grausamkeit. Das ist alles noch da! Aber seit jenem Morgen haben sie alle schon verloren, und Jesus, der Auferstandene, ist der Sieger. Es gehört zu der Ordnung der Dinge: Einen Feind nach dem anderen legt Gott dem Auferstandenen unter die Füße. Die Feinde sind besiegt, aber noch nicht entthront. Doch das kommt.

DENKT NICHT SO KLEIN VON OSTERN!

Darum: Denkt nicht so klein von Ostern! Als Jesus aus dem Grab stieg und die Mauer durchbrach, kam etwas Neues in diese Welt, das alles verändern wird. Das Spiel ist entschieden, das Ende gut, die Welt geht nicht auf Untergang zu, sondern auf Neuschöpfung, auf Heilung und Wiederherstellung. Der Himmel wird uns nicht auf den Kopf fallen.

Die Welt, die Natur, das Klima, die Regierungen, das Sozialsystem, die Familien, das alles wird heil werden. Gerechtigkeit für die Armen, Großzügigkeit statt Gier, Friede für die von Krieg Geplagten, Heilung für die Kranken, Geborgenheit für alle Kinder. Terror, Pandemien, Tierquälerei, Ausbeutung, Folter finden ein Ende. Darauf geht nun alles zu.

Die ersten Christen konnten es kaum erwarten: »Komm, Herr!«, riefen sie. »Komm bald!« Und es ist schwer, zu verstehen, warum das alles so lange dauert und warum wir so oft immer noch eher das Gegenteil sehen. Paulus sagt: »Dehnt euer Denken! Denkt Ostern nicht zu klein, auch wenn es dauert.« Das Spiel ist entschieden. Und Jesus ist auf dem Weg, seine Herrschaft durchzusetzen.

Wie tut er das? Nun, vielleicht sind wir erst in der Vorrunde, vielleicht im Achtelfinale. Vielleicht haben wir es bisher nicht gesehen, aber Paulus zeigt es uns: Zwischen Ostern und dem Ende geschieht etwas. Was? Der Auferstandene bereitet den gottfeindlichen Mächten, Kräften und Gewalten ein Ende. Und dann, irgendwann, kommt das Endspiel, dann wird auch der Tod entthront und seine Niederlage, die seit Ostern beschlossen ist, wird vollzogen.

DER AUFERSTANDENE HERR SETZT SEINE HERRSCHAFT MIT SEINER RECHTEN UND MIT SEINER LINKEN HAND DURCH.

Wie geschieht das? Ich schalte mich hier mal ein, weil Paulus dazu nicht viel sagt. Ich glaube, dass der auferstandene Herr seine Herrschaft mit seiner rechten und mit seiner linken Hand durchsetzt. Mit beiden Händen. Das ist ein altes Bild. Mit diesem Bild kann man unterscheiden, was Gott tut:

- Mit der rechten Hand tut er, was wir ohne Weiteres als Zeichen seiner Herrschaft sehen. Ganz offensichtlich! Da finden Menschen in Christus ihren Halt und ihr Heil. Sie beginnen zu glauben und ihr Leben erneuert sich. Sie vertrauen auch in Krisen auf Gott, sie tun ihren Nächsten Gutes und erlauben keiner Pandemie, sie in ängstliche und ichbezogene Menschen zu verwandeln. Sie beten und tun das Mögliche, das Gute, das Mutige. Und zuweilen passiert es so, dass alle staunen: Ein Gebet wird erhört, ein Virus gestoppt, ein Herz getröstet, eine Beatmung ist erfolgreich. Eine Gemeinde dient, sorgt für Seelen, macht Ostern bekannt und verändert das Gemeinwesen! Christus tut das alles, ganz offensichtlich, also mit seiner Rechten.

- Aber er regiert auch mit seiner Linken. Er regiert da, wo Dinge passieren, die dem Bösen und dem Tod Grenzen setzen und Gutes fördern. Manchmal unvollkommen, unbeholfen, aber in die richtige Richtung! Dabei sind es nicht immer Christen, die da wirken. Natürlich sind sie dabei, packen mit an, gehen Jesus zur Hand. Aber auch viele andere, die nicht wissen, wer den Sieg hat, und doch tun, was dem Herrn gefällt: Da regieren und verwalten Menschen mit klugen Entscheidungen und fester Hand. Da kämpfen Chirurgen, Lungenärztinnen und Pflegende um Menschenleben. Da helfen Banker, Betriebe am Leben zu halten. Da tun Unternehmerinnen alles, um Kunden zu versorgen und ihre Angestellten in Lohn und Brot zu halten. Da sitzen Menschen an den Kassen und füllen die Regale. Da leisten Forscherinnen Unglaubliches und ringen dem Virus zentimeterweise den Boden ab, suchen nach dem Zaubertrank. Da werden Menschen großzügig und spenden, helfen, denken gerade jetzt an die Vergessenen, die Obdachlosen, die Alten, die seelisch Erkrankten. Da mühen sich Bestatter um würdevolle Beerdigungen.

Christus regiert, auch mit der linken Hand, auch da ist er am Werk, verborgen, aber er ist es, er begrenzt, bekämpft und überwindet gottfeindliche Mächte. Verborgen, unerkannt, aber er! Christus ist am Werk, wo geschieht, was seinem Willen entspricht und sich den Mächten entgegenstellt.

Gleichzeitig erinnert er uns: Noch ist es nicht vorbei. Noch müssen wir rufen: »Dein Reich komme!« Noch gibt es all das Furchtbare und Schlimme. Noch ist mancher Kampf mühsam, manche Hilfe unbeholfen und mancher Sieg unvollkommen. Noch dauert es!

Anders als die Besserwisser verstehe ich nicht, warum. Aber es ist schon entschieden. Auch das Böse kann sich seiner Kontrolle nicht entziehen, kann nicht dauerhaft toben. Der Sieger steht fest. Ostern ist (erst) der Anfang. Was an Ostern begann, wird am Ende siegen. Christus ist unterwegs, bis zum großen Endspiel, bis der Tod endgültig abdankt. Denkt bloß nicht zu klein von Ostern!

»Wenn ich jetzt auch mal wieder etwas sagen darf«, meldet sich nun Paulus. »Ich will nur noch eines fragen. Wissen wir jetzt, warum an Ostern alles hängt? Verstehen wir jetzt, warum alles abgesagt wird, aber Ostern nicht? Haben wir jetzt verstanden, was Christen zu dieser Pandemie sagen können?«

OSTERN IST (ERST) DER ANFANG.

Wenn wir es verstanden haben, dann bleibt nur eins: »Der Herr ist auferstanden! Er ist wahrhaftig auferstanden. Halleluja!« Dann sind wir einen Schritt weiter auf dem Weg zum mündigen Christsein. (mh)

Jesus, der Mann mit den Schlüsseln

Welches Bild haben wir vor Augen, wenn wir an Jesus denken, über ihn nachsinnen, ihn anderen vorstellen oder selbst zu ihm beten?

Ist es das Kind im Stall, das wir zu Weihnachten voller Freude anschauen und mit Weisen und Hirten anbeten? Klein, schwach, von anrührender Hilflosigkeit, aber auch mit seltsam kräftiger Ausstrahlung, Gott ganz nah und nahbar. Für uns gekommen. Ist das unser Bild von Jesus?

Oder ist es der Mann am Kreuz, dessen Leid in der Passionszeit in den Mittelpunkt unserer Gottesdienste rückt? Der zerschlagene und geschundene Leib, der Schuldlose, der verraten und verkauft wird, missachtet, verspottet, gefoltert, am Ende von Nägeln durchbohrt, nackt und bloß, der, an dem sich alle Gehässigkeit, Grausamkeit und Gottlosigkeit austoben darf. Für uns geopfert. Ist das unser Bild von Jesus?

Oder ist es der Wanderprediger und Arzt, der Mentor der Jünger, der Freund der Sünder, der lustige Weintrinker und der ernsthafte Lehrer, Freund der Kinder, zwischen Krippe und Kreuz unterwegs auf den Straßen von Israel? Vorbild derer, die diesem guten Menschen gerne ähnlich würden? Ist das unser Bild von Jesus?

Offenbarung: Ist das Bibel oder kann das weg?

Das Kind, der Gekreuzigte und der Wanderprediger, das sind sicher die Bilder, die in den meisten christlichen Seelenhaushalten aufgehängt sind, in der inneren Galerie, die voll mit solchen Bildern von Jesus ist. Doch da steht ein fremdes und manchmal etwas seltsames Buch am Ende des Neuen Testaments, gerade mal zwanzig bis dreißig Seiten dick: Offenbarung des Johannes. Ein Buch, in dem es wimmelt von Pferden und Drachen, Engeln und Dämonen, Löwen und Lämmern, Biestern aller Art und ein paar verschreckten Menschen. Ein Buch, das unsere Galerie mit Bildern von Jesus um einige eindrucksvolle Gemälde erweitert. Die Worte, die Johannes findet, sind krass, fremd, verstörend:

> Ich, Johannes, euer Bruder, habe das Wort Gottes verkündet und bin als Zeuge für Jesus aufgetreten. Deswegen bin ich auf die Insel Patmos verbannt worden. Wegen Jesus bin ich mit euch zusammen in Bedrängnis. Aber wegen Jesus habe ich mit euch auch Anteil am Reich Gottes und bleibe standhaft im Glauben.
> Am Tag des Herrn wurde ich vom Geist Gottes ergriffen. Und ich hörte eine mächtige Stimme hinter mir, die war laut wie eine Trompete. Die Stimme sagte: »Schreib in ein Buch, was du siehst, und schick es an die sieben Gemeinden: nach Ephesus, Smyrna, Pergamon und Thyatira, sowie nach Sardes, Philadelphia und Laodizea!«
> Ich drehte mich um, um zu sehen, wessen Stimme da mit mir redete. Und als ich mich umdrehte, sah ich sieben goldene Leuchter. Mitten zwischen den Leuchtern sah ich jemanden, der aussah wie ein Menschensohn. Er hatte ein langes Gewand an und trug ein goldenes Band um die Brust. Sein Kopf und seine Haare waren weiß wie weiße Wolle, ja wie Schnee. Seine Augen glichen lodernden Flammen. Seine Füße glänzten wie Golderz, das im Schmelzofen glüht. Seine Stimme klang wie das Tosen von Wassermassen. In seiner

rechten Hand hatte er sieben Sterne und aus seinem Mund kam ein doppelschneidiges, scharfes Schwert. Sein Gesicht leuchtete so hell wie die Sonne zur Mittagszeit.
Als ich ihn sah, brach ich wie tot vor ihm zusammen. Er legte seine rechte Hand auf mich und sagte: »Fürchte dich nicht! Ich bin der Erste und der Letzte und der Lebendige. Ich war tot, doch schau her: Ich lebe für immer und ewig, und ich habe die Schlüssel zum Tod und zum Totenreich. Schreib auf, was du gesehen hast, was jetzt gerade geschieht und was später geschehen wird. Du hast sieben Sterne in meiner rechten Hand gesehen und sieben goldene Leuchter. Sie haben eine geheime Bedeutung: Die sieben Sterne stehen für die Engel der sieben Gemeinden. Und die sieben Leuchter stehen für die sieben Gemeinden.«

Offenbarung 1,9-20

Dieser Jesus erscheint eher wie Gandalf aus dem »Herrn der Ringe«, so wie er hier porträtiert wird: ein Uralter, mit weißem Haar, mit brennendem Blick, dem nichts verborgen bleibt, mit einem scharfen Kurzschwert, wie ein Richter, mit einem blendend hellen Antlitz, in einem langen Gewand, mit einem goldenen Gürtel, mit einer Stimme wie Donnergrollen und Wasserrauschen. Jesus wie Gandalf? Ein fremder Jesus jedenfalls: nicht zart und klein wie das Kind in der Krippe, ohne die Nägelmale von der Kreuzigung, und auch nicht wie ein mehr oder weniger harmloser Wanderprediger. Ein fremder Jesus, majestätisch, gewaltig, erschütternd, fremd, entrückt, machtvoll …

Warum brauchen wir solche Bilder? Taugen sie für unsere innere Bildergalerie? Oder bleiben wir lieber beim Kind in der Krippe, beim Mann am Kreuz und beim Wanderprediger auf den Straßen Galiläas?

Tauchen wir einmal ein in das Leben der Menschen, denen dieses Bild zuerst gezeigt wurde. Ich möchte verdeutlichen, warum es unseren Blick auf Jesus schärft, unsere innere Vorstellung von Jesus in neue Tiefen führt und unser Herz in schwierigen Zeiten stark macht, wenn wir auch so auf Jesus schauen. Wie es uns hilft, im Glauben erwachsener zu werden – oder eben: mündig!

Johannes: Jesus sorgt für seinen Märtyrer

Beginnen wir mit Johannes, dem dieses seltsame Buch am Ende der Bibel zugeschrieben wird. Johannes ist offenbar ein bedeutender Christ der ersten Stunde. Und er leidet. Er sitzt fest, im Exil, zwangsweise. Man hat ihn des Landes verwiesen und auf der Insel Patmos interniert. Dort ist er nun, allein, vor einer ungewissen Zukunft. Er weiß: Es gab schon vor ihm Christen, die ihren Glauben mit dem Leben bezahlt haben.

DAS EVANGELIUM IST EINE BOTSCHAFT, FÜR DIE MENSCHEN DAS EIGENE LEBEN EINSETZEN.

Johannes ist bereit. Er hat akzeptiert, dass es seinen Preis hat, zu Jesus zu gehören. Er hat begriffen, dass nicht alle jubeln, wenn sie von diesem neuen Weg zum guten Leben und zum ewigen Frieden hören. Er ist bereit. Wie die unzähligen Christen, die bis heute für ihren Glauben mindestens Nachteile, wenn nicht Verfolgung und manchmal den Tod in Kauf nehmen. Johannes ist bereit, weil Jesus ihm so viel mehr bedeutet als alles andere, weil Jesus ihm so viel mehr gibt als jeder andere und weil er mit Haut und Haaren, Verstand und Herz, Leben und Tod ihm treu sein will. »Das ist sogar das Martyrium wert«, sagt er.

Wofür ich zu sterben bereit bin, das muss mehr sein als eine religiöse Meinung unter anderen. Wenn sich Christen vornehm zurückhalten und den Anspruch Jesu ein bisschen kleiner machen, indem sie sagen, Jesus und sein Evangelium seien eine, aber eben nur eine Weise, Gott zu suchen, dann unterschätzen sie, dass seit jeher Menschen bereit waren, für den Glauben an Jesus zu sterben. Das Evangelium ist eine Botschaft, für die Menschen das eigene Leben einsetzen. Wie Johannes.

Nicht, dass das leicht wäre. Johannes sitzt auf Patmos fest. Nicht eingekerkert, aber eben im Exil. Fernab von den anderen Christen, zur Untätigkeit verdammt. Kein Ende in Sicht. Jedenfalls kein gutes. Jetzt ist auch noch Sonntag. Der Tag des Herrn, so nannte man das damals. Und Johannes ist nicht bei den anderen, sondern isoliert, einsam, vielleicht voller Angst, auf jeden Fall in großer Bedrängnis.

Da greift Jesus selbst ein. Wenn es ganz hart kommt, ist Jesus zuweilen besonders nah. Jesus greift ein. Er ist nicht immer angewiesen auf seine irdischen Helfer. Hier kommt er selbst, weil es nötig ist. Sein Diener Johannes ist ja in Not. Sein Freund Johannes braucht einen Blick auf die Realitäten. Wir haben es gehört: Der Geist Gottes ergreift ihn; er hört eine Stimme und er sieht in den Himmel.

Ein kleiner türkischer Kirchenkreis: Jesus sorgt für seine Gemeinden

Johannes bekommt diesen Einblick in den Himmel jedoch nicht allein zur privaten Ermunterung, sondern er soll aufschreiben, was er hört und sieht – in ein Buch. Dieses Buch soll er an sieben Gemeinden versenden, alle in der Nähe der Stadt Ephesus in der heutigen Türkei gelegen, nicht weit von der Ägäis. Wenn man genauer hinguckt: sieben kleine Gemeinden. Nichts Besonderes. Ehrlich: Ephesus, Smyrna, Pergamon, Thyatira, Sardes, Philadelphia und Laodizea, das ist so ein kleiner türkischer Kirchenkreis, an einer Handelsstraße gelegen. Warum gerade die? Es gab bedeutendere Gemeinden und sicher wichtigere Orte! Das ist nicht viel anders als Pommern und sagt Ortsunkundigen gewiss auch nicht mehr als die melodiösen Namen von Gemeinden in der Nähe von Greifswald: Diedrichshagen, Hanshagen, Wrangelsburg, Züssow, Zarnekow, Groß Kiesow und Karlsburg.

Aber Jesus sieht diese kleinen Gemeinden. Und er liebt sie. Hier passiert etwas Großes: Diese Gemeinden sind wie Leuchter. Sieben Leuchter, und inmitten dieser sieben Leuchter steht der Herr.

Leuchter gehören zum Inventar des Tempels. Gemeinden sind wie goldene Leuchter, das ist ihre Würde, auch wenn sie skurrile Namen wie Thyatira oder Zarnekow tragen und dem Rest der Welt komplett unbekannt sind: Ihr seid goldene Leuchter im Tempel Gottes, und der Herr ist immer in eurer Nähe.

»WER CHRISTUS SAGT, SAGT GEMEINDE, UND WER GEMEINDE SAGT, SAGT CHRISTUS.«

Karl Hartenstein, ein wichtiger schwäbischer Missionstheologe, schrieb: »Wer Christus sagt, sagt Gemeinde, und wer Gemeinde sagt, sagt Christus.«[5] Darum ist es ein Privileg, Gemeinde zu sein. Es ist ein Privileg, Teil einer Gemeinde zu sein. Es ist ein Privileg, in einer Gemeinde mitzuwirken. Heiliger Boden, denn: »Wer Gemeinde sagt, sagt Christus.«

Jesus sieht diese kleinen Gemeinden. Aber es sind schwierige Zeiten. Jesus hat seine Gemeinden »evaluiert«, geprüft auf Herz und Nieren. Und es geht nicht allen gut. Nicht nur für Johannes, auch für die Gemeinden sind es schwere Zeiten.

Die Gefahr kommt von außen: Auch ihnen drohen Verfolgung, staatliche Unterdrückung und Gewalt.

Aber die Gefahr droht auch innen: Manche haben den Eifer verloren, die erste Liebe ist erloschen. Manche fühlen sich allzu sicher, weil sie so groß und reich sind. Manche haben fremde Lehren geduldet, haben sich von Kräften beeinflussen lassen, die in die Gemeinde eindringen, aber nicht zur DNA der Gemeinde Jesu passen. Sie sind in Gefahr, den inneren Kompass zu verlieren, sich zu verirren, auf Abwege zu geraten.

»Mündig« sieht anders aus! Unter dem Strich geht es den meisten eher schlecht, die erste große Krise ist da. Da greift Jesus selbst ein. Es ist nötig. Seine Gemeinden sind ja in Gefahr. Und sie brauchen einen Blick auf die Realität.

Bis hierher scheint alles so zu laufen wie bei Johannes. Jesus greift so ein, dass das, was sein Bote und Zeuge sehen durfte, auch ihnen vor Augen stehen soll. Aber jetzt läuft es anders. Sie werden nicht vom Geist direkt, unmittelbar und dramatisch ergriffen. Vielmehr soll Johannes das, was er sieht, aufschreiben. Jetzt kommen die irdischen Helfer, die sich Jesus sucht, zum Zug. Johannes sieht, hört – und schreibt auf. Und das Aufgeschriebene soll er den Gemeinden senden. Als Buch. Zum Vorlesen. Zum Betrachten. Zum Nachdenken. Zum Besprechen.

> DIE GEMEINDEN JESU LEBEN VON DEM, WAS DIE ERSTEN ZEUGEN AUFGESCHRIEBEN HABEN.

Aus der Vision des Johannes wird ein Text, der es später in unsere Bibel schafft. Das Buch wird auf der Handelsstraße von Ort zu Ort gebracht. Man kann nur hoffen, dass der öffentliche Personennahverkehr nicht so war wie der zwischen Zarnekow und Diedrichshagen. Aber es ist deutlich: Johannes wird etwas Besonderes geschenkt, doch dieses Besondere wird allen bereitgestellt. Die Gemeinden Jesu leben von dem, was die ersten Zeugen aufgeschrieben haben. Bis heute. Das ist der Kompass, der sie leitet. Das soll sie auf Kurs halten. Das ist die Idee. Das ist die Quelle unseres mündigen Christseins und vitaler Gemeinden: die Schrift als Zeugnis von Menschen, zu denen Gott gesprochen hat.

Da sitzt Johannes auf Patmos – und Jesus kümmert sich um ihn. Und da ist dieser kleine türkische Kirchenkreis – und Jesus kümmert sich um ihn.

Aber was ist denn seine Idee, womit er sie trösten und auf Kurs halten kann?

Jesus, »der mit den Schlüsseln«

Das neue Bild, das in unsere innere Galerie von Jesus-Bildern gehängt wird, ist das Bild des Herrn, der kommt. Es ist das Bild, das für uns ein bisschen fremd erscheint, eben ein bisschen wie »Gandalf«. Es ist das Bild, das Jesus anders zeigt: voller Kraft, Herr aller Herren. Jedes Detail beschreibt etwas von seiner Macht und seiner Würde. So ähnlich hatten es schon Propheten wie Daniel gesehen. Drei seiner Jünger hatten auf einem Berg einmal für einen Moment Jesus in seiner unverhüllten Herrlichkeit erblickt. Und als Jesus getauft wurde, hatten sie die Stimme aus dem Himmel gehört: »Das ist mein geliebter Sohn, an ihm habe ich Freude« (Matthäus 3,16). Es ist, als würde für einen Moment die Decke weggenommen. Jesus erscheint nicht mehr wie das hilflose Kind, der Wanderprediger oder der gefolterte Mann am Kreuz. Er erscheint als der, der alle Macht hat. Das bedeuten die sieben Sterne. Sieben steht für die Vollkommenheit, Sterne für Macht. Sieben Sterne stehen für vollkommene Macht.

Das ist der erste Trost in schweren Zeiten. Der, der die sieben Sterne in den Händen hält, ist Jesus, unser Herr. Wir sind den Mächten und Kräften nicht einfach ausgeliefert, denn wir sind in der Obhut und unter dem Schutz dessen, der die sieben Sterne in Händen hält. Komme, was wolle. Im Lied »Ein feste Burg ist unser Gott«[6] heißt es: »… und wenn die Welt voll Teufel wär!« Und weiter:

Mit unsrer Macht ist nichts getan,
wir sind gar bald verloren;
es streit' für uns der rechte Mann,
den Gott hat selbst erkoren.
Fragst du, wer der ist?
Er heißt Jesus Christ,
der Herr Zebaoth,
und ist kein andrer Gott,
das Feld muss er behalten.

In all den Auseinandersetzungen dieser Tage pflegt die beste Ehefrau, wenn ich aus dem Auto steige, zu sagen: »Vergiss nicht, du hast einen starken Mann an deiner Seite.« Das kommt von einer kleinen Geschichte, die John Ortberg erzählt:[7] Er war in einer etwas rauen Umgebung unterwegs und es wurde schon dunkel, die Straßen leerten sich. Da sah er eine der berüchtigten Gangs auf sich zukommen, sichtlich in der Stimmung, Streit anzufangen. Ortberg wusste: Ich habe keine Chance gegen sie.

Plötzlich hielten die Gangmitglieder inne, ihre Augen wurden größer und größer, Entsetzen stand ihnen ins Gesicht geschrieben, sie drehten ab und rannten weg. Ortberg dachte erst: »Wow, ich wusste gar nicht, dass die Mucki-Bude solche Wirkung zeigt.« Bis er sich umdrehte und sah, dass an der Straßenecke der größte Typ stand, den er je gesehen hatte, muskelbepackt, Arnold Schwarzenegger vor dreißig Jahren, furchterregend, in der schönen blauen Uniform eines Cops, bereit, jederzeit dem Spuk ein Ende zu bereiten.

Das sieht also Johannes: den starken Mann. Das lesen und hören die Gemeinden: »Er heißt Jesus Christ … Das Feld muss er behalten!«

»VERGISS NICHT, DU HAST EINEN STARKEN MANN AN DEINER SEITE.«

Das sieht Johannes, und die Gemeinden lesen und hören es. Ein Grund, warum sie es nicht direkt sehen, wird sofort deutlich, denn jetzt kommt eine kleine Verzögerung. Wer das sieht, sagt nicht: »Wow, toll, was für eine schöne geistliche Erfahrung!« Er ruft auch nicht: »Das hätte ich jetzt gerne jeden Tag!« Johannes erzählt es ganz anders: »Das hat mich umgehauen. Und dann lag ich da wie tot. Das war einfach zu viel des Guten.«

Wenn man denkt, das Bild des unverhüllten Christus mit den sieben Sternen in der Hand wäre der Höhepunkt der Geschichte, dann täuscht man sich, denn jetzt kommt der eigentliche »Hammer«. Der Mächtigste ist zugleich der Zarteste. Wahnsinn! Johannes liegt wie tot auf dem Boden. Und Jesus zeigt, dass das Kind in der Krippe, der Prediger auf der Straße, der Mann am Kreuz, der herrliche und mächtige, der erhöhte Christus dasselbe Herz haben. Dasselbe Herz! Dieser Furcht einflößende Herr beugt sich herab, legt Johannes die rechte Hand auf und sagt die Worte, an denen die unerschöpfliche Liebe Gottes wieder und wieder erkannt wird: »Du musst dich nicht fürchten. Fürchte dich nicht, Johannes, fürchte dich nicht. Ich bin für und nicht gegen dich. Du bist geborgen in meiner Gnade. Deshalb bin ich hier. Das sollst du wissen, wenn es so schwer ist. Und das sollen die Gemeinden wissen, damit sie wieder wach und lebendig werden und sich nicht vom Kurs abbringen lassen.«

Wie also werden wir getröstet, wenn es »dicke« kommt? Indem wir hören, dass Jesus zugleich der ist, der alle Macht im Himmel und auf Erden hat. Und indem wir ebenso hören, dass der, der alle

Macht im Himmel und auf Erden hat, der ist, der uns die Hand auflegt, ganz zart, ganz behutsam: »Fürchte dich nicht. Ich bin da. Ich bringe dich durch. Ich lasse dich nicht im Stich.«

Wie werden Gemeinden auf Kurs gehalten, die gerade ein bisschen ins Schlingern kommen? Indem sie hören, wer Jesus ist, und sich neu ihm ausliefern und sich nicht irremachen oder verführen lassen, ihrer Berufung untreu zu werden.

Jesus gibt Johannes noch ein Bild mit. Er erinnert seinen Jünger an den furchtbaren Weg, den er selbst gehen musste: »Johannes, du weißt doch, ich war tot, mausetot. Aber ich lebe, der Tod konnte mich nicht festbinden.« Okay, das kennen wir. Aber dann sagt er: »Stell es dir so vor, Johannes, nimm dieses Bild noch auf in deine innere Galerie: Ich habe die Schlüssel. Die Schlüssel zum Totenreich. Zu diesem stinkenden Gefängnis, aus dem noch keiner freigekommen ist. Stell dir vor, ich habe die Schlüssel. Ich mach einfach mal die Tür auf. Ich lasse meine Leute raus. Auch sie kann der Tod nicht mehr festhalten.«

Ich denke in diesen Monaten manchmal darüber nach, wie es sein wird, wenn mein Dienst endet. Eines, was mir dann durch den Kopf geht, ist der letzte Tag im Dienst. An diesem Tag werde ich zum Dekanat gehen und die Schlüssel aus der Tasche ziehen, die ich seit über 25 Jahren bei mir trage. Und dann werde ich die Schlüssel abgeben. Danach komme ich allein nicht mehr durch die Türen, durch die ich immer gegangen bin. Ich kann nicht mal mehr meine Kollegen im Büro einsperren. Ich habe ja die Schlüssel abgegeben. Was ist man schon ohne die Schlüssel? Und was wäre man mit der Schlüsselgewalt?

Und nun hören wir es: Der Tod hat die Schlüssel abgegeben. Und wer hat ihn dazu gezwungen? Jesus! Und wer hat sie jetzt? Jesus! Und wer lässt uns raus, wenn der Tod nach uns greift? Jesus! Genau das gibt Johannes Kraft für das Exil. Vielleicht sogar für das Martyrium. Und genau das hören die Christen in dem kleinen türkischen Kirchenkreis und dann denken sie: »Könnt ich's irgend besser haben? Wie könnten wir Jesus verlassen!«

Ich habe zu Beginn gefragt, welche Bilder von Jesus in uns wohnen, sozusagen in unserer inneren Galerie hängen. Und ich habe ein paar genannt, die viele Christen in ihrer Seele haben: das Kind, den Prediger, den Mann am Kreuz. Jesus hat mit Johannes einigen Aufwand betrieben, damit wir mindestens drei weitere Bilder in unserer Galerie aufhängen: den starken Herrn, dem alle Macht im Himmel und auf Erden gehört, den Mächtigen, der uns, wenn wir am Boden liegen, ganz zart die Hand auflegt und sagt: »Fürchte dich nicht!« Und den Todesbezwinger mit den Schlüsseln in der Hand. Der Tod musste die Schlüssel abgeben.

DER TOD HAT DIE SCHLÜSSEL ABGEGEBEN.

Ich habe diesen merkwürdigen Vergleich mit Absicht gewählt. Wenn es um unseren Weg zum mündigen Christsein geht, dann geht es auch um die Bilder, die wir in der Seele mit uns tragen und die wir betrachten – nicht nur wie im Vorübergehen, sondern intensiv. Fast meditativ. Mit ruhigem, geduldigem Blick. So, dass die Bilder uns beeindrucken, also einen Eindruck in uns hinterlassen. So, dass wir auf das Bild schauen und das Bild zu uns zurückschaut. So, dass wir schauen und das Schauen uns in Stimmung bringt.

Wie wäre es, wenn wir das Bild von Jesus, der alle Macht hat, oder das Bild von Jesus, der einen großen Schlüsselbund mit sich herumträgt, so betrachten? Immer wieder.

Wir können das mithilfe der Worte tun, die Johannes aufgeschrieben hat, oder wir können es uns vorstellen, zum Beispiel den großen Schlüsselbund oder den Herrn, der uns zuruft: »Fürchte dich nicht!«

Wir können das anschauen, wenn der Tag beginnt und endet. Nur schauen, nicht reden. Nicht viel tun, nur betrachten. Und dann beten. Anbeten. Loben. Auch klagen, wenn es wieder zu schwer ist. Anrufen, wenn wir ihn gerade jetzt so dringend brauchen: Jesus, den Herrn mit den Schlüsseln. (mh)

Jesus beruft Menschen wie Petrus

Kinder in einem bestimmten Alter stellen manchmal gewisse Fragen. Also Kinder, die weder zu klein sind noch zu groß und unausstehlich. Kinder in dem kleinen, aber feinen Zeitfenster, das man unbedingt genießen sollte. Sie kuscheln sich dann an Mama oder Papa und fragen: »Erzähl doch mal von früher. Warst du auch mal jung? Erzähl doch mal, wie du Mama kennengelernt hast. Übrigens, ich kenne schon Mamas Version. Erzähl doch mal, hattet ihr schon Smartphones – oder wenigstens Autos oder Klopapier? Wie kommen die Kinder zur Welt?« Vorschlag: »Frag doch mal die Maus!«

Alles ist spannend: wie es bei Oma und Opa war, wie alles so wurde, wie es jetzt ist.

Ich habe mich gefragt, ob die Kinder von Simon, genannt Petrus, auch solche Fragen gestellt haben. Hatte Simon überhaupt Kinder? Er hatte immerhin eine Schwiegermutter, war wohl verheiratet, und da sind Kinder nicht so unwahrscheinlich. Also gehen wir einmal davon aus, dass er Kinder hatte. Und eines Abends sitzen sie zusammen, Simon und seine Kinder im schönen Alter zwischen zu klein und zu unausstehlich. Kinder im »Gerade-so-richtig-Alter«. Und die Kinder fragen: »Papa, wie war das früher? Wo hast du gewohnt? Was hast du gemacht? Warst du immer schon Reiseprediger oder Epistel oder Apustel oder wie das heißt?«

»Nein«, sagt Petrus, »ich war nicht immer schon Apostel, so heißt das, und das bedeutet übrigens so viel wie Gesandter oder Bote. Ich war nicht immer ein Bote von Jesus. Ich war Fischer. Ich lebte mit meinem Bruder und anderen Fischern zusammen an einem großen See, und wir hatten eine kleine Fischereigenossenschaft.« Ich unterschlage mal die nächste Kinderfrage, ob der Papa auch die armen Fische totgeschlagen hat, und komme unverzüglich zur übernächsten: »Warum bist du denn heute kein Fischer mehr?«

Petrus der Fischer oder: Wie alles begann

Die Bibel berichtet dazu Folgendes:

> Einmal drängte sich die Volksmenge um Jesus und wollte hören, wie er Gottes Wort verkündete. Jesus stand am See Gennesaret. Da sah er zwei Boote am Ufer liegen. Die Fischer waren ausgestiegen und reinigten die Netze. Jesus stieg in das Boot, das Simon gehörte. Er bat Simon, ein Stück vom Ufer wegzufahren. Dann setzte er sich und lehrte die Leute vom Boot aus.
> Als Jesus seine Rede beendet hatte, sagte er zu Simon: »Fahre hinaus in tieferes Wasser! Dort sollt ihr eure Netze zum Fang auswerfen.« Simon antwortete: »Meister, wir haben die ganze Nacht hart gearbeitet und nichts gefangen. Aber weil du es sagst, will ich die Netze auswerfen.« Simon und seine Leute warfen die Netze aus. Sie fingen so viele Fische, dass ihre Netze zu reißen drohten. Sie winkten die Fischer im anderen Boot herbei. Sie sollten kommen und ihnen helfen. Zusammen beluden sie beide Boote, bis sie fast untergingen. Als Simon Petrus das sah, fiel er vor Jesus auf die Knie und sagte: »Herr, geh fort von mir! Ich bin ein Mensch, der voller Schuld ist!« Denn er und die anderen, die dabei waren, waren sehr erschrocken. So riesig war der Fang, den sie gemacht hatten. Jakobus und Johannes, den Söhnen des Zebedäus, erging es ebenso. Die beiden arbeiteten eng mit Simon

zusammen. Jesus sagte zu Simon: »Hab keine Angst! Von jetzt an wirst du ein Menschenfischer sein!« Da zogen sie die Boote an Land, ließen alles zurück und folgten ihm.

Lukas 5,1-11

Seinen Kindern würde Petrus das sicher ausführlicher erzählen. Ich denke, dass er ihnen ungefähr so antworten könnte:

»Das ist eine lange Geschichte. Also, eines Tages waren wir gerade dabei, unsere Netze zu säubern, als Jesus vorbeikam. Er zog wie immer viele Menschen an, die ihn hören wollten, wenn er von Gott erzählte und von einem neuen, guten Leben mit Gott. So auch dieses Mal. Wir hörten aber nicht recht zu, wir waren an dem Tag nicht gut drauf, weil wir in der Nacht davor leider nichts gefangen hatten. Wir machten uns Sorgen um unsere Genossenschaft. Der See war überfischt, dazu kamen die niedrigen Fangquoten, der Ärger mit den Behörden ... Wir waren wirklich mit was anderem beschäftigt als mit frommen Vorträgen.

Aber dann bat uns Jesus, ihm unser Boot zu leihen. Er wollte mit uns ein Stück auf den See rausfahren und von dort aus sprechen, damit alle ihn hören konnten. Wir taten ihm den Gefallen. Man konnte ihm irgendwie nichts abschlagen, diesem Jesus. Aber worüber er dann sprach – keine Ahnung.

Als er fertig war mit Reden, wurde es seltsam. Ich dachte: ›Jetzt fahren wir wieder an Land‹, er sagt Danke, ich sag: ›Da nich für‹, und das war's. Aber es kam anders. Rausfahren sollten wir, mitten auf den See hinaus. Und da, im tiefen Wasser, sollten wir noch einmal die Netze auswerfen. Wisst ihr, Kinder, der war ja kein Fischer, der war ein Zimmermann, neuerdings ein wandernder Prediger. Aber was soll's, man konnte ihm eben nichts abschlagen. Er hörte sich an, dass wir nichts gefangen hatten. Es schien ihn zu kümmern.

Es war, als sagte er: ›Komm, gib nicht auf. Auch nach all dem Frust. Nach zig Versuchen. Mach weiter.‹

Aber das allein war es nicht. Es war wie ein Versprechen: ›Komm, versuch es noch einmal. Vielleicht kann ich dich überraschen.‹ Und dann habe ich etwas geantwortet, worüber ich selbst am meisten staunte: ›Wenn du es sagst‹, habe ich geantwortet, nein: ›Weil du es sagst‹, habe ich geantwortet. ›Nur weil du es sagst.‹ Also: ›Weil du es sagst, versuchen wir es!‹ Und was soll ich sagen: Es war der Fang unseres Lebens, die Netze zum Reißen gespannt, wir mussten noch ein zweites Boot herbeiwinken, es war unglaublich. Wir konnten es kaum fassen. Der Tag war gerettet, unsere Firma auch. Wahnsinn, dachte ich, Wahn-sinn!

Wisst ihr, Kinder, das war meine erste Lektion mit Jesus«, schließt Petrus nachdenklich. »Meine erste Lektion: Ihn kümmerte die Sorge von einfachen Fischern. Wir waren ihm nicht egal. Und er half uns. Keine Ahnung: War das ein Wunder? Oder kannte er einfach nur die richtige Stelle? Aber ich habe begriffen: Jesus hat mir Mut gemacht, als ich kurz davor war, aufzugeben. Jesus hat mich wieder auf Kurs gebracht. Und er hat mir aus der Patsche geholfen. Da, wo ich es brauchte, in meinem Job, für unsere Genossenschaft, für die Familien, die wir ernähren sollten. Man kann sich an Jesus wenden mit all dem, was im Alltag schwierig ist. Und man bekommt neuen Schwung, Richtung, Rückenwind, manchmal sogar prallvolle Netze!«

> »KOMM, VERSUCH ES NOCH EINMAL. VIELLEICHT KANN ICH DICH ÜBERRASCHEN.«

»Okay«, meint der Älteste, »das war ja klasse, aber was passierte dann? Jetzt verstehe ich noch weniger, warum du kein Fischer mehr bist! Es war doch alles gut, jetzt, mit diesem Wahnsinnsfang. Warum hast du nicht weitergemacht?«

»Ich kann es kaum erklären«, erwidert Petrus. Er wird still, nachdenklich. Die Szene am See ist in seinem Herzen, als wäre es gestern gewesen, dabei sind seither viele Jahre vergangen. Werden es die Kinder verstehen? Soll er ihnen das zumuten?

»Okay«, meint er, holt tief Luft und erzählt weiter – ungefähr so:

»Ich hätte begeistert sein sollen! Ein überschwängliches Dankeschön hätte man erwarten können. Eine Einladung: ›Komm heute Abend zum Fest, wir müssen das feiern!‹ Und morgen machen wir Pläne: neue Boote, mehr Netze, ein paar neue Gehilfen. So hätte es weitergehen können. Jesus, der praktische Helfer im Alltag, ich wäre zeitlebens dankbar gewesen, feiner Kerl, guter Freund, und das wär's gewesen.

Aber – wie soll ich euch das erklären? – es war total seltsam, wirklich komisch! Als wir da so standen, mit den vollen Netzen, habe ich Jesus angeschaut. Und mir wurde ganz seltsam zumute. Da war mehr Kraft, als ich je in meinem Leben gesehen habe, mehr Güte, mehr Größe, mehr, mehr … mehr Heiligkeit! Das war nicht einfach ein Mensch. Da war … da war der Himmel ganz nah! Da war … Gott selbst. Ich habe in dem Moment verstanden, was es heißt, Gott zu begegnen. Und was soll ich sagen, es war nicht schön. Es war schrecklich. Wisst ihr, manchmal heißt es, wir sollen Gott näherkommen. Dann singen sie im Gottesdienst: ›Näher, mein Gott, zu dir! Näher zu Gott! Um Himmels willen, bitte nicht! Ich habe es kaum ertragen. In dem Moment war es, als wäre eine Decke weggezogen und als sähe ich die Dinge ganz klar. Ihn, pures Licht, größte Güte, mächtige Kraft, schiere Gerechtigkeit, was soll ich sagen: heilig! Ein besseres Wort finde ich nicht!

Wisst ihr, wenn man meint, Gott zu begegnen, und es fühlt sich an wie heiße Schokolade mit viel Sahne, dann ist das nicht Gott.

Wenn es wirklich Gott ist, dann wird es uns erschüttern, durchrütteln, wir sind dann nicht mehr dieselben wie zuvor! ›Näher, mein Gott, zu dir‹, das heißt: Man sieht sein ganzes Leben plötzlich in einem glasklaren Licht, man sieht schmerzhaft deutlich, was alles schiefgelaufen ist, was hätte sein können, ja sein sollen.

Es ist verrückt, ich hatte ja gerade ein Riesengeschenk von Gott bekommen, den Fang meines Lebens, und zack, genau da, genau da passierte es. Ich hätte jubeln sollen. Aber es war ganz anders. Ich war im selben Augenblick fasziniert und tief erschrocken. Ich wollte ihn immerzu anschauen und doch zitterte ich vor Furcht. So ist das, wenn man Gott begegnet!«

»Und dann?«, fragen die Kinder, sichtlich gespannt! »Was war dann?«

»Na ja«, antwortet Petrus, »mir hat es die Füße weggezogen, ich bin in die Knie gegangen, ich bin auf dem Bauch gelandet, innerlich wie äußerlich. Ich habe nicht gesungen: ›Näher, mein Gott zu dir‹. Ich habe gesagt: ›Geh weg, Jesus, bitte geh weg, wir passen nicht zueinander. Du so gütig, ich so mit mir selbst beschäftigt. Du so machtvoll, ich so schwach. Du so gerecht, und ich – da gibt es einiges, was nicht in Ordnung ist. Du so groß, ich so vergänglich. Du so heilig, aber ich, wie nennt man das doch gleich?, ich – ein Sünder. Es ist wie am Meer, mit dem Sund, da ist ein Graben, tief und gefährlich, der uns trennt. Du bist dort, ich hier, das passt nicht. Bitte, Jesus, geh!‹«

GOTT ZU BEGEGNEN FÜHLT SICH NICHT AN WIE HEISSE SCHOKOLADE MIT VIEL SAHNE.

»Und das war's dann«, fragt jetzt die Kleinste in der Runde, »dann ist Jesus gegangen? Aber warum bist du dann jetzt sein Bote, warum nicht mehr Fischer?«

»Tja«, sagt Petrus und schüttelt sachte den Kopf, »das war verrückt. Ich habe begriffen, wie gut es ist, wenn Jesus nicht alle Gebete erhört! Hätte Jesus auf mich gehört, wäre ich wohl immer noch am See und würde mich fragen, was das alles soll. Aber Jesus hat meine Bitte nicht erfüllt. Er ist nicht gegangen. Er hat nicht genickt. Er hat nicht gesagt: ›Ach ja, das ist wohl so, dass das mit uns beiden nicht passt.‹ Wie gut, dass Jesus mein Gebet einfach überhört hat!«

»Was hat er denn stattdessen getan«, fragt der Mittlere.

»Er hat etwas Seltsames getan«, antwortet Petrus und fasst seine Kinder bei den Händen. Jedes schaut er an und denkt: »Wenn sie das jetzt begreifen, dann kennen sie das größte Geheimnis, dann wissen sie, worauf es ankommt.« Ganz langsam erzählt er, was damals passierte:

»Jesus hat mir nicht widersprochen. Er hat nicht gesagt: ›Ach, Simon, du bist auch nicht schlimmer als die meisten anderen. Du gibst dir doch Mühe, ein anständiger Kerl zu sein!‹ Er hat aber auch nicht gesagt: ›Tja, Simon, das ist wohl so, du hast manche Leiche im Keller, manchen Freund enttäuscht, die Wahrheit zur Lüge verbogen, deinen Vorteil gesucht, Treue gebrochen, und weißt du, das geht dann wohl wirklich nicht.‹

SEINE REINHEIT UND GÜTE REICHEN AUCH NOCH FÜR DICH.

Stattdessen hat er gesagt: ›Fürchte dich nicht!‹ Fürchte – dich – nicht! Das sollte wohl heißen: Ich weiß, Petrus, ich weiß! Und bestimmt auch: Gut, lieber Petrus, dass du es nicht leugnest, sondern eingestehst. Gut, dass du es mir sagst. Es ist ja so: Du bist – wie hast du es genannt? – ein Sünder! Es sollte wohl heißen: trotzdem! Und: Deshalb gehe ich doch nicht weg. Lasse dich nicht zurück. Trenne mich nicht. Ich kriege das hin, ich nehme all das Alte, Hässliche, Kaputte von dir. Und ich gebe dir von meiner Reinheit und Güte. Meine Reinheit und Güte trennen dich nicht von mir, im Gegenteil, meine Reinheit und Güte reichen auch noch für dich. Deshalb: Fürchte – dich – nicht!

In dem Moment ging für mich der Himmel auf. Nie wieder haben mich Worte so berührt. Es war, als würden Felsbrocken von meinem Herzen fallen. Ich habe mich nicht geschämt, dass ich weinen musste, so froh war ich, so frei, so neugeboren, so erleichtert.«

Petrus der Menschenfischer

»Aber das war eben noch nicht alles. Und das ist der Grund, Kinder, warum ich heute nicht mehr als Fischer arbeite. Er hat mich in sein Team geholt. Er hat sogar einen Scherz mit mir gemacht, mit mir, dem Fischefischer. ›Fischers Fritz fängt frische Fische‹ und so. Nicht mehr Fische sollte ich fangen, sondern Menschen. Aber er meinte das nicht so, wie es bei uns am See war: fangen, ausnehmen, braten, essen, sondern so: Möglichst viele, möglichst alle sollen das neue, gute Leben mit Gott kennenlernen. Sie sollen genau die Erfahrung machen, die ich selbst gerade machte.

Nie zuvor hatte ich mich so durchschaut, erkannt, nackt und bloß gefühlt. Und zugleich hatte ich mich nie zuvor so geliebt, angenommen, erlöst, froh und befreit gefühlt. Im selben Moment: durchschaut und geliebt.

Wisst ihr, es gab immer Leute, die geblickt haben, dass ich nicht nur der nette Junge von nebenan war – aber die konnten mich dann nicht länger leiden. Und es gab andere Leute, die mich nicht so gut kannten, dafür aber mochten. Jesus aber kannte mich wie kein anderer, ich lag vor ihm wie ein aufgeschlagenes Buch. Und zugleich liebte er mich bedingungslos. Er war und ist kompromisslos *für* mich. Das ist Jesus. ›Fürchte dich nicht, ich bin kompromisslos für dich!‹

Und das sollte ich nun weitererzählen. Sollte Menschen ermuntern, sich dieser Erfahrung auszusetzen, der Erschütterung und dem tiefen Frieden, der alltäglichen Hilfe und der neuen Bestimmung. Das ist seit diesem Tag meine Mission.

So hat es angefangen«, schließt Petrus, der sieht, dass den Kleinsten schon die Augen zufallen. Die Größeren schauen ihren Vater mit kindlicher Ernsthaftigkeit an. So war das also, so ist ihr Vater geworden, was er ist: ein Menschenfischer.

Als die Kinder längst in ihrem Zelt schlafen, kommt Petrus noch lange nicht zur Ruhe. War das zu schwer für seine Kinder? Vielleicht! Aber sie müssen es doch wissen, die Kinder und alle Menschen. Er denkt darüber nach, was sein Lebenszeugnis ist, das große Lebenszeugnis des einfachen Fischers Petrus. Und er zählt es an den Fingern ab:

»1. Als ich richtig fertig war mit all den Sorgen im Betrieb und der vielen vergeblichen Mühe, da hat Jesus mich aufgerichtet und mir wieder Mut gemacht. Und irgendwann werde ich auch den Trick mit den vielen Fischen verstehen.
2. Dann musste ich mir eingestehen, wie wenig ich zu Jesus passe. Es war wirklich ein tiefer Blick in meine Abgründe. Ich konnte nicht anders, ich musste ihn bitten, zu gehen. Ich habe auch später keine Gelegenheit ausgelassen, Jesus zu enttäuschen, im Stich zu lassen, ihn sogar zu verleugnen. In meiner dunkelsten Stunde habe ich sogar behauptet: ›Ich kenne keinen Jesus! Aber ich habe nie wieder, nie wieder, kein einziges Mal, gesagt: ›Bitte geh!‹ Würde ich diesen Schritt gerne überspringen? War das schmerzhaft? Ja, es ist immer wieder schmerzhaft. Aber überspringen? Nein, denn genau dann, wenn ich nicht mehr aus noch ein weiß, zeigt Jesus, aus welchem Holz er ist.

3. Er geht nicht weg von mir. Diese Bitte erfüllt Jesus nicht. Er bleibt. Er vergibt. Er spricht Frieden in mein Herz. Er kennt mich und kann mich doch leiden.
4. Und darum bin ich bis heute in seinem Team.
5. Und das sollen alle wissen.«

Das ist das Leben, das uns allen offensteht – ein Leben, das von Jesus liebevoll durchschaut worden ist. Mündiges Christsein entspringt und lebt aus dieser schmerzhaft-schönen Erfahrung: völlig durchschaut und zugleich bedingungslos geliebt zu sein. (mh)

Warum beruft Jesus Menschen wie Petrus, dich und mich?

Nachdem die Kinder – und wir – von Petrus gelernt haben, wie alles angefangen hat, stellt sich nun folgende Frage: Warum hat Gott Petrus erwählt? Daran hängen weitere Fragen: Warum erwählt und beruft Gott überhaupt jemanden? Warum wendet er sich uns Menschen zu? Warum erwählt er mich? Mündiger Glaube kann sich diesen Fragen stellen und reagiert nicht mit Vermutungen, sondern ist imstande, eine begründete Antwort zu geben.

Ich möchte mit einem persönlichen Beispiel beginnen: Vor knapp sechs Jahren war ein sehr wichtiger Tag in meinem Leben, denn da habe ich meine Frau in der Kirche von Wieck geheiratet. Die Wiecker Kirche ist übrigens eine tolle Kirche, auch, aber nicht nur zum Heiraten – das nur nebenbei. Wenn meine Frau mich damals gefragt hätte: »Warum heiratest du gerade mich?« (was sie nicht getan hat), dann hätte ich völlig wahrheitsgemäß gesagt: »Ich heirate dich, weil du schön, witzig, clever und unkompliziert bist. Außerdem wirst du die Mutter von echt süßen Babys.« Okay, das wusste ich damals noch nicht, aber es stimmt trotzdem.

Nur die halbe Wahrheit

Diese Antwort wäre völlig wahrheitsgemäß und richtig gewesen. Aber: Es wäre nur die halbe Wahrheit gewesen. Denn wenn es so wäre, dass ich meine Frau geheiratet habe, weil sie schön, witzig, clever und so weiter ist, dann muss man ja fairerweise sagen: Es gibt andere Frauen, die unter Umständen noch schöner als meine Frau sind. Das ist unwahrscheinlich, aber möglich. Oder Frauen, die noch cleverer, noch witziger, noch unkomplizierter sind. Das wäre ja möglich. Meine Antwort auf ihre Frage wäre also nur halb wahr, denn nach der Logik hätte ich mich auch für viele andere Frauen (oder gar nicht) entscheiden können.

Aber diese Antwort alleine ist nicht nur lediglich halb wahr, sie ist sogar falsch und gefährlich. Warum? Wenn ich die Wahl meiner Frau damit begründe, dass sie schön, witzig, clever und unkompliziert ist, dann könnte sie folgenden fatalen Schluss ziehen: Es darf niemals jemand in das Leben meines Mannes treten, der schöner, witziger, cleverer oder unkomplizierter ist als ich. Denn dann könnte er seine Entscheidung revidieren, bereuen oder rückgängig machen. Meine Frau könnte den Fehler machen, die genannten Dinge für die Ursache zu halten, warum ich sie geheiratet habe. Das wäre sehr gefährlich, weil sie fortan permanent um diese Dinge kreisen und alles dafür tun würde, dass sie für immer die Schönste, Cleverste, Witzigste und Unkomplizierteste ist, die ich kenne.

Die einzig richtige Antwort

Deshalb gibt es auf die Frage »Warum heiratest du eigentlich mich?« nur eine richtige Antwort: »Weil du du bist und weil ich dich liebe. Punkt.«

Genau diese Antwort gibt Gott seinem Volk auf die Frage, warum er gerade diese Menschen erwählt:

> Du, Israel, bist ein besonderes Volk, du bist heilig für den HERRN, deinen Gott. Der HERR, dein Gott, hat dich erwählt:

Als einziges Volk unter allen Völkern der Erde sollst du ihm gehören. Nicht weil ihr zahlreicher seid als alle Völker, empfindet der HERR Zuneigung zu euch. Nicht deswegen hat er euch ausgewählt. Denn du bist ja das kleinste von allen Völkern. Sondern aus Liebe zu euch hat der HERR es getan. Er hält sich an den Eid, den er euren Vorfahren geschworen hat. Darum hat euch der HERR herausgeführt. Mit starker Hand hat er euch aus der Sklaverei befreit – aus der Gewalt des Pharao, des Königs von Ägypten. So erkenne nun: Der HERR, dein Gott, er ist Gott. Er ist ein treuer Gott und hält seinen Bund. Die ihn lieben und seine Gebote befolgen, erfahren seine Güte noch in tausend Generationen. Doch die ihm untreu werden, zieht er zur Rechenschaft und vernichtet sie. Ohne zu zögern, bestraft er jeden, der ihm untreu wird. Befolge deshalb die Gebote, Gesetze und Bestimmungen, die ich dir heute weitergebe. Handle unbedingt danach! Das wird geschehen, wenn du auf diese Bestimmungen hörst, sie befolgst und danach handelst: Dann bewahrt der HERR, dein Gott, den Bund und hält dir die Treue. So hat er es deinen Vorfahren geschworen.

5. Mose 7,6-12

Der Riss

Dieser Text ist im Grunde eine Verdichtung der Botschaft, die uns auf jeder Seite der Bibel entgegenspringt und die wir uns bereits im zweiten Kapitel eingehender angeschaut haben: Gott erschafft diese Welt und er schafft sich Menschen als Gegenüber. Er macht den Menschen das größte Geschenk, das man ihnen machen kann: Freiheit. Er schenkt uns die große Würde, ein freies Gegenüber für

Gott zu sein. Wir sind keine Marionetten oder Puppen, sondern Menschen, Personen, und als solche sind wir Geschöpfe mit einem eigenen Willen. Wesen, die sich verhalten können, die Ja und Nein sagen können.

Aber: Der Mensch scheitert leider an dieser Freiheit. Er lässt sich einreden, dass Gott gar nicht so gut ist, und er glaubt dieser Lüge. Er fängt an, Gott zu misstrauen, und sein Bild von Gott beginnt sich zu verfinstern. Das entstehende Misstrauen führt dazu, dass der Mensch sagt: »Ach, weißt du, Gott, ich glaube, ich bin ohne dich besser dran.«

So entsteht der tiefe Riss ganz am Beginn der Zeit. Die Bibel erzählt davon. Sie ringt um Worte und versucht zu beschreiben, was da passiert und was eigentlich unbeschreiblich ist: dass der Mensch sich von dem löst, der ihn geschaffen hat. Der Mensch trennt sich von dem, der ihm das Leben eingehaucht hat, der ihn als Gegenüber, als Freund, als Kind und als Partner gewollt hat. Es entsteht ein tiefer, tiefer Riss, den wir bis heute spüren. Alles Fragen nach Gott, alle unklaren Antworten, alles Finstere, was wir über Gott denken, alle Unterstellungen, alles Misstrauen und alle Anfechtungen – letztlich aller Atheismus und jeder Unglaube sind Ausdruck von diesem Riss.

DER MENSCH TRENNT SICH VON DEM, DER IHM DAS LEBEN EINGEHAUCHT HAT.

Gott fängt noch einmal an

Und was macht Gott? Er fängt mit einzelnen Personen ganz im Kleinen neu an. Mit diesem verrückten Noah, der ein Boot baut mitten auf dem Festland, staubtrocken, kein Wasser in Sicht. Und alle denken: »Noah, alles klar?« Aber Gott hat einen Plan mit ihm und beruft ihn (vgl. 1. Mose 6–9). Dann ist da Abraham, ein uralter Kerl, mit seiner uralten Frau. Und Gott sagt: »Ihr sollt noch Eltern werden.« Die denken: »Na, mal sehen.« Aber es klappt und Isaak wird geboren, ein Sohn, den man in diesem Alter nicht mehr erwartet hätte (vgl. Kapitel 12–21). Isaak bekommt – nachdem er zwanzig Jahre darauf gewartet hat – einen Sohn, der Jakob heißt und später Israel genannt wird. Gott erwählt sich ein Volk (vgl. Kapitel 25–35). Er fängt mit Einzelnen an, aber es werden immer mehr.

Schließlich schickt Gott Mose in Ägypten los und sagt: »Du sollst mein Volk in die Freiheit führen.« Ein kleines, unterdrücktes, ausgebeutetes Volk am Rand eines Großreiches schreit um Hilfe (vgl. 2. Mose 1–15) und Gott hört sie und sagt zu ihnen: »Ich werde mitten unter euch leben. Ich will euer Gott sein und ihr sollt mein Volk sein. Denn ich bin der HERR, euer Gott, der euch aus Ägypten geführt hat. Damals wart ihr Sklaven der Ägypter und habt unter ihrem Joch gelitten. Dieses Joch habe ich zerbrochen und euch zu freien, aufrechten Menschen gemacht« (3. Mose 26,12-13). Gott sagt ihnen außerdem: »Ihr sollt für mich heilig sein. Denn ich, der HERR, bin heilig. Ich habe euch aus den anderen Völkern ausgewählt und so einen Unterschied gemacht zwischen ihnen und euch. Ihr gehört jetzt zu mir« (Kapitel 20,26). Heilig bedeutet also: »Ihr sollt zu mir gehören, mein Eigentum sein, wir gehören zusammen.«

»Weil ich euch liebe«

Warum aber erwählt Gott diese einzelnen Personen und letztlich dieses Volk? Etwa weil diese Menschen so herausragend und vorbildlich oder glaubensvoll waren? Oder weil das Volk so groß und bedeutend oder treu und vertrauenswürdig ist? Nein. Die simple Antwort lautet: »Aus Liebe zu euch hat der HERR es getan«

(5. Mose 7,8). Weil Gott sein Volk liebt, deshalb hat er es erwählt. Er hat die Israeliten erwählt, weil er sie liebt. Punkt. Nicht weil sie groß oder bedeutend wären, sondern weil er sie liebt. Die Bibel beschreibt diese eine Wahrheit auf vielfältige Weise: Gott liebt sein Volk – das jüdische Volk –, denn es hat einen ganz zentralen Platz in seinem Herzen.

Warum das so ist, wissen wir am Ende nicht. Es bleibt Gottes Geheimnis. Warum räumt er Menschen – diesen kleinen zerbrechlichen Wesen, die oft so falsch von ihm denken, ihm misstrauen, ihm etwas unterstellen – einen so zentralen Platz in seinem Herzen ein? Wir wissen es nicht. Wir wissen nur, dass die Ursache dafür nicht in diesen Menschen liegt, sondern in Gott selbst. Es ist Gottes Liebe.

Sie können sich also nichts darauf einbilden. Sie können nicht sagen: »Oh, wir sind erwählt! Wir müssen aber ziemlich toll sein, dass Gott gerade uns erwählt.« Nein. Gott erwählt sie einfach aus Liebe, aus Großzügigkeit, weil er sich nach ihnen sehnt. »Weil ich euch liebe«, so heißt es im Text. Und Liebe ist im Grunde das Wort, das am allerbesten und am ehesten beschreibt, wie und was Gott ist – Gott ist Liebe.

1000:1

Im Text steckt eine erstaunliche Aussage: »Denen, die Gott lieben, wird Gott noch bis zur tausendsten Generation treu sein.« Das sind Pi mal Daumen 30 000 Jahre. Er wird zu ihnen stehen, sie behüten und sie beschützen bis zur tausendsten Generation. Bei denen hingegen, die ihn verachten, die ihn hassen, trägt nur jede einzelne Person die Konsequenzen. Hier wird niemand in Sippenhaft genommen und es gibt keine Kollektivstrafe. Eine konkrete

Person und nicht tausend Generationen. Hier kann man ein großes Missverhältnis zwischen Gottes Güte und Gottes Gerechtigkeit erkennen.

Auch das ist ein Ausdruck von Gottes Liebe: dass Gott den Hass, den Menschen ihm entgegenbringen, die Ablehnung, die Missachtung ernst nimmt. Er sagt: »Es ist schmerzhaft, aber du hast die Freiheit, so von mir zu denken. Ich werde dich nicht zwingen, etwas anderes von mir zu glauben.«

> ES IST EIN AUSDRUCK VON SEINER LIEBE, DASS GOTT DIE ABLEHNUNG DER MENSCHEN ERNST NIMMT.

Das Dramatische ist jedoch: Mit dieser Haltung trennt man sich von der Quelle des Lebens. Was ist das Resultat? Der Tod. Gott sagt: »Ich werde dich nicht zwingen. Ich werde dir diese Wahl zugestehen. Das ist deine Würde, du hast Freiheit.« Gottes Liebe zwingt nicht. Sie presst niemand in ein Schema, sondern akzeptiert auch ein Nein. Aber sobald ein Mensch Interesse an Gott andeutet und ein zaghaftes »Ja, vielleicht« äußert, gilt: Treue für tausend Generationen!

Liebe und Freiheit

Gottes Liebe zwingt nicht, denn Liebe braucht immer Freiheit oder es handelt sich nicht um Liebe, denn man kann niemanden zwingen, zu lieben. Das ist ja das Wunder einer Ehe: dass Menschen sich ganz freiwillig, ohne Zwang aneinander binden und sagen: »Wir wollen ab jetzt zusammen durchs Leben gehen.« Das Wunderbare ist gerade, dass ich meine Frau dazu nicht zwingen kann. Sie tut es einfach aus freien Stücken und schenkt mir ihre Liebe – und ich ihr meine.

In der heutigen Zeit heiraten die meisten Menschen, weil sie das wollen und sich in Freiheit dafür entscheiden. Und dieses ganz große Ja zu einem Menschen beinhaltet Tausende kleine Neins, denn Ehe ist immer exklusiv. Zum Beispiel ein Nein zu Millionen anderen Frauen, die ich auch hätte heiraten können. Das sind viele, viele Neins. Oder das Nein dazu, allein durchs Leben zu gehen. Das Nein dazu, allein klarzukommen mit meinen Problemen. Das Nein dazu, zuerst an mich zu denken.

Wenn zwei Menschen dieses große Ja zueinander finden, dann schließen sie einen Bund, einen Ehebund. Und Bund, dieses fast unromantische Wort, ist der Begriff, den die Bibel gebraucht, um die Beziehung zwischen Gott und seinem Volk zu beschreiben. Sie schließen einen Bund, das heißt, sie verbünden sich miteinander. Ähnlich wie die Ehe ist auch dieser Bund exklusiv. Das große Ja des Menschen zu Gott beinhaltet ebenfalls Tausende kleine und große Neins. Das Nein dazu, ohne Gottes Hilfe und Beistand durchs Leben zu gehen. Das Nein dazu, die Probleme allein lösen zu wollen. Das Nein dazu, Gott zu misstrauen. Das Nein dazu, irgendwem oder irgendetwas mehr zu vertrauen als Gott.

DAS JA DES MENSCHEN ZU GOTT BEINHALTET TAUSENDE KLEINE UND GROSSE NEINS.

Dieser Bund ist das Ja dazu, Gott zu vertrauen, ihm treu zu sein und das zu tun, was ihm gefällt und was er sagt, denn wenn ich jemanden liebe, möchte ich das tun, was ihm oder ihr Freude macht und gefällt. Das ist ein Ausdruck von Liebe. Ebenso verhält es sich mit Gottes Geboten: Zu tun, was Gott gefällt und was ihm wichtig ist, ist Ausdruck meiner Liebe zu ihm. Ernst zu nehmen, was er mit mir teilt und wofür er mich gewinnen möchte, ist Ausdruck einer lebendigen Beziehung. Darum zu ringen und darauf zu achten, was Gott bewegt, kennzeichnet einen mündigen Glauben.

So schließen einzelne Leute – der verrückte Noah und der alte Abraham – einen Bund mit Gott. Und vor allem: Gott schließt einen Bund mit ihnen. Diese Bünde zielen aber von Anfang an auf eine größere Gruppe als die einzelnen Bündnispartner Gottes, und so schließt Gott schließlich einen Bund mit dem Volk Israel.

Israel, Petrus und wir?

Der Fischefischer Petrus ist Teil dieses Bundes und eines Tages kommt diesem einfachen Mann aus Galiläa in und durch Jesus der Gott dieses Bundes auf eine bisher ungeahnte Weise nahe. So nahe, dass er ihn am liebsten gleich wieder wegschicken möchte. Aber Jesus liebt ihn viel zu sehr, um sich so einfach abwimmeln zu lassen. Er tritt in das Leben des Fischefischers und beruft ihn zum Menschenfischer. Jesus durchschaut Petrus. Petrus kann ihm nichts vormachen, und dieses Gefühl ist nicht angenehm. Aber es ist auch wahr, dass Petrus von Jesus so liebevoll angesehen wird, dass er sich von ihm einladen lässt. Petrus folgt nicht seinem ersten Impuls, sondern lässt sich auf Jesus ein.

Durch diese Begegnung lernt Petrus etwas Entscheidendes: Die Antwort auf die Frage, warum Gott sich Petrus zuwendet, liegt nicht in ihm – Petrus – selbst. Sie kann nicht damit beantwortet werden, dass er so fromm, gläubig oder bescheiden wäre. Es liegt auch nicht daran, dass er Gott intensiv suchen würde. Es hängt nicht einmal damit zusammen, dass er zum Volk Israel gehört. Es gibt nur eine einzige Ursache: Gott liebt Petrus. Nicht mehr und nicht weniger. (Wenn man in das zweite Kapitel des Briefs von Paulus an die Galater schaut, merkt man, dass Petrus noch einige Jahre gebraucht hat, um die volle Tragweite dessen zu erfassen.)

Abraham, Noah, Jakob, Israel, Petrus – und wir? Gott lädt uns ein. Ebenso wie er Abraham und Noah, Israel und Petrus eingeladen hat, lädt er uns ein, sich mit ihm zu verbünden. Er will mit uns einen Bund schließen. Was für die genannten Personen gilt, was für das Volk Gottes gilt, das gilt für jeden Menschen. Für jede und jeden, die dies lesen, gilt, dass Gott dich liebt und dir diesen besonderen Platz in seinem Herzen einräumt. Wir wissen nicht, warum er das tut. Er tut es einfach. Er hätte es vermutlich leichter, würde er es nicht tun. Aber er tut es und nimmt es in Kauf, sich so um die Menschen zu mühen, die er geschaffen hat, die oft so widerborstig sind, aber doch so durch und durch geliebt von ihm.

So gilt es auch für dich, dass Gott dich liebt. Und der Beweis seiner Liebe zu dir ist eine Person – ist Jesus Christus, der Mann aus Nazareth. Gott wird Mensch und kommt auf die Welt. Er lebt so, wie wir eigentlich leben müssten, wenn wir so richtig gut leben würden. Da wir so nicht leben, lebt er so für uns. Und er stirbt den Tod, der eigentlich unser Schicksal wäre, also die Folge all unserer Verachtung, all unserer falschen Gottesbilder, all unseres Misstrauens, all dieser Dinge, die uns von Gott als dem Schöpfer des Lebens trennen. All diese Folgen nimmt Jesus auf sich und sagt: »Ihr sollt diese Last nicht tragen. Ich möchte sie für euch tragen. Gebt sie mir. Lasst sie mich tragen. Ich möchte nicht, dass ihr die Konsequenzen tragen müsst.«

GOTT LIEBT JEDEN MENSCHEN UND RÄUMT IHM DIESEN BESONDEREN PLATZ IN SEINEM HERZEN EIN.

Diese Haltung beschreibt ganz tief das Herz und Wesen Gottes. Ein Gott, der sagt: »Damit es euch gut geht, soll es mir schlecht gehen.« Das ist seine Einladung, das ist sein Angebot. Das ist sein Wunsch, dass wir uns verbünden mit Jesus. Mit dem Jesus, in dem Gott ein Mensch wird, in dem Gott ein Gesicht bekommt und uns nahekommt. Warum tut er das? Warum wird Gott Mensch? Warum geht er diesen Weg? Nimmt all das auf sich? Mittlerweile kennen wir die Antwort: Weil er uns liebt! Nicht weil wir so großartig wären oder in irgendeiner Hinsicht besonders herausragend. Nein, einfach nur, weil er uns liebt. Die Ursache liegt in Gott selbst, nicht in uns.

Mündige Christen sind sich dieser grundlegenden Tatsache bewusst und keinesfalls so naiv, zu denken, dass er oder sie Gott auf irgendeine Weise beeindrucken oder wenigstens den Nachweis erbringen könnte, dass sich Gottes Zuwendung und Gnade gelohnt hat. Nein, mündige Christen wissen, dass die Ursache für Gottes Zuwendung und Erwählung nirgends sonst liegt als in Gott allein und dass es seine freie und liebevolle Wahl ist, uns zu suchen und zu finden. Einfach so, weil er uns liebt. Punkt.

Nun könnte der mündige Leser einwenden: »Schön und gut, aber woher weiß ich denn, dass das alles stimmt? Dass Gott Mensch wird und dass er all das trägt, was ich verbocke, und sagt: ›Gib es mir und lass uns uns verbünden, lass uns Freunde sein, lass dich mit Gott versöhnen?‹«

WOHER WEISS ICH DENN, DASS DAS ALLES STIMMT?

Gegenfrage: Woher wusste ich vor fünf Jahren, dass meine Frau mich liebt? Ich wusste es, weil ich mit ihr Zeit verbracht hatte, weil ich sie kennengelernt hatte, weil ich mich auf sie eingelassen hatte und weil wir unser Leben geteilt haben.

Es ist fantastisch, dass du dir Zeit nimmst, um dieses Buch zu lesen und über mündiges Christsein nachzudenken. Das ist genau die richtige Richtung: sich Zeit nehmen. Zeit für Gott. Zeit für Gottes Wort. Zeit in Gottes Nähe. Zeit mit Gottes Leuten. Mein schlichter Tipp lautet: Verbring Zeit mit Gott und lass dich auf ihn ein! Letztlich ist es das Schönste und vielleicht gar nicht mal das Schwerste, dies zu tun. Denn Gott ist nur ein Gebet weit entfernt.

Er verspricht uns, dass er es hört, wenn wir mit ihm reden, und dass es ihm nicht egal ist, sondern dass er aufmerksam ist.

Ein Gebet muss nicht kompliziert sein. Manchmal beginnt man damit, einfach nur Danke zu sagen. Oder man sagt: »Ich weiß es nicht«, oder: »Wenn es dich gibt, Gott, dann zeig dich mir bitte.« Oder eben: »Lass uns uns verbünden.« Was auch immer dich bewegt, sprich mit Gott darüber. Er hört es, denn er ist da. Vielleicht hilft dir ja auch das folgende Gebet für einen ersten Einstieg:

> Gott, ich danke dir, dass du ganz nah bist, nicht fern, nicht irgendwo dort oben, sondern dass du hinuntergekommen bist in diese Welt und Mensch geworden bist.
> Danke, dass du dich eingemischt hast in dieses Leben. Es war nicht leicht und es war nicht schön, aber du meinst es ernst damit, uns zu suchen. Du sprichst jeden und jede Einzelne ganz persönlich an. Ich bitte dich, hilf mir, dass ich es glaube. Hilf mir, dass deine Liebe mein Herz erreicht.
> Begegne du mir. Sprich du diese Wahrheit, dieses großartige Wunder, diese Schönheit, in mein Herz, auf dass ich dir vertraue. Auf dass ich mich mit dir verbünde, weil du dich mit mir verbünden und mein Freund sein willst. Amen.

(fe)

Wer ist der Heilige Geist und was tut er?

Wenn es um die Frage geht, wie Gott uns persönlich anspricht und beruft, dann müssen wir uns mit dem Heiligen Geist beschäftigen. Den Heiligen Geist zu kennen, bedeutet Gott zu kennen; und Klarheit über Gott zu haben, schafft Mündigkeit. Also: Wer ist eigentlich der Heilige Geist und was tut er?

Die zwei Aspekte dieser Frage hängen eng zusammen, denn wenn man beobachtet und beschreibt, was jemand tut, dann kann man daraus lernen, wer diese Person ist.

Von Weihnachten nach Pfingsten im Schnelldurchlauf

Das Kirchenjahr nimmt uns jedes Jahr mit auf diese Reise: Wir beginnen an Weihnachten mit der Geburt von Jesus und kommen über das Epiphaniasfest ziemlich schnell in die Passionszeit, welche ihren Höhepunkt am Karfreitag findet. Wir versammeln uns um das Kreuz und erinnern uns an das, was Jesus für uns gelitten, für uns auf sich genommen hat. Wir erinnern uns an sein Leiden und sein Sterben. Zwei Tage später feiern wir Ostern und jubeln über das Licht, das Jesus in diese Welt und in unser Leben bringt – das Licht der Auferstehung. Jesus besiegt den Tod und macht alles neu.

An Ostern schließt sich die Zeit von 40 Tagen an, in denen Jesus seinen Jüngerinnen und Jüngern immer wieder begegnet. Sie sind zusammen, essen und trinken und plötzlich taucht Jesus auf. Er ist ihnen vertraut, der gute Freund und Lehrer, ganz der Alte und doch ein ganz anderer. Er isst und trinkt mit ihnen. Er feiert mit ihnen und versucht zu erklären, was und warum das alles passiert ist. Und dann ist er wieder weg und entzieht sich. Es ist ein Abschied auf Raten. Jesus, der bisher immer da war, entzieht sich langsam. Die intensive Zeit, die sie miteinander hatten, endet allmählich.

Schließlich kommt der Tag der Himmelfahrt: Jesus kehrt zurück zu seinem Vater. Er verabschiedet sich von seinen Freundinnen und Freunden.

Bevor dies alles jedoch passiert, vor Himmelfahrt, vor Ostern, vor Karfreitag, verspricht Jesus seinen Freunden etwas. Er sagt: »Ja, ich werde gehen und wir werden uns verabschieden. Aber ich lasse euch nicht allein zurück. Ich sende euch einen Beistand. Ich werde jemand herbeirufen, der immer bei euch sein wird. Deshalb ist es gut, dass ich gehe. Denn wenn ich gehe und euch diesen Beistand sende, dann werde ich immer bei euch sein. An jedem Ort, zu jeder Zeit, egal, wo ihr seid, und egal, was ihr tut oder wie es euch geht – ich werde bei euch sein« (vgl. Johannes 14,16).

JESUS VERSPRICHT: »ICH LASSE EUCH NICHT ALLEIN ZURÜCK. ICH SENDE EUCH EINEN BEISTAND.«

Fünfzig Tage nach Ostern – zehn Tage nach Himmelfahrt – erfüllt sich dieses Versprechen am Pfingstfest:

> Als das Pfingstfest kam, waren wieder alle zusammen, die zu Jesus gehörten. Plötzlich kam vom Himmel her ein Rauschen wie von einem starken Wind. Das Rauschen erfüllte das ganze Haus, in dem sie sich aufhielten. Dann erschien ihnen etwas wie züngelnde Flammen. Die verteilten sich und ließen sich auf jedem Einzelnen von ihnen nieder. Alle wurden vom Heiligen Geist erfüllt. Sie begannen, in fremden Sprachen zu reden – ganz so, wie der Geist es ihnen eingab.

In Jerusalem lebten auch fromme Juden aus aller Welt, die sich hier niedergelassen hatten. Als das Rauschen einsetzte, strömten sie zusammen. Sie waren verstört, denn jeder hörte sie in seiner eigenen Sprache reden. Erstaunt und verwundert sagten sie: »Sind das nicht alles Leute aus Galiläa, die hier reden? Wie kommt es, dass jeder von uns sie in seiner Muttersprache reden hört? Wir kommen aus Persien, Medien und Elam. Wir stammen aus Mesopotamien, Judäa und Kappadozien, aus Pontus und der Provinz Asia, aus Phrygien und Pamphylien. Aus Ägypten und der Gegend von Kyrene in Libyen, ja sogar aus Rom sind Besucher hier. Wir sind Juden von Geburt an, aber auch Fremde, die zum jüdischen Glauben übergetreten sind. Auch Kreter und Araber sind dabei. Wir alle hören diese Leute in unseren eigenen Sprachen erzählen, was Gott Großes getan hat.« Erstaunt und ratlos sagte einer zum anderen: »Was hat das wohl zu bedeuten?« Wieder andere spotteten: »Die haben zu viel süßen Wein getrunken!« Da trat Petrus vor die Menge, zusammen mit den anderen elf Aposteln. Mit lauter Stimme wandte er sich an die Leute: »Ihr Leute von Judäa, Bewohner von Jerusalem! Lasst euch erklären, was hier vorgeht, und hört mir gut zu! Diese Leute hier sind nicht betrunken, wie ihr meint. Es ist ja erst die dritte Stunde des Tages. Nein, was hier geschieht, hat der Prophet Joel vorhergesagt: ›Gott spricht: Das wird in den letzten Tagen geschehen: Ich werde meinen Geist über alle Menschen ausgießen. Eure Söhne und Töchter werden als Propheten reden. Eure jungen Männer werden Visionen schauen, und eure Alten von Gott gesandte Träume haben. Über alle, die mir dienen, Männer und Frauen, werde ich in diesen Tagen meinen Geist ausgießen. Und sie werden als Propheten reden. Ich werde Wunder tun droben am Himmel und Zeichen erscheinen lassen unten auf der Erde: Blut und Feuer und dichte Rauchwolken. Die Sonne wird sich verfinstern, und der Mond wird blutrot werden. Dies alles geschieht, bevor der große und prächtige Tag des Herrn anbricht. Jeder, der dann den Namen des Herrn anruft, wird gerettet werden!‹«

Apostelgeschichte 2,1-21

Pfingsten – das Fest des Heiligen Geistes

Fünfzig Tage nach dem Pessachfest (Passah) feiern Juden das Wochenfest, ein Erntedankfest am Ende der Weizenernte, das Schawuot genannt wird. Lukas berichtet, dass die Jüngerinnen und Freunde von Jesus an diesem Tag alle versammelt sind. Wenn Lukas »alle« schreibt, dann meint er die Gemeinde von ungefähr 120 Leuten. Diese Zahl nennt er in Apostelgeschichte 1. Sie alle sind zusammen an diesem Fest, vielleicht, weil sie das Fest feiern – das wäre naheliegend. Aber vor allem deshalb, weil Jesus ihnen versprochen hat: »Ich werde euch die Kraft aus der Höhe senden, den Beistand. Bleibt in Jerusalem, wartet darauf!«

Spannend ist allein die Zusammensetzung dieser Leute: Bereits die ersten Schüler von Jesus waren eine sehr heterogene Gruppe, um es mal vorsichtig auszudrücken. Jesus nahm Zöllner und Zeloten in sein Team auf (vgl. Matthäus 10,1-4). Das ist ungefähr so, als ob ein St.-Pauli-Fan und ein Hansa-Rostock-Fan beste Freunde werden. Oder wenn die Fahrerin eines 4,7-Liter-Pick-up und ein »Fridays for Future«-Aktivist ihr Leben miteinander teilen. Das, was diese Menschen verband, waren nicht ihre Sympathie zueinander oder gemeinsame Interessen, sondern ihre gemeinsame Freundschaft mit Jesus. Durch ihren Glauben an und ihre Liebe zu

Jesus waren die Unterschiede nicht einfach verschwunden, aber sie verloren an Bedeutung. Gott, der selbst Beziehung ist, führt Menschen in Beziehung und Gemeinschaft – er verbindet Menschen miteinander und relativiert das, was sie trennt.

GOTT, DER BEZIEHUNG IST, FÜHRT MENSCHEN IN BEZIEHUNG UND VERBINDET SIE MITEINANDER.

Diese 120 Leute sitzen nun zusammen und warten, dass sich das Versprechen erfüllt. Und dann geschieht es: Ein Rauschen ist zu hören und der Raum, in dem sie sich befinden, das Haus, in dem sie sind, ist erfüllt von einem mächtigen Brausen, wie von einem starken Wind. Es ist laut und unüberhörbar. Viele kleine Flammen erscheinen, die sich auf jede einzelne Person setzen, und alle werden vom Heiligen Geist erfüllt.

Wer ist der Heilige Geist?

Die von Lukas beschriebenen Elemente – Wind und Feuer – sind Bilder, die in der Bibel häufig für den Heiligen Geist gebraucht werden. Wind ist ein Symbol für Kraft. Wind ist unsichtbar und doch sehr mächtig. Wind kann ganze Bäume ausreißen und Gebäude zum Einsturz bringen. Wind kann ganz fein und leicht sein, erfrischend, wohltuend, aber auch kräftig und gefährlich. Wind ist als Luft lebensnotwendig. Wind steckt voller Kraft und Jesus sagt: »Ich werde den Geist zu euch senden, den mein Vater versprochen hat. Bleibt hier in der Stadt, bis ihr diese Kraft von oben empfangen habt« (Lukas 24,49).

Auch Feuer ist ein Bild, das häufig für den Heiligen Geist gebraucht wird. Feuer ist Energie, Wärme und Licht. Feuer ist Leidenschaft und symbolisiert Reinigung, da man beispielsweise Eisenerz im Feuer reinigt und läutert.

Wenn Lukas hier beschreibt, dass Wind und Feuer den Raum erfüllen, nutzt er nicht nur Metaphern, die beschreiben, dass der Heilige Geist da ist, sondern er verdeutlicht damit etwas sehr Grundlegendes und Wichtiges: Wind und Feuer sind in der biblischen Tradition ganz häufig diejenigen Elemente, die auftreten, wenn Gott selbst gegenwärtig ist. Lukas beschreibt hier also das Kommen des Heiligen Geistes als das Kommen Gottes. Wenn der Heilige Geist kommt, dann kommt Gott selbst.

Der Geist ist nicht irgendeine gesichtslose Masse oder Energie, bei der keiner so genau weiß, wo sie hingehört oder was sie tut. Nein, der Heilige Geist ist Gott selbst. Er ist die dritte Person der Trinität. Jesus sagt: »Gott selbst ist Geist« (Johannes 4,24). Der Heilige Geist selbst ist Gott. Gott, der in uns wohnt. Gott, der sich hinablässt in unser Leben. Gott, der sich wie eine kleine Flamme auf unser Leben setzt, der uns erfüllt und der unser Herz, ja unser Leben bewohnt. Mit ihm zieht die Trinität in unser Herz ein. So verbindet uns der Heilige Geist mit dem Sohn Jesus Christus und mit Gott dem Vater.

WENN DER HEILIGE GEIST KOMMT, DANN KOMMT GOTT SELBST.

Die spanische Mystikerin Teresa von Ávila hat es so formuliert: »Hätte ich früher erkannt, was ich jetzt weiß, dass der winzige Palast meiner Seele einen so großen König beherbergt, dann hätte ich ihn nicht so häufig darin allein gelassen.«

Die Erfahrung, dass der Heilige Geist einzieht, dass Gott sich ganz klein macht und in mein Herz zieht, beschreibt der Apostel Paulus mit folgenden Worten: »Denn Gott hat seine Liebe in unsere Herzen hineingegossen. Das ist durch den Heiligen Geist geschehen, den Gott uns geschenkt hat« (Römer 5,5). Wie ein Glas, das man mit Wasser (oder Wein) füllt, so erfüllt der Heilige Geist unser Herz mit der Liebe Gottes. Und Paulus ergänzt, dass dieser Geist, der uns erfüllt, ein Geist der Kindschaft ist: Dieser Geist bezeugt unserem Geist, dass wir Gottes Kinder sind (vgl. Römer 8,15-16). Dieser Geist erweckt in uns Glaube, Liebe und Hoffnung. Das ist der Heilige Geist: Gott, der sich klein macht. Gott, der Teil unseres Lebens wird. Gott, der uns mit sich selbst verbindet und der bei uns einzieht und in uns wohnen möchte.

Mündiger Glaube lebt aus dem Geheimnis, dass sich der große Gott so klein macht, dass er in mein Herz passt. Mündige Christen sind Menschen, denen der Heilige Geist bezeugt hat, dass sie Kinder Gottes sind. Mündige Christinnen sind Menschen, die Gott als Vater kennen, weil ihr Herz von einem Geist der Kindschaft erfüllt ist.

Was tut der Heilige Geist?

Daran hängt ganz eng die Frage: Was tut eigentlich der Heilige Geist? In dem klassischen »Pfingsttext« der Apostelgeschichte lassen sich mindestens drei Dinge finden. Diese haben jeweils zwei Komponenten beziehungsweise zwei Seiten, also einen doppelten Sinn.

1. Der Heilige Geist erfüllt

Das Erste: Der Geist erfüllt – im doppelten Sinn: Denn er erfüllt zum einen die Verheißung der Schrift, die Zusagen der Propheten. Dies wird deutlich an dem, was Petrus den Menschen erklärt, wenn er sinngemäß sagt: »Ihr kennt doch den Text aus dem Buch Joel. Dort verheißt Gott, seinen Geist über alle Menschen auszugießen. Genau das passiert heute.« Der Heilige Geist erfüllt diese biblische Verheißung und er erfüllt das Versprechen von Jesus, einen Beistand beziehungsweise einen Helfer zu schicken: »Ich werde den Geist zu euch senden, den mein Vater versprochen hat. Bleibt hier in der Stadt, bis ihr diese Kraft von oben empfangen habt« (Lukas 24,49).

Der andere Sinn der Erfüllung ist ganz praktisch, denn der Heilige Geist erfüllt jeden einzelnen Christen und jede einzelne Christin individuell. Lukas beschreibt es so, dass sich der Geist auf jeden als eine kleine Flamme setzt. Alle rund 120 Anwesenden werden vom Heiligen Geist erfüllt. Das bedeutet, es handelt sich sowohl um ein gemeinsames Erleben als auch um eine individuelle Erfahrung: Jede und jeder wird individuell vom Heiligen Geist erfüllt, denn auf jeden Einzelnen setzt sich das kleine Flämmchen. Glaube ist also ein gemeinschaftliches Erleben und die Gemeinschaft von Menschen ist ein bevorzugter Ort, an dem Gott uns begegnet. Jesus sagt: »Denn wo zwei oder drei Menschen in meinem Namen zusammenkommen, da bin ich selbst in ihrer Mitte« (Matthäus 18,20). Aber Glaube ist auch eine individuelle Erfahrung, denn in meiner Beziehung zu Gott kann mich niemand vertreten.

> DER HEILIGE GEIST ERFÜLLT DIE VERHEISSUNGEN GOTTES UND DIE GLAUBENDEN.

Das Erste, was der Heilige Geist tut, ist daher: Er erfüllt die Verheißungen und Ankündigungen und er erfüllt jeden einzelnen Christen, jede einzelne Christin mit Gottes Gegenwart.

2. Der Heilige Geist erzählt

Das Zweite, was der Heilige Geist tut: Er erzählt von den großen Taten Gottes. Auch dies hat wieder einen doppelten Sinn, eine doppelte Perspektive.

Zum einen erzählt der Heilige Geist von den großen Taten Gottes in unserem Herzen – im Herzen eines jeden Menschen, der vom Heiligen Geist erfüllt wird. Jesus sagt über den Heiligen Geist, dass er uns in alle Wahrheit leiten wird, in all die Wahrheit, die das Leben und die Lehre von Jesus verkörpern: die Wahrheit über diese Welt, die Wahrheit über Gott, die Wahrheit über uns selbst. Der

Heilige Geist wird uns in diese Wahrheit hineinführen, er wird uns erinnern an die Lehre von Jesus, an das, was Jesus gelehrt und gelebt hat. Außerdem verherrlicht der Heilige Geist Jesus (vgl. Johannes 16,14), denn er offenbart das, was er von Jesus hört, der es wiederum von seinem Vater hört. Mit anderen Worten: Der Heilige Geist verbindet uns mit Jesus und Jesus verbindet uns mit dem Vater. Jesus denkt das ganz eng zusammen. Er sagt: »Wenn der Geist euch erfüllt, dann bin ich bei euch und dann ist der Vater bei euch und dann werden wir gemeinsam in euch wohnen« (Johannes 14,23). Gott der Vater und Gott der Sohn ziehen gemeinsam in unser Herz ein und das ermöglicht Gott der Heilige Geist.

DER GEIST GOTTES IST WIE EIN GROSSER SCHEINWERFER, DER IN DUNKLER NACHT EIN GEBÄUDE BELEUCHTET.

Der Geist Gottes ist ein bisschen wie ein großer Scheinwerfer, der in dunkler Nacht ein Gebäude beleuchtet und es damit sehr deutlich von der Umgebung absetzt. Das tut der Heilige Geist, indem er in unserem Herzen ein Licht auf Jesus wirft und uns Jesus vor die inneren Augen malt. Er zeigt uns, wer Jesus ist. Er lenkt unseren Blick auf Jesus und Jesus wiederum zeigt uns Gott, den liebenden Vater.

Tim Keller verwendet dafür ein tolles Bild, das ich gerne aufnehmen und ein bisschen weiterspinnen möchte. Wenn man ein Technikgeschäft betritt und in diesem Geschäft verschiedene Radios und Fernseher laufen, dann wird der Fernseher immer das Radio schlagen, wenn es darum geht, unsere Aufmerksamkeit auf sich zu ziehen, denn Radio ist nur Audio, aber Fernseher ist Audio und Video und diese Kombination ist intensiver, konkreter und viel spannender als Ton allein. Keller beschreibt damit das, was der Heilige Geist in unserem Herzen tut. In unserem Kopf und unserem Herzen läuft stets seine Grundmelodie, die uns verschiedene

Dinge sagt – über das Leben, über die Welt und über uns. Dinge, die mehr oder weniger sinnvoll oder richtig sind, die zum Teil durchaus zutreffen, zum Teil aber auch unsinnig sind.

Und ab und an geschieht das Wunderbare: Der Heilige Geist schaltet den Fernseher an und dann hören und sehen wir die Wahrheit Gottes. Sie ist intensiver, klarer, eindeutiger und viel aufmerksamkeitsanziehender als die Hintergrundmelodie, die irgendwie immer läuft. Wenn der Fernseher an ist, dann tritt das Radio in den Hintergrund. Das macht der Heilige Geist. Er gießt die Liebe Gottes aus in unser Herz. Er bezeugt unserem Geist, dass wir Gottes Kinder sind. In diesen Augenblicken denkt man: »Wie konnte ich jemals zweifeln?«, oder: »Wie werde ich jemals wieder zweifeln können?« So klar ist es und so intensiv und so eindeutig.

Keller nennt das Gospel Renewal:

> Erneuerung durch das Evangelium bedeutet eine Wiederentdeckung des Evangeliums, die das Leben verändert. In der persönlichen Erneuerung werden die Inhalte des Evangeliums von Sünde und Gnade nicht nur mit dem Verstand erfasst, sondern tatsächlich erlebt. Dazu gehört die Erkenntnis der eigenen Sündhaftigkeit und Trennung von Gott. Wir entdecken in uns tiefere Schichten der Selbstgerechtigkeit, des Unglaubens und der Selbstrechtfertigung als je zuvor. Wir entwickeln eine ganz neue, umfassendere Sicht für das Wunder der Vergebung und Gnade, während wir diese inneren Einstellungen und Verhaltensweisen ablegen und unsere Erlösung allein in Christus finden.[8]

Damit beschreibt er die Erweckung eines persönlichen Glaubens durch den Heiligen Geist:

> Erweckung kann sehr großflächig geschehen und ganze Regionen oder gar Länder erfassen oder sich auch nur auf eine einzige Gemeinde oder Untergruppe in ihr beschränken. Sie kann sehr leise vor sich gehen oder auch großes Aufsehen erregen. Doch in allen Erweckungen ist das normale Wirken des Heiligen Geistes intensiver und stärker. In einer Erweckung produzieren die normalen Gnadenmittel eine Welle erweckter Suchender, aufrichtig bekehrter Sünder und geistlich erneuerter Christen, und das sich daraus ergebende Gemeindewachstum lässt sich nicht durch demografisch-soziologischen Wandel oder effektive missionarische Aktivitäten erklären.[9]

Obwohl das passiert, kommt irgendwann wieder der Alltag. Die Stimme des Radios dudelt den ganzen Tag, die Erinnerung an das, was ich gesehen und gehört habe, verblasst. Deshalb muss es sich wiederholen. Unsere Seele ist wie ein großer Eimer, der ein Loch hat. Er wird angefüllt mit der Liebe Gottes, aber er verliert immer wieder das, womit er gefüllt wird. Dies ist sicher auch einer der Gründe dafür, dass in der Apostelgeschichte mehrfach erwähnt wird, dass die Nachfolgerinnen und Nachfolger von Jesus vom Heiligen Geist erfüllt werden. Mündige Gläubige wissen, dass sie es nötig haben, immer wieder mit dem Heiligen Geist erfüllt zu werden, um als Christinnen und Christen zu leben.

Die Radio-Fernseher-Metapher stellt also die Frage, worauf wir achten, oder mit anderen Worten: Was prägt unser Leben? Worauf hören wir? Auf die Stimme des Radios – das mehr oder minder sinnvolle Rauschen, das den ganzen Tag läuft – oder fokussieren wir uns auf das, was uns Gottes Geist zeigt? Suchen und fragen wir nach dem, was wir vom Heiligen Geist hören und sehen? Lassen wir uns davon prägen? Setzen wir uns dem aus? Worauf liegt unser

Fokus? Mündige Christen beten: »Komm, Heiliger Geist, und tu, was dir gefällt.«

Der Heilige Geist erzählt von den großen Taten Gottes in unserem Herzen, aber auch durch unseren Mund. Denn wenn das Herz voll ist, wenn es erfüllt ist mit der Gegenwart, Liebe und Begeisterung Gottes, dann läuft der Mund über (vgl. Lukas 6,45). Dann sprudelt der Mund eines jeden Einzelnen über, so wie es Lukas in der Pfingstgeschichte beschreibt: Jeder erzählt von den großen Taten Gottes.

Der Heilige Geist ist sehr missionarisch. Er sendet Menschen. Er aktiviert Menschen. Er begeistert Menschen.

Die Apostelgeschichte, die im griechischen Original »Taten der Apostel« heißt, müsste eigentlich den Namen »Taten des Geistes« tragen, denn im Grunde genommen erzählt das gesamte Buch davon, wie der Geist Gottes Menschen zusammenbringt, Treffen arrangiert, Leute mit Glauben erfüllt, Begegnungen vorbereitet und die Kirche baut. Die treibende Kraft in den Erzählungen und Berichten der Apostelgeschichte ist von Anfang bis Ende der Heilige Geist – nicht die Apostel, nicht die Christen. Die Glaubenden wirken manchmal eher wie ein hindernder Faktor. Sie müssen häufig erst überzeugt und motiviert werden.

> DIE TREIBENDE KRAFT IN DER APOSTELGESCHICHTE IST DER HEILIGE GEIST.

Das Ziel davon, dass all die einzelnen Christinnen und Christen von den großen Taten Gottes erzählen, besteht darin, dass alle Menschen es hören sollen. Alle sollen es hören und für sich entdecken, in ihrer Sprache, in ihrer Kultur. Dies umfasst sowohl die Menschen, die in Jerusalem wohnen, als auch die Gäste, die gerade zur Feier des Schawuot-Festes anwesend sind. All diese Menschen aus den unterschiedlichen Völkern wundern sich: »Warum hören wir sie in unserer eigenen Sprache von den großen Taten Gottes erzählen?« Weil es alle hören sollen! Weil es alle erreichen soll. Jeder Mensch ist gemeint.

Der Geist Gottes schickt die Christinnen und Christen los, füllt ihnen Herz und Mund und sagt: »Gebt es weiter, erzählt davon, schwärmt davon, singt davon, was auch immer eure Gabe ist. Erzählt den Menschen die großen Taten Gottes!«

Dies ist das Zweite, was der Heilige Geist tut: Er erzählt von den großen Taten Gottes, in unserem Herzen und durch unseren Mund.

3. Der Heilige Geist verleiht Sprache

Als Drittes macht der Heilige Geist sprachfähig im doppelten Sinn. Denn der Heilige Geist schenkt neue Worte. Alle, die von ihm erfüllt werden, sprechen in einer neuen, einer für sie zum Teil fremden Sprache. Der Heilige Geist, so müsste man es genauer beschreiben, spricht durch sie. Er erzählt von den großen Taten Gottes und spricht dabei zu allen Völkern, zu all denen, die dort sind, aber es geht über sie hinaus und betrifft letztlich alle Menschen und alle Völker.

Nun stellt sich die Frage, was das eigentlich genau ist, dieses Beten in Zungen oder Sprachengebet, also dieses Beten in fremden Sprachen.

Ich möchte zwei Positionen skizzieren, wie man mit diesem Phänomen umgehen könnte. Es sind holzschnittartige und verkürzte Extrempositionen, die vermutlich fast niemand genau so vertritt, die meisten befinden sich irgendwo dazwischen.

Die eine Position lautet: »Das ist mir völlig fremd, das ist total fern und ich glaube auch, dass es irgendwie falsch ist, wenn Leute das heute noch machen.«

Die andere Position sagt: »Beten in verschiedenen Sprachen ist das Kennzeichen für wahren Glauben. Wenn du das nicht hast, dann hast du den Heiligen Geist nicht.«

Diese beiden Positionen sind im Licht der Bibel sehr schwierig, meines Erachtens sogar falsch. Ich plädiere dafür, dass wir das biblische Zeugnis ernst nehmen, denn die Bibel geht mit diesem Thema sehr differenziert um. Man könnte es als »nüchterne Erwartung« beschreiben. Eine daraus abgeleitete Haltung könnte so aussehen: Weder verbieten wir Gott, dass er so etwas tut, noch stilisieren wir die Gabe des Sprachengebets zum Prüfstein für wahren Glauben und Erfülltsein mit dem Heiligen Geist.

WIR SOLLTEN MIT DEM SPRACHENGEBET SO DIFFERENZIERT UND NÜCHTERN ERWARTUNGSVOLL UMGEHEN WIE DIE BIBEL.

Bis heute geschieht es, dass Menschen eine besondere Sprache beziehungsweise besondere Worte für das Gebet bekommen. Aber diese Gabe ist eben nur eine von vielen Gaben, mit denen Gottes Geist Menschen beschenkt. Wir sollten nicht den Fehler begehen und alles an einer von vielen Gaben festmachen, sodass sich am Ende alles darum dreht, ob Leute in Sprachen beten.

Wir sollten damit so differenziert und nüchtern erwartungsvoll umgehen, wie es die Bibel tut. Dazu müssen wir die Bibel lesen, sie befragen, mit Gott darüber sprechen und uns darüber austauschen. Und wir sollten es dem Heiligen Geist überlassen, so zu wirken, wie er es möchte: »Komm, Heiliger Geist, und tu, was dir gefällt!«

Der Heilige Geist macht also sprachfähig – auch dies im doppelten Sinne. Denn er schenkt zum einen neue Worte, zum anderen beauftragt und befähigt er auch. Er lässt Menschen über sich hinauswachsen. Als Beispiel kann uns Petrus dienen: ein Mensch, der schwankte zwischen Sprücheklopfer und Feigling. Einer, der den Mund nicht voll genug nehmen konnte mit Ankündigungen, Versprechungen und großen Behauptungen und in entscheidenden Momenten entweder schlief oder log und seinen Freund Jesus verleugnete. Jemand, der viel redet und dann kneift. Dieser Petrus findet auf einmal Mut und die richtigen Worte.

Seine persönliche Situation fünfzig Tage nach Ostern ist ja nicht so viel anders als am Karfreitag: Es ist immer noch gefährlich, sich zu Jesus, dem Gekreuzigten, zu bekennen. Aber anders als vor ein paar Wochen findet Petrus den Mut und die Worte, um von Jesus zu erzählen. Er stellt sich vor eine große Menge von Menschen und erklärt ihnen, was hier gerade passiert. Dabei folgt er nicht mehr seinen Stimmungen, sondern dem Auftrag, den er bekommt. Er folgt dieser Kraft, die sein Herz erfüllt, und er beginnt zu reden. Petrus wird im wahrsten Sinne des Wortes mündig: Er bekommt einen Mund voller Worte und ein Herz voller Mut.

GOTT MÖCHTE MIT UNS ZUSAMMENARBEITEN.

Der Geist Gottes gebraucht die Worte dieses Mannes, dieses einfachen Fischers aus Galiläa. Viele Tausend Menschen fragen nach seiner Rede: »Was sollen wir tun?« Und er antwortet: »Kehrt um, lasst euch taufen!« Genau das tun sie dann auch. Gott gebraucht die Worte dieses einfachen Menschen, der von seinem Glauben erzählt, der von dem erzählt, was sein Herz erfüllt, und dies bewirkt etwas Wunderbares: Menschen werden Christen, sie vertrauen sich Jesus Christus an. Glaube, Liebe und Hoffnung entstehen.

Gott übergeht uns nicht einfach, sondern möchte mit uns zusammenarbeiten. Er möchte durch uns einfache, fehlerhafte und gewöhnliche Menschen andere Menschen ansprechen und einladen. Das ist großartig, denn es gibt uns einen Hinweis darauf, wie demütig und bescheiden Gott ist. Es scheint ihm wichtiger, mit uns zusammen etwas zu tun, als einfach ohne uns oder sogar gegen uns. Ich bin überzeugt: Darin drückt sich letztlich der Wunsch Gottes aus, uns nahe zu sein.

Der Geist Gottes tut also drei Dinge:

- Er erfüllt die Verheißung und die Christen.
- Er erzählt von den großen Taten Gottes in unserem Herzen und durch unseren Mund.
- Er macht uns sprachfähig mit neuen Worten und indem er Menschen beauftragt, von ihrem Glauben zu erzählen.

Smartphone oder Flaschenöffner?

Wir Menschen ähneln in Bezug auf unser Glaubensleben ein bisschen einem Smartphone: eine schöne Erfindung, mit der man extrem viel anstellen kann. Es heißt ja nicht umsonst »Smartphone«, denn man kann lauter smarte Dinge damit tun: Musik hören, Filme gucken, an Videokonferenzen teilnehmen, Podcasts hören, seine Sportaktivitäten aufzeichnen und auswerten lassen, tausend Spiele spielen, Nachrichten schreiben – und man kann damit sogar telefonieren.

Das Dumme ist nur, wenn das Ding keinen Strom mehr hat, dann ist es im Prinzip eine Art schlechter Flaschenöffner oder kleines Brett, auf dem man Gemüse schneiden könnte – oder auch nicht. Um sein volles Potenzial zu entfalten, braucht das Smartphone Strom, sonst passiert damit überhaupt nichts und all das, was in diesem Gerät schlummert, kann nicht zur Entfaltung kommen.

So ist es auch mit uns. Wir tragen in uns das Potenzial zu Glaube, Liebe und Hoffnung. Nennen wir es mal die Glaubens-App, die Liebes-App und die Hoffnungs-App. Aber dieses Potenzial kann nur geweckt werden, wenn wir eine Quelle haben, die außerhalb von uns selbst liegt. Wenn ich Glaube, Liebe und Hoffnung in mir selbst suche, dann wird das nur ein Vermuten, ein hoffnungsvolles Erwarten mit einiger Skepsis und eine Liebe sein, die schnell an ihre Grenzen stößt. Es handelt sich mehr um ein »Ich-rede-mirwas-ein« und ein »Ich-glaube-je-nach-Tagesform-mehr-oder-weniger-dran«. Es wird ein Lieben sein, das letztlich doch sehr selektiv ist, und ein Hoffen, das bei der nächsten wirklichen Krise ins Wanken gerät. Die Grenze der Potenziale zum Glauben, Lieben und Hoffen sind dann ich selbst und meine beschränkten Möglichkeiten.

PFINGSTEN BEDEUTET, EINE QUELLE FÜR GLAUBE, LIEBE UND HOFFNUNG ZU HABEN.

Wenn ich aber eine Quelle habe, die außerhalb von mir liegt, wenn der Heilige Geist in mir Glaube, Liebe und Hoffnung weckt, dann entsteht eine göttliche Qualität: ein Glaube, der nicht an mir hängt, sondern an Gott – an dem, was Gott tut, und an dem, wer Gott ist.

Eine Liebe, die göttlich ist, die immer schon da war, die mich weit übersteigt und mich mit hineinnimmt darin, geliebt zu sein und andere zu lieben – selbst die, bei denen ich es mir nicht vorstellen kann und wo es mir echt schwerfällt.

Und eine Hoffnung, die über den Tod hinausgeht, eine Hoffnung, die ewig ist und mich mit Gottes Möglichkeiten verbindet.

Pfingsten heißt, dass wir diese Quelle haben. Deshalb feiern wir jedes Jahr Pfingsten, weil dieses Fest davon erzählt, dass Gott selbst die Quelle ist und unser Leben mit sich verbindet, uns erfüllt mit seiner Gegenwart, uns erfüllt mit Glaube, Liebe und Hoffnung. Deshalb brauchen wir jeden Tag ein kleines Pfingstfest. Jeden Tag brauchen wir die Begegnung mit Gott selbst, jeden Tag das Erfülltwerden mit dem Heiligen Geist.

Mündige Christinnen und Christen wissen das und sie beten immer wieder neu die Worte: »Komm, Heiliger Geist, und tu, was dir gefällt.« (fe)

Teil 2

KLARHEIT GEWINNEN ÜBER MICH SELBST

Ich bin getauft oder: Gott verbündet sich mit mir

Nachdem wir geklärt haben, dass Gott uns einen ganz prominenten Platz in seinem Herzen schenkt und uns aus Liebe anspricht, um mit uns einen Bund zu schließen, wollen wir uns nun mit diesem Bund etwas näher befassen. Der Bund, den Gott mit uns Menschen schließt, wird verkörpert durch die Taufe. Aber wie sieht dieser Bund genau aus? Worin besteht er? Oder anders gefragt: Was passiert eigentlich, wenn Menschen getauft werden?

Bei der Beantwortung dieser Frage hilft ein Blick auf eine Begebenheit, die wir uns bereits angeschaut haben, nämlich die Berufung der ersten Jünger – diesmal aber in der Version von Markus.

> Als Jesus am See Gennesaret entlangging, sah er Simon und dessen Bruder Andreas. Sie warfen gerade ihre Netze im See aus, denn sie waren Fischer. Jesus sagte zu ihnen: »Kommt, folgt mir! Ich mache euch zu Menschenfischern!« Sofort ließen sie ihre Netze liegen und folgten ihm.
> Ein kleines Stück weiter sah er Jakobus, den Sohn von Zebedäus, und seinen Bruder Johannes. Sie saßen in ihrem Boot und besserten ihre Netze aus. Sofort rief er sie. Da ließen sie ihren Vater Zebedäus mit seinen Gehilfen im Boot zurück und folgten ihm.
>
> *Markus 1,16-20*

Ein Marsmännchen erlebt eine Taufe

Es ist eine beliebte Frage, was wohl ein Marsmännchen denken würde, wenn es plötzlich mitten in unser seltsames Leben geraten würde und unsere komischen Sitten anschauen müsste. Sogar in einer juristischen Vorlesung wurde der Frage nachgegangen, was wäre, wenn man das Marsmännchen an Ostern losschicken würde, um Ostereier zu suchen. Man kann das beliebig ausdehnen und die komischen Marotten von uns Menschen auf diese Weise von außen betrachten, auch Fußballspielen oder Tanzen. Marsmännchen wären vermutlich ratlos, warum sich Menschen so seltsam benehmen. Bei einer der beiden Tätigkeiten frage ich mich das auch, bei der anderen natürlich nicht!

In einem Klassiker aus der Sesamstraße bestaunen zwei Marsmännchen völlig überwältigt einen tropfenden Wasserhahn und lautmalen sofort: »Tropf, tropf, tropf!«[10] Damit sind wir beim Wasser. Stellen wir uns also vor, unsere intelligenten, aber mit dem irdischen Leben unvertrauten Marsbewohner würden bei einer Taufe hereinplatzen. Was würden sie als marsianische Völkerkundler nach Hause melden?

Vielleicht dies: »Manche Erdbewohner versammeln sich zu einem festen Termin in einem größeren Gebäude. Wenn die Erdbewohner Junge bekommen, bringen sie diese mit in das Gebäude. Was sie dort tun, ist schwer zu durchschauen. Sie sprechen gemeinsam Texte, die sie wohl heilige, also besonders ehrwürdige Texte nennen. Meistens spricht einer, der ein seltsames schwarzes Gewand trägt, das wir sonst im Alltag der Erdbewohner nie gesehen haben. Dann bringen sie das Junge nach vorne und beantworten Fragen. Zum Beispiel sagen sie, dass sie sich Mühe bei der Aufzucht geben und dem Nachwuchs die Verehrung eines unsichtbaren höheren Wesens ans Herz legen wollen. Das Merkwürdigste aber ist, dass das

Wesen mit dem schwarzen Umhang plötzlich dem Menschenjungen Wasser über den Kopf gießt und dazu eine Formel aufsagt. Das Junge schreit dann meistens, was wir sehr gut nachvollziehen können. Der Sinn dieser seltsamen Sitte hat sich uns nicht erschlossen. Wollen sie das Kleine waschen? Dazu würden aber drei Handvoll H_2O nicht reichen. Wollen sie es ärgern? Nassspritzen haben wir auch schon auf sogenannten Schulhöfen als menschliche Neckerei entdeckt. Aber dafür ist das Junge wohl noch zu klein. Wollen sie ihm zu trinken geben? Dann sollten sie lieber üben, wie man den Mund wirklich trifft. Wir vermuten jedoch, dass es eine Art Aufnahmeritual in die eigene Gemeinschaft ist. Aber wozu sie dabei Wasser über das Kleine schütten, haben wir nicht verstanden.«

Vielleicht muss man aber nicht einmal Marsbewohner sein, um eine Taufe komisch zu finden. Vermutlich reicht es, wenn man ohne Kirche aufgewachsen ist. Vielleicht sollte man aber, auch wenn man mit Kirche aufgewachsen ist, mal einen Schritt zurücktreten und sich fragen: »Was tun wir denn da? Was bedeutet das? Und warum machen wir das?«

Was hat es mit der Taufe auf sich? Ich glaube, dass die Taufe heute das ist, was vor Ostern der Ruf von Jesus war, ihm nachzufolgen. Vor Ostern forderte Jesus Menschen auf, mit ihm mitzuwandern und mit ihm unterwegs zu sein. Nach Ostern ging das nicht mehr. Und da trat an die Stelle der Aufforderung, hinter Jesus herzugehen, die Taufe, und zwar die Taufe auf den Namen des Vaters, des Sohnes und des Heiligen Geistes, mit Wasser, mal viel, mal wenig. Besser mit viel Wasser.

MAN MUSS KEIN MARSBEWOHNER SEIN, UM EINE TAUFE KOMISCH ZU FINDEN.

Darum geht es im Folgenden in vier kurzen Gedankengängen. Es wird ein bisschen theologisch, das ist notwendig, und da müssen wir jetzt durch.

Erster Gedanke: Der Ruf in die Nachfolge

Jesus ist unterwegs am See Genezareth im Norden von Israel. Wie aus dem Nichts spricht er einige der Männer an, die dort als Fischer arbeiten. Nicht alle, nur vier. Simon und Andreas heißen zwei, sie sind Brüder. Jakobus und Johannes heißen die anderen, auch sie sind Brüder. Er fordert sie auf, alles stehen und liegen zu lassen, sich rasch zu verabschieden und mit ihm mitzugehen.

Er baut sich offenkundig ein Team auf. Aber für die vier muss das eine krasse Erfahrung gewesen sein – und erst recht für ihre Familien:

- Wir hören nichts davon, dass die vier vorher unzufrieden gewesen wären und sich sowieso nach Veränderung gesehnt hätten.
- Wir hören nichts davon, dass sie besonders religiös gewesen wären und nur allzu gerne einem Guru folgten.
- Wir hören auch nichts davon, dass sie sich diese Aufforderung erst durch den Kopf gehen ließen und mal mit diesem oder jenem berieten, ob man das machen sollte oder nicht.

Was in ihnen vorging, bleibt im Dunkeln. Es spielt offenbar keine Rolle. Als sie später darüber sprachen und als Markus, dieser Jesus-Biograf, das aufschrieb, sagten sie: »Es kam wie aus dem Nichts. Aber als er uns ansah und ansprach und als er uns rief und uns sagte, er wolle uns zu Menschenfischern machen, da zog es uns auf die Beine. Da machte es ›klick‹. Da war uns schlagartig klar, dass wir natürlich mitgehen werden.«

Die Geschichte sollte sich noch oft wiederholen: mit einem Zollbeamten, mit Menschen, die Jesus heilte, und so weiter. Das war bei Jesus Programm: Er rief Menschen. Und es war Power: Wenn

Jesus rief, gerieten Menschen in Bewegung. Gleich zu Beginn seiner Laufbahn macht er deutlich, was er vorhatte: Menschen berufen, herausfordern, mitnehmen, mit ihnen das Leben teilen und ihnen beibringen, was es um Gottes willen auf Erden zu tun gibt. »Jünger in die Nachfolge rufen«, so heißt das im kirchlichen Jargon. Jesus ruft – Menschen folgen – ihr Leben wird auf den Kopf gestellt – sie wirken im Team »Jesus« mit.

Ich möchte ein paar Details dieses Rufes in die Nachfolge kurz beschreiben und nenne diese Menschen, die Jesus rief, einfach mal »die Berufenen«.

- Die Berufenen waren in keiner Weise auf den Ruf vorbereitet. Er kam als große Überraschung auf sie zu, stieß ihnen zu, fiel auf sie herab, kam ihnen entgegen. Sie selbst hatten am wenigsten damit gerechnet. Jesus kam zu ihnen wie ein Dieb in der Nacht. Sie hatten sich das nicht selbst ausgesucht.
- Die Berufenen waren in keiner Weise für diesen Ruf qualifiziert, weder moralisch noch religiös. Man kann nicht einmal sagen, dass sie gläubig waren oder doch mindestens suchend oder offen oder wie immer wir das nennen wollen. Das Entscheidende liegt nicht in ihnen, sondern in der Tatsache, dass Jesus sie sieht, wählt und ruft.
- Die Berufenen werden nie wieder sein, was sie vorher waren. Der Ruf teilt ihr Leben in ein »Vorher« und ein »Nachher«. Beruf und Beziehungen, Werte und Worte, Besitz und Benimm, alles dreht sich, wird anders, neu. Aus Heringsfischern werden Menschenfischer, aus Familienmenschen Kommunarden des Rabbi Jesus. Das hat eine raue Rückseite. Dietrich Bonhoeffer sagte: »Jeder Ruf Jesu führt in den Tod.«[11] Es ist aber auch eine glänzende Aussicht: Nie hätten

sie sich träumen lassen, was aus ihrem Leben noch werden würde.

- Die Berufenen sind sehr verschieden in Herkunft, Charakter, Temperament. Aber fortan haben sie etwas gemeinsam: Sie sind die, die bei Jesus sind. Und sie sind die, bei denen Jesus bleibt. Durch dick und dünn, durch Versagen und Irrtum, durch Zweifel und Verrat.

Fassen wir es zusammen: Sie, die Berufenen, waren nicht vorbereitet, sie waren nicht qualifiziert, sie waren selbst am meisten überrascht, ihr Leben wurde auf den Kopf gestellt und der einzige gemeinsame Nenner ist Jesus: er bei ihnen, sie bei ihm. Sein Ruf, sein Einfluss auf sie, seine Loyalität zu ihnen, das ist das Markenkennzeichen der Berufenen.

Zweiter Gedanke: Die Taufe als »Wasser plus Wort«

Nun kommt ein brutaler Zeitenwechsel. Bisher war ich brav beim Bericht, den uns Markus überliefert hat, jetzt wechsle ich den Standort und gucke mir an, was wir tun, wenn wir heute taufen. Dabei mache ich es mir einfach: Ich folge Martin Luthers Erklärungen in einem Büchlein für die fromme Familie, genannt »Großer Katechismus«. Das ist sozusagen »Brehms Tierleben« für den Glauben, ein Nachschlagewerk für Groß und Klein. Dort beantwortet Luther ein paar Fragen:

1. Wer hat's erfunden?
   Luther sagt wörtlich: Die Taufe ist kein »Menschenkram«. Getauft wird, weil Gott es so will.

2. Wer tut da was?

   Freilich sieht man nur Menschen, die etwas tun, was für Marsmännchen komisch aussieht. (Das mit den Marsmännchen war jetzt nicht der Luther, sondern ich.) Aber: Auch wenn Menschen hier handeln, reden, mit Wasser bespritzen – dahinter, mehr noch, darin handelt Gott selbst. Eigentlich ist er es, der tauft. Wir sind nur Handlanger.
3. Sorry, lieber Luther, aber das ist doch Wasser, wie in Badewanne und Kaffeetasse!

   Nein, antwortet er. Zwar ist es Wasser, klar, aber nicht nur Wasser, sondern Wasser plus Wort. Und das Wort Gottes beim Wasser, das ist die Ursache, dass es so mächtig ist und eben nicht Badewasser oder Kaffeewasser.
4. Und was bewirkt das?

   Luther antwortet: Wenn Gott redet und tauft, dann ist der Nutzen klar: Ein Mensch wird für Zeit und Ewigkeit mit Gottes Liebe verbunden, hineingetauft in die Familie des himmlischen Vaters. Selig wird er, gerettet, gerecht, neu gemacht.
5. Und wer kann so gewaltige Dinge in Anspruch nehmen?

   Jeder, der glaubt, das heißt, der sich beschenken lässt. Es ist keine Leistung, es ist ein Sich-beschenken-Lassen.
6. Wieso Wasser?

   Ja, sagt Luther, jetzt kommt der harte Teil. Es ist nicht Wasser, das reinigt, es ist nicht Wasser, das erfrischt. Es ist nicht Wasser, das den Durst löscht. Es ist Wasser, in dem wir untergehen und unser Leben aushauchen. Tödliches Wasser. Wasser wie ein Grab. Aber dann: Es ist Wasser, aus dem wir herausgehoben werden und ein neues Leben bekommen. Es ist Tod und Auferweckung. Und wenn wir aus dem Wasser steigen, dann ist jeder Tag eine Übung im neuen Leben, mit Siegen und Niederlagen.

7. Die letzte Frage ist der Elefant im Raum, die eine Frage, die die fromme Menschheit aufregt: Wie kann das alles denn für unmündige Kinder gelten, die noch gar nicht glauben können?
   Tja, wenn wir so genau wüssten, was in den Kindern passiert. Aber nehmen wir an, sie glauben nicht. Macht nichts, sagt Luther. Der Glaube macht nicht die Taufe, er empfängt die Taufe. Das ist das Entscheidende. Will sagen: Gott hat dich beschenkt. Unverdientermaßen. Unverdientermaßen, nicht weil du so eine fromme Seele bist. Und wenn du damals nicht geglaubt hast, dann tu es jetzt, und alles ist fein in Ordnung. Gültig ist die Taufe auch ohne deinen Glauben. Du sollst bloß niemals denken, du hättest es »gemacht«, du hast empfangen, und jetzt glaube. Das ist es, was Gott will und worauf er wartet. Dass du ihm *jetzt* glaubst!

Zusammengefasst bedeutet dies: Taufe ist kein Menschenkram. Gott selbst tauft, wir sind nur Handlanger. Da kommen Wasser und Wort zusammen. Und dann ist nichts mehr, wie es war. Menschenkind wird Gotteskind. Das wird uns zuteil, indem wir es glauben. Das Wasser bringt unser altes Ego um, aber ein neuer Mensch steigt aus den Fluten, der das Neue ein Leben lang übt. Das gilt auch für Kinder, denn wir machen nicht die Taufe, wir empfangen sie. Und wenn wir damals nicht geglaubt haben, dann sollen wir es jetzt tun und dankbar sagen: »Ich hatte ja keine Ahnung, was für ein Geschenk da ungenutzt rumlag.«

Dritter Gedanke: Die Taufe und der Ruf in die Nachfolge

Jetzt muss ich das irgendwie zusammenbringen: die Taufe und dieses Bibelwort. Taufe und Nachfolge. Dazu muss ich nach Luther den anderen Großen zitieren: Dietrich Bonhoeffer. Das ist wie Messi und Ronaldo oder Federer und Nadal. Ich mache es kurz, versprochen. Bonhoeffer dachte darüber nach, wie das damals war. Als Jesus durch Israel wanderte und Menschen in seine Wandergesellschaft rief, da standen die ja buchstäblich auf, schnürten die Wandersandalen und liefen hinter ihm her.

Aber danach kamen diese weltumstürzenden Ereignisse: Jesus starb, er wurde auferweckt, er verließ die sichtbare Welt und ist nun an der Seite des Vaters im Himmel. Jesus nachfolgen? Das geht jetzt nicht mehr. Ich kann nicht buchstäblich aufstehen, meine Wandersandalen schnüren und hinter ihm hergehen. Geht nicht. Wie auch? Doch Bonhoeffer erklärt: »Das passt trotzdem, denn – trara! – was damals der Ruf in die Nachfolge war, das ist heute die Taufe.«[12] Wer getauft wird, der erlebt, was damals Simon und Andreas, Jakobus und Johannes erlebten. Es ist dieser einmalige und ein Leben lang gültige Ruf: »Sei bei mir, geh mit mir, tu mit mir!«

> WAS VOR OSTERN »NACHFOLGE« HIESS, HEISST SEIT OSTERN »AUS DER TAUFE LEBEN«.

Das ist die Pointe: Was vor Ostern »Nachfolge« hieß, heißt seit Ostern »aus der Taufe leben«. Da bleibe ich einen Moment und »überblende« mal Taufe mit Nachfolge und Nachfolge mit Taufe.

Taufe ist wie der Ruf in die Nachfolge. Wer getauft wird, wird zu Jesus gerufen. Wie war das aber mit denen, die zu Jesus gerufen wurden? Sie waren weder vorbereitet noch qualifiziert. Der Ruf in die Nachfolge ist pure Gnade. Sie sind von Gnade überrascht. Sie haben ein Leben lang zu tun, um halbwegs zu begreifen, was ihnen da geschenkt wurde. Taufe ist nichts anderes als das: von Gnade überrascht, zu Jesus gerufen. Wer getauft ist, ist gerufen, Jesus nachzufolgen, bei ihm zu sein, mit ihm zu tun, von seiner Loyalität getragen. Bist du getauft? Dann folge Jesus nach. Denn das ist deine Lebensaufgabe.

Und andersherum: Nachfolge ist wie Getauftwerden. Wie war das mit dem Getauftwerden? Es ist kein Menschenkram. Es ist Gottes Initiative, Gottes Tat. Es ist ein Ende des Alten und ein Beginn von etwas ganz Neuem. Es ist die wichtigste Stunde unseres Lebens, wenn wir hören, dass Jesus uns ruft. Wer hört und Jesus nachfolgt, lebt in einem neuen Leben. Das Alte geht im Wasser unter, das Neue steigt aus dem Wasser heraus und dann wird es ein Leben lang eingeübt. Wir haben es nicht gemacht, wir empfangen staunend, was Gott uns da schenkt.

So sagt Bonhoeffer: Wer getauft wird, wird in das Leben eines Jüngers berufen. Er fragt auch, ob man Kinder taufen darf. Seine Antwort lautet: »Jein.« Man darf es, man darf auch Kindern den Ruf in die Nachfolge schenken als große Lebensberufung, vor allem anderen. Aber, so Bonhoeffer, nur dann, wenn eine Gemeinde da ist, die dem getauften Kind erklärt und ans Herz legt, was das alles bedeutet.

Taufe ist der Ruf in die Nachfolge. Und Nachfolgen ist wie Getauftwerden und dann aus der Taufe heraus leben.

Vierter und letzter Gedanke: »So what?«

Warum müssen wir das alles wissen, wenn wir nach mündigem Christsein fragen? Und was hilft das unserem Marsmännchen?

Die zweite Frage ist schnell beantwortet. Wahrscheinlich gar nichts. Das Marsmännchen wird vielleicht begreifen: Das ist etwas Wichtiges. Sie nehmen es ernst, diese christlichen Erdlinge. Es ist wie Ertrinken und Neu-geboren-Werden. Okay, aber viel mehr versteht es nicht. Aber eigentlich will ich ja auch nicht Marsmännchen aufklären, sondern uns dabei helfen, uns zu verständigen.

Wenn Taufe der Ruf in die Nachfolge ist und genauso funktioniert wie Nachfolge und wenn Nachfolge wie Taufe ist und derselben Logik folgt wie Taufe, dann sollten wir ein paar Dinge bedenken. Zwei, genau genommen.

Das eine: Jesus beruft Menschen wie Simon und Andreas, wie Johannes und Jakobus, nicht weil sie sich so eignen, weil sie schon so viel begriffen haben oder weil er ihren mündigen christlichen Glauben belohnen will. Auch nicht, weil sie solche Musterexemplare von Reife, Erwachsensein und Mündigkeit wären.

Er ruft sie, weil er sie liebt und weil er sie bei sich haben will. Er ruft sie und weiß: Das wird jetzt ein hartes Stück Arbeit, bis die begriffen haben, was Sache ist. Sie werden zweifeln, versagen, den Glauben unterwegs fast liegen lassen, mich enttäuschen. Sie werden sich wie kleine Kinder benehmen (aber immer wieder fragen, ob Kinder eigentlich getauft werden dürfen und überhaupt glauben können!). Aber ich werde ihnen die Freundschaft nicht aufkündigen. Wir taufen nicht als Belohnung, nicht nach genauer Prüfung des reifen Glaubensniveaus, nicht zur Bestätigung einer Bekehrung. Wir taufen Menschen, die den Ruf Jesu empfangen: »Du, folge mir nach!«

Das ist eine unbequeme Aussage für diejenigen, die die Taufe nicht ernst nehmen. Die Taufe nimmt nicht ernst, wer in ihr nicht den Ruf in die Nachfolge vernimmt. Eine folgenlose Taufe ist immer noch gültig, aber sie kommt nicht zum Ziel. Wenn wir taufen, dann nur so, dass wir auch zum lebendigen und mündigen Christsein der Getauften beitragen.

Es ist aber auch eine unbequeme Aussage für diejenigen, die nicht verstehen, dass die Taufe unverdiente Gnade ist und dass sie allem vorausläuft, was wir tun. Erst wird gerufen, dann wird aufgestanden und nachgefolgt. So ist es am Anfang und dann immer wieder jeden Morgen: »Folge mir!«, sagt er. Und wir antworten: »Ja, ich folge dir.« Erst die Gabe, dann die Aufgabe, erst der Ruf, dann das Aufstehen. Erst das Wort, dann der Glaube. Der Glaube empfängt, er macht nicht. Diejenigen nehmen die Taufe nicht ernst, die die Latte immer höher hängen, bis sich ein Mensch der Taufe würdig erweist. Ob Simon und Andreas, Jakobus und Johannes dann je getauft worden wären?

WER IN DER TAUFE NICHT DEN RUF IN DIE NACHFOLGE VERNIMMT, NIMMT DIE TAUFE NICHT ERNST.

Das ist das eine, nun das andere: Du bist getauft? Dann freue dich, freue dich ohne Maß. Denn an deinem Häuschen ist der Herr vorbeigekommen und hat gesagt: »Du sollst mir nachfolgen, dich erwähle und berufe ich, dich will ich in meiner Nähe haben, dich will ich mitnehmen, du sollst mir zur Hand gehen. Ich rufe dich jetzt. Du bist nicht qualifiziert, du bist nicht mündig, du bist nicht entschieden. Macht nichts. Ich investiere in dein Leben auf Risiko! Ich rufe dich. Du bist jetzt mein. Komm, folge mir.«

Ihr Getauften, ihr tragt ein großes Geheimnis in euch und ihr habt ein großes Versprechen bei euch: Bei euch ist Jesus vorbeigekommen und hat euch berufen. Und wen er ruft, den lässt er nicht zurück, den schickt er nicht mehr weg, der bleibt bei ihm. Ihr Getauften, ihr habt eine Lebensaufgabe: »Folge mir nach!« Das ist die Taufe, über die wir uns freuen: ein großes Versprechen und eine Lebensaufgabe. (mh)

Zwei Wege, Gott zu entdecken: Suchen und finden

Wenn man jemandem etwas erklären möchte, das diese Person nicht kennt, dann bietet es sich an, von etwas auszugehen, das ihr bereits vertraut ist. Wenn jemand beispielsweise fragt, was eigentlich ein »SUV« ist – also diese komischen neuen Autos, die irgendwie alle fahren –, dann könnte man sagen: Das ist eine Mischung aus Geländewagen und Kombi, so eine Art Möchtegern-Geländewagen. Manche sehen aus wie ein Batmobil und kaum ein SUV ist so richtig fürs Gelände geeignet, weil sie lackierte Stoßstangen und 19-Zoll-Alufelgen mit Straßenbereifung haben. Die meisten sind sehr groß und haben trotzdem wenig Kofferraum … und so weiter.

Oder wenn man den Musikstil »Dubstep« erklären möchte, in den 2000ern war das mal angesagt (zumindest bei einigen) – dann bietet es sich an, das so zu beschreiben: »Es hört sich an, also ob ein Klavier die Treppe runterfällt.« Wenn jemand Dubstep nicht kennt, dann hat er oder sie nicht allzu viel verpasst, aber man kann mit Dingen, die Menschen kennen (wie Klavier und Treppe), beschreiben, wie dieser eher eigenwillige Musikstil klingt. Man nimmt also etwas, das Menschen kennen, und erklärt damit etwas, das ihnen unbekannt ist.

Jesus hat das ständig gemacht: Weil Gott uns oft fremd ist oder ganz anders, als wir ihn uns vorstellen, erzählt Jesus von der Wirklichkeit Gottes in Bildern, die die Menschen verstehen können. Er benutzt Situationen aus dem Alltag, Dinge, die den Menschen vertraut sind und von denen sie wissen, wie sie funktionieren. Jesus sagt: »Ungefähr wie dies oder das ist das Reich Gottes.«

Im Matthäusevangelium findet sich beispielsweise folgendes Bild von Jesus:

> Das Himmelreich gleicht einem Schatz, der im Acker vergraben ist: Ein Mann entdeckte ihn und vergrub ihn wieder. Voller Freude ging er los und verkaufte alles, was er hatte. Dann kaufte er diesen Acker. Ebenso gleicht das Himmelreich einem Kaufmann: Der war auf der Suche nach schönen Perlen. Er entdeckte eine besonders wertvolle Perle. Da ging er los und verkaufte alles, was er hatte. Dann kaufte er diese Perle.
>
> *Matthäus 13,44-46*

Es handelt sich um ein Doppelgleichnis. Jesus zieht zwei Vergleiche, um etwas vom Reich Gottes zu erklären. Die Frage, die Jesus hier beantwortet, lautet: Wie entdecken Menschen eigentlich Gottes Wirklichkeit? Oder anders formuliert: Wie finden Menschen Gott und was macht das mit ihnen?

Das Erste, was wir in diesem Text finden, ist, dass es zwei verschiedene Wege gibt, wie Menschen Gott entdecken. Gemeinsam ist ihnen, dass sie dieselbe überwältigende Entdeckung machen und dass diese Entdeckung denselben hohen Preis fordert.

Erster Weg: Nicht suchen und dennoch finden

Da ist die erste Gruppe, die erste Person, die Jesus beschreibt: diejenigen, die nicht suchen und doch finden. Was beschreibt er? Da ist ein Mann, der auf dem Feld arbeitet. Er ist vermutlich ein Tagelöhner und hat es schwer, denn er arbeitet heute, um morgen davon leben zu können. Jeder Tag Arbeit sichert nur einen weiteren Tag Existenz – man könnte das als »prekär« beschreiben. Wahrscheinlich zieht dieser Mann einen Pflug über das Feld und bleib mit dem Pflug stecken – »Schon wieder ein Stein!«, seufzt er. Er ist genervt, denn es bedeutet: Er muss anhalten, den Pflug rausnehmen und die Steine ausgraben. Das frisst Zeit, die er nicht hat. Aber er hat keine Wahl. Also buddelt er los.

Aber statt Steinen findet er einen Tonkrug, in dem ein Schatz verborgen ist. Das kam in der Antike durchaus vor: In Krisenzeiten haben Menschen ihre Reichtümer in ein Tongefäß gepackt, welches nicht verrotten kann, und es irgendwo vergraben. Vielleicht an einem geheimen Ort, der mal ein Wald gewesen war und dann zum Feld wurde. Manchmal wurde der Besitzer vertrieben oder er starb. Wenn seine Familie nichts davon wusste (oder er keine hatte), wurde der Schatz vergessen. Und dann konnte es vorkommen, dass jemand anderes diesen Schatz fand.

Die Menschen, die Jesus zuhörten, kannten solche Geschichten, sie wussten, dass so etwas passieren kann. Aber jeder und jedem war klar, dass die Wahrscheinlichkeit, selbst solch einen Schatz zu finden, gegen null ging. Es war ungefähr so wie ein Lottogewinn. Man kann davon träumen, aber im Prinzip ist es Quatsch. Doch der Tagelöhner in diesem Gleichnis arbeitet vor sich hin, bleibt an dem Schatz hängen und findet völlig überraschend und unerwartet Reichtum. Wenn ihm jemand gesagt hätte: »Heute Abend bist du ein reicher Mann«, hätte er gedacht: »Alles klar, war ein bisschen heiß heute, was?«

Der Mann ist aus dem Häuschen, und was er tut, ist gut nachvollziehbar: Gepackt von großer Freude verkauft er alles, was er besitzt. Er verkauft alles, um genug Geld zusammenzubekommen, um diesen Acker – samt seinem Schatz – zu kaufen. Das war übrigens rechtlich völlig legitim. Der Acker kostet ihn alles, was er hat, aber er denkt keine Sekunde darüber nach, weil ihm klar ist: Das, was ich da investiere, steht in keinem Verhältnis zu dem, was ich bekomme. Er kauft diesen Acker mit seiner gesamten Habe, weil er weiß: Das ändert alles.

Wen beschreibt Jesus mit diesem Glückspilz? Worum geht es? Jesus stellt Menschen vor, denen in geistlich-religiöser Hinsicht nichts fehlt. Menschen, die irgendwie religiös unmusikalisch sind. Es gibt dazu eine schöne Szene im Film Forrest Gump (ein toller Film aus den Neunzigern). Da fragt Major Dan: »Hey Forrest, hast du eigentlich schon Jesus gefunden?« Und Forrest antwortet: »Ich wusste gar nicht, dass ich ihn suchen soll.«

»ICH WUSSTE GAR NICHT, DASS ICH GOTT SUCHEN SOLL.«

So ungefähr geht es diesen Leuten: Sie wissen gar nicht, dass sie Gott suchen sollten, weil sie nicht wissen, wer oder dass ein Gott ist. Sie wissen nicht, wer Gott sein soll oder was man mit ihm anfangen soll. Natürlich wissen sie, dass es Menschen gibt, die an Gott glauben, aber es ist einfach nicht ihr Thema. Sie haben keine Fragen, sie haben keine Sehnsucht, es läuft einfach so, wie es läuft. Solche Menschen stolpern eines Tages unerwartet und ungefragt über Gott. Mitten im Alltag, mitten in dem, was ihnen vor den Füßen liegt, inmitten ihrer Arbeit. Das geschieht völlig überraschend, nicht geplant, nicht gesucht, nicht vermisst. Es ist eher so, dass Gott sie findet, denn sie suchen Gott ja gar nicht.

Zweiter Weg: Suchen und schließlich finden

Die zweite Gruppe, die Jesus vorstellt, sind diejenigen, die intensiv suchen und dann finden, so wie ein Mann, der mit Perlen handelt.

Auch das kannten die Menschen damals. Das war für die meisten Zuhörer sicher nicht ihre eigene Lebenswelt, sondern eher etwas für die Oberschicht, aber Perlen kannten sie. In der Antike waren Perlen neben Gold und Edelsteinen mit das Kostbarste, was es gab. Man konnte sie nicht künstlich herstellen, sondern musste sie einfach suchen und finden, genau wie Gold und Edelsteine. Sie waren unglaublich wertvoll, je größer und seltener ihre Farbe, desto kostbarer waren sie.

Der Mensch, den Jesus beschreibt, ist ein Fachmann. Er hat Kompetenz in diesem Bereich. Er ist leidenschaftlich, er ist wach und verfolgt den Markt. Er ist aufmerksam und weiß, was geht. Und er hat vielleicht – genau wissen wir das nicht – den Wunsch und die Hoffnung, eines Tages eine Perle zu finden, die ihn wirklich reich macht. Das könnte passieren, denn sein Job bringt das mit sich. Aber er weiß nicht, ob es geschehen wird, weil man es nicht planen kann. Doch dann kommt der große Tag und er entdeckt eine Perle, bei der er weiß: »So eine Perle findest du im Leben vielleicht einmal oder auch nie.« Deshalb investiert er alles, was er hat. Er verkauft alles, um diese eine Perle zu kaufen. Es kostet ihn alles. Aber auch hier stehen Kosten und Gewinn in keinem Verhältnis, weil es offenkundig ist, dass das, was er investiert, deutlich weniger wert ist als das, was er bekommt.

Jesus beschreibt hier – auch wieder idealtypisch – diejenigen Menschen, die Sehnsucht im Herzen spüren. Menschen, die eine Leerstelle im Herzen haben und sagen: »Es muss irgendwas geben da draußen, ich weiß es, ich spüre es. Ich weiß nicht genau, was es ist, aber da muss etwas sein. Irgendwas Höheres, irgendeine große Wahrheit, irgendwas Verbindliches. Von mir aus so etwas wie ein Gott, da muss irgendwas sein.« Diese Menschen haben die Sehnsucht und die Hoffnung, dass sie es irgendwann rausfinden. Dass sie Antworten auf ihre Fragen bekommen. Dass sie entdecken, was die Welt im Innersten zusammenhält. Dass sie irgendwann dort ankommen, wo ihr Herz zur Ruhe kommt. Sie haben ein Loch in ihrem Herzen, das zu groß ist für diese Welt und das von all den Dingen, die man nehmen kann, um sein Herz zu füllen, einfach nicht gestopft wird.

Und dann, eines Tages, machen diese Menschen die eine große Entdeckung: Sie finden Gott. Sie finden auf einmal das, was sie immer vermisst haben. Sie entdecken: Genau das ist es. Ihr Herz kommt zur Ruhe, ihre Seele kommt nach Hause. Sie merken: »Ja, hier gehöre ich hin. Genau danach habe ich gefragt und danach habe ich mich gesehnt.« Gott ist auf einmal die Antwort auf die Frage, die sie immer hatten. Es ist wie das Ende eines langen Weges und gleichzeitig der Beginn eines großen Abenteuers.

»ICH WEISS NICHT GENAU, WAS ES IST, ABER DA MUSS ETWAS SEIN.«

... eine gemeinsame Entdeckung

Jesus stellt also zwei unterschiedliche – und idealtypische – Wege vor, wie Menschen die Wirklichkeit Gottes entdecken. Die einen stolpern völlig ungeplant und ungefragt – fast alltäglich – über Gott. Die anderen suchen, fragen, forschen, wollen es wissen und hoffen, dass es wahr ist, und dann macht es eines Tages »bling«. Zwischen diesen zwei Arten gibt es Abstufungen, Schattierungen und Varianten. Wir kennen vielleicht manche, die eher so sind, und andere, die eher so sind, aber dies sind die zwei grundlegenden Arten, wie Menschen Gott finden.

Zwei verschiedene Wege, aber es ist ein und dieselbe überwältigende Entdeckung. Die Voraussetzungen sind unterschiedlich, aber die Erfahrung ist dennoch ganz ähnlich. Der Fund, den beide machen, ist ein Schatz. Er ist mehr oder weniger unerwartet, aber letztlich doch unverfügbar, bis man ihn gefunden hat. Auch der Perlenhändler weiß ja nicht, ob es irgendwann einmal klappt und er die eine Perle findet. Ersehnt und erhofft bei dem einen, unerwartet und überraschend bei dem anderen – aber letztlich bei beiden ein Geschenk. Ein Geschenk, das alles auf den Kopf stellt. Ein Schatz, der so groß ist, dass er ein neues Licht auf alles wirft. Beiden wird klar: Von heute an wird nichts mehr so sein wie vorher, weil sich ab jetzt ganz grundlegend etwas ändert. Es ist ein einschneidendes Erlebnis. Im Grunde ist es dieses »Einmal-im-Leben«-Erlebnis. Von da an geht das Leben in eine andere Richtung.

Was Jesus mit diesem Schatz meint, ist letztlich nichts anderes als die Entdeckung Gottes. Gott, der die reinste, tiefste und schönste Liebe ist. Gott, der Liebe in Person ist. Gott, der das Leben selbst ist, der Ursprung von allem. Ihn zu finden und bei ihm anzukommen, ist nach Hause kommen. Gott ist eine Art von Liebe, die man gar nicht fassen, nicht beschreiben kann. Eine Liebe, die in uns eine Liebe weckt, die nur für Gott reserviert ist. Als ob eine Kiste im Herzen geöffnet wird, die nur Gott öffnen kann. Eine Kiste voller Liebe, die nur von Gott geweckt werden kann.[13] Diese Begegnung mit Gott sorgt für Klarheit. Klarheit darüber, wer Gott ist, und Klarheit darüber, dass Gott da ist.

GOTT ZU FINDEN UND BEI IHM ANZUKOMMEN, IST NACH HAUSE KOMMEN.

Mehr noch: Was Jesus hier beschreibt, ist die Erkenntnis: Gott lässt sich finden. Gott versteckt sich nicht. Er ist nicht fern. Er ist nicht einfach eine Idee oder eine Fantasie oder Einbildung, sondern er ist da. Gott existiert, und noch krasser: Er interessiert sich für mich! Für mich kleinen Menschen mit meinen mehr oder weniger großen Problemen. Ich bin für Gott interessant. Er vermisst mich, ja er liebt mich. Er schenkt mir sein Herz. Mehr noch: Er selbst schenkt sich mir. Jesus, der dieses Gleichnis erzählt, ist Gottes großes Geschenk an diese Welt. Und weil der Gewinn so überwältigend ist, gehen beide – Tagelöhner und Perlenhändler – los und verkaufen in ihrer Freude alles, was sie haben. Dieser Fund ist so ein großartiger Schatz, dass sie sagen: »Ich muss alles loswerden, um das zu bekommen!«

Zwei Wege, eine Entdeckung und derselbe hohe Preis

Damit sind wir bei dem dritten Punkt, nämlich diesem hohen Preis. Es sind verschiedene Wege und verschiedene Voraussetzungen, aber beide machen die gleiche Erfahrung und es kostet sie beide alles. Der Schatz ist mehr oder weniger ersehnt, aber das Resultat ist identisch. Beide kostet der Besitz dieses Schatzes alles, was sie haben.

BEIDE KOSTET DER BESITZ DIESES SCHATZES ALLES, WAS SIE HABEN.

Was bedeutet das für den Glauben? Warum erzählt Jesus dieses Gleichnis? Diese parallele Pointe beider Geschichten zeigt ja, dass es letztlich genau darum geht, dass dieser große Schatz alles kostet. Jesus will genau dies auf den Punkt bringen. Man könnte es in einem Satz zusammenfassen: Gott finden kostet alles.

Warum ist das so? Drei Gedanken dazu möchte ich vorstellen.

1. Gott finden kostet alles, weil Gott unser Herz möchte

Der erste Gedanke lautet: Gott zu finden kostet alles, weil Gott uns liebt und weil er unser Herz möchte – und zwar komplett. Er möchte uns nicht nur halb, nicht nur ein bisschen. Gott möchte uns ganz. Glauben heißt letztlich ja nichts anderes als von Gott geliebt werden und Gott lieben. Je mehr wir uns Gott schenken, je mehr wir unser Herz öffnen, desto tiefer kann diese Erfahrung seiner Liebe in unser Herz eindringen und unser Leben verändern. Je offener unser Herz für Gott ist, je freier es von allem anderen ist, umso mehr kann er es füllen. Es kostet alles, weil es um unser Herz geht und damit eben um alles.

Jeder Mensch, der schon mal geliebt hat, weiß, dass es so ist: Je mehr wir uns schenken, desto mehr können wir lieben. Unsere Hingabe ist Ausdruck unserer Liebe. Je mehr wir uns öffnen und anvertrauen, desto mehr können wir geliebt werden. Je leerer unser Herz ist, desto mehr kann Gott es füllen. Mündige Christen üben sich in der Kunst, sich Gott zu schenken, sich ihm zu überlassen und sich von ihm erfüllen zu lassen. Sie suchen, ihr Herz zu leeren, und bitten Gott darum, es mit Glaube, Liebe und Hoffnung zu füllen.

2. Gott finden kostet alles, weil Gott der Schöpfer ist

Der zweite Gedanke lautet: Gott zu finden kostet alles, weil Gott der Schöpfer ist. Gott hat alles geschaffen: diese Welt, unseren Körper, unseren Verstand. Das heißt: Wir haben wenig bis keinen Einfluss auf ganz grundlegende Dinge: die Familie, in die wir geboren wurden, das Land, in dem wir aufgewachsen sind, wie clever wir sind, was wir können und so weiter. Das alles ist uns schon gegeben, geschenkt. Im Letzten verdanken wir das alles Gott selbst. Und damit können wir ihm nichts geben, was ihm nicht ohnehin längst gehört. Wir schulden ihm unterm Strich sowieso alles.

Es gibt nichts, was wir bringen könnten, von dem er sagt: »Ach Mensch, guck mal, das kenne ich ja gar nicht.«

Alles, was wir haben, haben wir letztlich von ihm. Das gilt im Kleinen und im ganz Großen. Er ist der Schöpfer und deshalb ist er auch der Herr. Ein mündiger Christ weiß, dass er Gott alles schuldig ist, und widersteht der Versuchung, Gott irgendetwas vorweisen oder anbieten zu wollen.

3. Gott finden kostet alles, weil es Gott alles gekostet hat, uns zu finden

Der dritte Gedanke lautet schließlich: Gott zu finden kostet alles, weil es Gott alles gekostet hat, uns zu finden. Gott hat dieser Welt Jesus Christus geschenkt, seinen Sohn. Sohn Gottes heißt nichts anderes, als dass Gott selbst Mensch wird, dass in und durch Jesus Gott Teil dieser Welt wird. Er begibt sich in diese wundervolle und oft so mühsame Welt hinein und lässt sich darin verwickeln. Er lebt unglaublich perfekt. Er lebt so, wie wir leben würden, wenn wir perfekt wären, nämlich liebevoll, großzügig, geduldig, klar und nicht zerrissen. Jesus lebt so, wie wir eigentlich leben müssten. Und trotzdem stirbt er grausam.

WIR SCHULDEN GOTT UNTERM STRICH SOWIESO ALLES.

Die Bibel beschreibt das Geheimnis, dass er die Folgen unseres Tuns trägt und die Folgen unseres Versagens. Es gibt so vieles, was sich zwischen Gott und uns und zwischen uns und anderen Menschen angesammelt hat. Jesus nimmt das alles auf sich und sagt: »Ich möchte es für euch tragen.« Die Bibel drückt es so aus: Der, der reich ist, wird ganz arm, damit die, die arm sind, reich werden.

Es hat ihn alles gekostet. Jesus ist gestorben am Kreuz, verlassen von allen Menschen und selbst von Gott. Nun bietet er uns einen Tausch an. Er sagt: »Mein Leben gegen eures. Meine Liebe, meine Hoffnung, mein Glaube, all das, was ich euch bringen kann, möchte ich euch schenken. Und ich möchte euch abnehmen, was ihr mir bringt: eure Schuld, eure Verzweiflung, euer Misstrauen, euren Unglauben, egal was. Bringt es mir, lasst uns tauschen!«

MÜNDIGER GLAUBE IST EIN TÄGLICHES TAUSCHEN MIT JESUS CHRISTUS.

Aber wir können nur tauschen, wenn wir uns gefallen lassen, dass wir tauschen müssen, wenn wir einsehen, dass Gott uns das Entscheidende schenkt. Dass er uns das Schwierige abnehmen muss, weil wir damit am Ende nicht klarkommen. Und wir können nur tauschen, wenn wir bereit sind, loszulassen – nämlich alles. Die Frage lautet also: Sind wir dazu bereit?

Mündig sein bedeutet, Gott erkannt und mich durchschaut zu haben. Mündig sein bedeutet, mir gefallen zu lassen, was Gott tun muss und tut. Mündig sein bedeutet, mit Jesus zu tauschen – jeden Tag auf Neue.

Was heißt das für uns?

Wenn du kein Christ bist, dann lautet die Botschaft: Gott lässt sich finden, egal ob du ihn suchst oder nicht. Er sucht dich. Er kennt dich, er vermisst dich und er wird bei dir anklopfen – zum Beispiel durch dieses Buch. Also hör hin und gib ihm eine Antwort und sei so mutig, ihm aufzumachen. Falls du nicht warten kannst, bis er anklopft, geh doch den ersten Schritt und klopf bei ihm an!

Wenn du bereits Christ bist und sagst: »Ich kenne Gott schon. Ich habe das schon erlebt und diese fantastische Erfahrung gemacht«, dann weißt du auch, dass Christsein nicht nur eine steile Kurve nach oben ist – es gibt Hohes und Tiefes. Die Botschaft für dich lautet: Gott sucht und findet dich immer wieder neu. Wenn du ihn suchst, wirst du ihn finden, und selbst wenn du ihn nicht suchst, wird er dich finden, egal, ob du ihn gerade erwartest oder nicht.

Mündiger Glaube hat Klarheit darüber, dass Jesus diese Welt und jeden Menschen kennt und versteht. Mündiger Glaube lebt aus der Gewissheit, dass Jesus weiß, was unsere eigene Geschichte mit Gott ist und an welchem Punkt wir stehen. Mündiger Glaube nährt sich von der Erkenntnis, dass wir Gott nicht egal sind, sondern dass er uns sucht. Heute, an diesem Tag, klopft er durch dieses Gleichnis bei uns an und lädt uns ein, bei ihm anzuklopfen, ihn ernst zu nehmen und darauf zu reagieren, dass er uns anspricht. Mündiger Glaube lebt aus der täglichen Bitte um Glauben, um Klarheit und Offenheit für Gottes Gegenwart und sein Reden. (fe)

Zwei Arten, Gott zu dienen: Glaube vs. Religion

Wenn Jesus in Gleichnissen, also Vergleichen, und Geschichten sprach, stieß er damit durchaus auch Leute vor den Kopf. Im Lukasevangelium findet sich der folgende spannende und geradezu freche Vergleich:

> Zwei Männer gingen zum Tempel, um zu beten. Der eine war ein Pharisäer und der andere ein Zolleinnehmer. Der Pharisäer stellte sich hin und betete leise: »Gott, ich danke dir, dass ich nicht so bin wie die anderen Menschen – kein Räuber, Betrüger, Ehebrecher oder Zolleinnehmer wie dieser hier. An zwei Tagen in der Woche faste ich. Und ich gebe sogar den zehnten Teil von allem, was ich kaufe.« Der Zolleinnehmer aber stand weit abseits. Er traute sich nicht einmal, zum Himmel aufzublicken. Er schlug sich auf die Brust und sagte: »Gott, vergib mir! Ich weiß, dass ich ein Sünder bin.« Das sage ich euch: Der Zolleinnehmer ging nach Hause und war nun vor Gott gerecht – im Unterschied zu dem Pharisäer. Denn wer sich selbst groß macht, wird von Gott niedrig und klein gemacht. Aber wer sich selbst niedrig und klein macht, wird von Gott groß gemacht werden.
>
> *Lukas 18,10-14*

In den meisten Gleichnissen von Jesus stecken mehrere Themen und man muss sich entscheiden, auf welches man sich konzentrieren möchte. Das Thema, das wir im Blick auf dieses Gleichnis vertiefen wollen, lautet Religion. Manche denken jetzt vielleicht:

»Das ist super! Wenn ich *ein* Thema in einem Buch über mündiges Christsein erwarte, dann Religion!« Andere dagegen seufzen: »Boah, nee, oder? Ernsthaft Religion? Das ist ja so was von oberlangweilig – fast so spannend wie Mathe.«

Wenn du zu denen gehörst, die sagen: »Religion, ja bitte!«, dann rate ich dir: »Freu dich nicht zu früh!« Wenn du eher zu denen gehörst, die sagen: »Religion, nein danke!«, dann rate ich dir: »Lass dich überraschen!«

Zwei gehen hin, um zu beten

Jesus lebte in einer Zeit, wo die meisten, wenn nicht sogar alle Menschen auf die eine oder andere Art religiös waren. Es lag eine religiöse Dynamik in der Luft. Und Jesus hatte oft mit sehr religiösen oder religiös engagierten Menschen zu tun, auch mit einer besonderen Gattung von religiösen Menschen, nämlich Leuten, die aufgrund ihres Glaubens oder ihrer Religion auf andere herabblicken. Manche würden sagen, dass alle religiösen Menschen so sind. Ich lasse mal offen, ob das so ist.

Manche religiöse Leute sind definitiv so. Deshalb erzählt Jesus ein Gleichnis, das erklärt, was ihm bezüglich Religion und Glaube wichtig ist: Zwei Männer gehen in den Tempel, um zu beten. Damals war der Tempel der Ort, an den man ging, um Gott zu begegnen. Sie wollen mit Gott reden, sie wollen in Gottes Gegenwart.

Die beiden Männer, die vor Gott treten und mit ihm sprechen wollen, könnten kaum unterschiedlicher sein. Wie schon bei dem Gleichnis von Acker und Perle skizziert Jesus sehr starke, idealtypische Beispiele. Der eine ist ein Pharisäer. Nein, kein nordischer Kaffee mit Schuss, sondern ein religiöser Profi, das Mitglied einer religiösen Elite. Jemand, der seinen Glauben, seine Religion so ernst nimmt, dass er sie zum Beruf gemacht hat und dafür alles gibt. Dieser Mann – er kennt sich im Tempel aus und weiß, wie es läuft – geht ganz nach vorn und betet: »Gott, ich danke dir, dass ich nicht bin wie andere.«

Ich glaube, dass dies ein absolut legitimes Gebet ist. Es ist in Ordnung zu sagen: »Gott, ich danke dir dafür, dass mein Leben nicht an irgendeinem Punkt auf die schiefe Bahn geraten ist.« Man hat das nicht immer in der Hand, vieles ist Bewahrung, und dafür kann man sehr dankbar sein.

Aber wie tut der Pharisäer das? Wie dankt er Gott? Er dankt dafür, dass er nicht wie die anderen ist, sondern besser als sie, und nennt ein paar Leute, die prinzipiell schwierig sind. Kein ehrlicher Mensch will sein wie ein Raubmörder, eine Drogendealerin oder ein Zuhälter. Aber das Wort, das für »die anderen Menschen« verwendet wird, meint eigentlich alle anderen. Der Mann nennt zwar ein paar offensichtlich negative Beispiele, aber im Grunde meint er alle. Und dann zählt er auf, was er so tut, er fastet zweimal pro Woche – kein Diätfasten, sondern aus religiösen Gründen – und spendet viel. Er erzählt von seinen guten Taten und setzt sich zugleich von allen Menschen ab, die nicht so sind wie er.

»DANKE, GOTT, DASS MEIN LEBEN NICHT AUF DIE SCHIEFE BAHN GERATEN IST.«

Zufällig oder bewusst doppeldeutig?

Wenn man es spitz formulieren will, dreht der Pharisäer sich letztlich um sich selbst. Eine Formulierung im Originaltext gibt einen Hinweis darauf. Lukas, der das Gleichnis aufgeschrieben hat, war ein schlauer Typ, und es ist vermutlich kein Zufall, dass er hier doppeldeutig formuliert. In der BasisBibel steht: »Er stellte sich hin und betete leise.« In der Elberfelder Bibel heißt es, er »betete bei sich selbst«. Man könnte auch übersetzen: »Er betete für sich selbst« oder sogar »zu sich selbst«.

Es ist eine kleine doppeldeutige Formulierung, die anzeigen könnte, dass er letztlich Selbstgespräche führt. Er ist beim Beten mit sich beschäftigt und Gott ist für ihn wie eine Kulisse, vor die er sich stellt, um zu zeigen, dass er ein super Typ ist und dass Gott froh sein kann, dass er ihn hat. Dieser Mann glaubt, dass er Gott beeindrucken oder seine Haltung zu ihm beeinflussen kann durch das, was er tut, vorbringt oder auch nicht tut.

Dieses Verhalten bezeichnen manche als Religion. Man kann den Begriff auch anders füllen, aber ich wähle hier einen kritischen Zugang (für die theologisch Interessierten: Ich folge damit Karl Barth). Diese Deutung beschreibt Religion als eine zutiefst menschliche Haltung. Religion stellt den Versuch dar, durch meine Taten – also durch das Gute, das ich tue, und das Böse, das ich lasse – Gott auf meine Seite zu ziehen und ihm zu zeigen, dass ich es wert bin, dass er mich ernst nimmt und liebt, dass er sich mir zuwendet. Das ist eine durchaus menschliche Haltung, aber ein sehr schwieriges Verhalten Gott gegenüber.

Mündige Christenmenschen wissen um die Untiefen ihres religiösen Herzens. Sie wissen darum, dass Religion nicht nur positive Seiten hat, sondern auch in dem Versuch bestehen kann, Gott zu manipulieren – oder wenigstens im Nachhinein zu beweisen, dass Gott mit mir eine gute oder wenigstens nicht ganz so schlechte Wahl getroffen hat.

Reich, aber unbeliebt

Der andere Mann im Gleichnis ist ein Zolleinnehmer, auch Zöllner genannt. Diese Menschen waren damals auf mehreren Ebenen fragwürdig. Sie kooperierten mit der römischen Besatzungsmacht und verdienten dabei ordentlich. Die Römer waren ins Land einmarschiert und hatten gesagt: »Das ist jetzt Römisches Reich. Von heute an sagen wir, wo's langgeht.« Da dachten sich manche Leute: »Das ist eine gute Gelegenheit, ein bisschen Geld zu machen.« Sie arbeiteten mit den Römern zusammen und trieben den Zoll ein. Damit verrieten sie nicht nur ihr Land, ihre Kultur und ihren Glauben, sondern damit bereicherten sie sich auch zusätzlich auf unlautere Weise, denn sie verlangten deutlich mehr, als sie eigentlich hätten berechnen sollen. Sie beuteten also ihre Landsleute aus, die ohnehin schon sehr arm waren. Zöllner waren daher ziemlich unbeliebte, aber auch sehr reiche Menschen.

Der Zöllner aus dem Gleichnis hat sicherlich mehr Geld als der Pharisäer. Er hat mehr »Freunde« (nennen wir es mal so). Er hat mehr Zimmer in seinem Haus. Er hat besseres Essen auf dem Tisch. Er ist insgesamt deutlich besser aufgestellt.

Aber er bleibt ganz hinten stehen. Er geht nicht nach vorn und sagt: »Hallo Gott, hier bin ich.« Stattdessen steht er sozusagen auf der Schwelle und schaut nicht mal richtig auf. Warum? Aus Ehrfurcht vor Gott? Oder ist da noch mehr? Dieser Mann weiß: All das, was er hier auffahren könnte – sein Geld, seine Freunde, sein Haus, sein Was-auch-immer –, all das ist vor Gott ziemlich egal. Das zählt nicht, das hat vor ihm kein Gewicht. Er kommt mit leeren Händen vor Gott, schlimmer noch: Er kommt mit Dingen vor Gott, die ihn schuldig machen. Im Grunde tritt er Gott als jemand gegenüber, der tief in der Schuld von Menschen, aber vor allem in Gottes Schuld steht.

Beziehungsprobleme

Der Zöllner kann nicht einfach vorbeikommen und sagen: »Ach übrigens, da bin ich. Freust du dich?« Stattdessen spricht er ein schlichtes Gebet: »Gott, vergib mir! Ich weiß, dass ich ein Sünder bin.« Oder noch kürzer: »Gott, sei mir Sünder gnädig.«

Wenn er sich selbst als Sünder bezeichnet, meint er damit nicht, dass er ein Stück Torte zu viel gegessen oder Punkte in Flensburg gesammelt hat. Es geht um seine Beziehung zu Gott. Ein Sünder ist ein Mensch, der vor Gott arm ist und Gott nichts anbieten kann. Mehr noch: Ein Sünder ist ein Mensch, der tief in Gottes Schuld steht. Oder zugespitzter: Ein Sünder ist ein Mensch, der in Bezug auf Gott gescheitert ist.

> ES IST AUSDRUCK MÜNDIGEN CHRISTSEINS, DIE SCHÄDEN DER EIGENEN GOTTESBEZIEHUNG ZU KENNEN.

Wenn die Bibel von Sünde spricht, beschreibt sie damit in erster Linie keine moralische, sondern eine relationale Kategorie, das heißt, es geht um Beziehung. Ein Sünder ist ein Mensch, dessen Beziehung zu Gott kaputt ist. Statt von Nähe und Vertrauen ist das Verhältnis gekennzeichnet von Entfremdung, Misstrauen und Unterstellungen.

Es ist ein Ausdruck mündigen Christseins, die Schäden der eigenen Gottesbeziehung zu kennen: die Entfremdung, das Misstrauen und die Unterstellungen im eigenen Herzen. Ein mündiger Christ fragt bei moralischen Verfehlungen eine Ebene tiefer und sucht die eigentlichen Ursachen: die Beziehung oder eben Nicht-Beziehung zu Gott, das Misstrauen Gott und seiner Güte gegenüber, die Zerrbilder und falschen Vorstellungen von Gott.

Die Bibel geht sogar so weit, Sünder als tote Menschen zu beschreiben (z. B. 1. Mose 3,3-4; Römer 6,23 und Epheser 2,1-7). Sie sind tot, weil sie den Bezug zu Gott verloren haben. Das

Erstaunliche ist, dass wir Menschen manchmal spüren, dass da etwas dran ist. Jeder Mensch merkt letztlich – auf die eine oder andere Art –, dass an dem Verhältnis zu Gott irgendetwas nicht stimmt: Wenn ich nicht an Gott glaube, dann zeigt mein Unglaube, dass das Verhältnis zu Gott mindestens schwierig, ja problematisch ist. Wenn ich an Gott glaube, merke ich, wie mühsam das zuweilen ist. Durch Religion versucht der Mensch, dem zu begegnen und diese Lücke zu schließen, indem er etwas tut: Gebote halten, Gutes tun, Schlechtes vermeiden oder eben: »mehr beten, Bibel lesen und fasten«.

Gerecht nach Hause gehen

Der Zöllner aber stellt sich hin und spricht ein simples Gebet. Worauf vertraut er? Offensichtlich nicht auf sich und seine Verdienste. Er hat nichts anzubieten, das weiß er. Stattdessen vertraut er auf Gott und seine Gnade. Das nennt man Glaube. Jesus sagt: »Der Zolleinnehmer ging nach Hause und war nun vor Gott gerecht – im Unterschied zu dem Pharisäer.« Zu dem Zöllner sagt Gott: »Du bist mir recht. Ich vergebe dir. Du kannst neu anfangen. Ja, du sollst neu anfangen und du sollst Dinge anders machen. Aber das, was war, was du mitbringst, soll keine Rolle mehr spielen.« Gott drückt gewissermaßen den Reset-Knopf im Leben des Zolleinnehmers.

Jesus zieht Bilanz und sagt: »Wer sich selbst groß macht, wer sich selbst überschätzt, nur sich und seine Möglichkeiten sieht, wer sich auf sich selbst verlässt, der wird sehr bitter erfahren, dass Gott darauf nicht eingeht. Wer sich dagegen selbst niedrig und klein macht, wer sich eingesteht, dass er vor Gott arm ist und nichts anzubieten hat und mit leeren Händen dasteht und statt auf sich auf Gott vertraut, zu dem wird sich Gott stellen. Er wird alles tun, was nötig ist, und alles auffüllen, was fehlt.«

Im Leben, Leiden, Sterben und Auferstehen von Jesus entdecken wir, dass Gott das sehr ernst nimmt. So sehr, dass Gott selbst in die Welt kommt und sagt: »Ich möchte bei euch sein. Ich möchte das Leben führen, das ihr eigentlich führen müsstet. Ich möchte all die Folgen eurer falschen Entscheidungen tragen. All das, was ihr mir und Menschen schuldet – gebt es mir! Ich trage es. Ich komme damit klar.«

Tun, was Gott gefällt, vs. sich gefallen lassen, was Gott tut

Man kann Religion definieren als »Tun, was Gott gefällt«, Glaube hingegen als »Sich gefallen lassen, was Gott tut«. Das ist ein riesiger Unterschied. Tue ich, was Gott gefällt, oder lasse ich mir gefallen, was Gott tut?

Das ist die entscheidende Frage, um die es hier geht. Das Evangelium ist die Einladung, sich gefallen zu lassen, was Gott an unserer Stelle und für uns tut. Warum macht Gott das? Weil er uns liebt. Warum liebt er uns? Einfach, weil er es tut. Wir können daran nichts ändern. Wir können es nicht bewirken oder verhindern. Gott tut es einfach. Aber wir können es entdecken und uns gefallen lassen. Wir können es bestaunen und feiern. Mündige Christinnen und Christen sind Menschen, die sich gefallen lassen, was Gott für sie tut, und die die dahinter liegende Ursache kennen: Gottes Liebe zu uns.

> GLAUBEN BEDEUTET, DAMIT AUFZUHÖREN, SICH GOTTES LIEBE ZU VERDIENEN.

Wenn ich versuche, Gott auf meine Seite zu ziehen und ihn zu beeindrucken, werde ich damit scheitern. Das alles brauche ich nicht. Es interessiert Gott nicht, da er ohnehin schon auf meiner Seite steht. Sich gefallen zu lassen, dass Gott das Entscheidende tut, das ist Glauben. Glauben bedeutet, damit aufzuhören, sich Gottes Liebe zu verdienen.

Der Apostel Paulus, einer der ersten großen Missionare und der Autor des halben Neuen Testaments, schrieb zu diesem Thema:

> Aber Gott ist reich an Barmherzigkeit. Mit seiner ganzen Liebe hat er uns geliebt und uns zusammen mit Christus lebendig gemacht. Das tat er, obwohl wir tot waren aufgrund unserer Verfehlungen. – Aus reiner Gnade seid ihr gerettet! – Er hat uns mit Christus auferweckt und zusammen mit ihm einen Platz im Himmel gegeben. Denn wir gehören zu Christus Jesus! So wollte Gott für alle Zukunft zeigen, wie unendlich reich seine Gnade ist: die Güte, die er uns erweist, eben weil wir zu Christus Jesus gehören.
> Denn aus Gnade seid ihr gerettet – durch den Glauben. Das verdankt ihr nicht eurer eigenen Kraft, sondern es ist Gottes Geschenk. Er gibt es unabhängig von irgendwelchen Taten, damit niemand darauf stolz sein kann. Denn wir sind Gottes Werk. Aufgrund unserer Zugehörigkeit zu Christus Jesus hat er uns so geschaffen, dass wir nun das Gute tun. Gott selbst hat es im Voraus für uns bereitgestellt, damit wir unser Leben entsprechend führen können.
>
> *Epheser 2,4-10*

Alles, was entscheidend ist, alles, was unser Leben anders macht, was unser Leben neu werden lässt, damit wir so leben, wie es Gott gefällt, all das hat Gott vorbereitet. All das tut Gott selbst. All das stößt er an. Wenn Gott das nicht täte, dann könnten wir uns mühen, wie wir wollen – wir würden es nicht schaffen.

Weil das so ist, vertragen sich Glaube bzw. Christsein und Religion ziemlich schlecht. Jesus hatte den meisten Streit mit Leuten, die religiös sehr aktiv waren, und diejenigen, die eigentlich aus dem System rausgefallen waren, waren seine Freunde. Die, die nichts mehr anzubieten hatten, die gescheitert waren, die verstanden Jesus. Das religionskritische Moment des Evangeliums ging so weit, dass die ersten Christen von ihrer Umwelt für Atheisten gehalten wurden – für Heiden, für Ungläubige. Die anderen dachten: »Ihr habt keinen Tempel, keine Götterfiguren, die ihr anbetet, keine Priester, keine Opfer – was soll das für eine Religion sein? Ihr seid doch Ungläubige!«

Natürlich ist das Christentum im Laufe der Zeit auch zu einer Religion geworden. Aber dieses Gleichnis von Jesus erinnert uns daran, wer wir sind. Wir sind Kinder Gottes, Freunde Gottes, nicht Sklaven, die etwas leisten und hoffen, dass es irgendwie reicht. Wir sind Beschenkte und Geliebte, nicht Leute, die bangen müssen, ob es genug ist, und deshalb ständig in Angst leben. Angst führt immer zu Abgrenzung. Man zieht Grenzen, um sich von denen abzusondern, die nicht so sind wie man selbst.

DIE ERSTEN CHRISTEN WURDEN VON IHRER UMWELT FÜR ATHEISTEN GEHALTEN.

Mündige Christen sind Menschen, die demütig sein können, weil sie wissen, dass sie beschenkt sind. Sie brauchen nicht stolz auf etwas sein, das sie geleistet haben. Sie brauchen nicht selbstgefällig sein, sondern können bescheiden sein.

Religion als der menschliche Versuch, Gott zu beeinflussen, ist für die Gottesbeziehung eine Sackgasse und im Blick auf das Miteinander der Menschen gefährlich. Sie führt zu einem Wir-sind-besser-als-ihr-Gefühl und das hat schon viel Verachtung und

Gewalt provoziert. Mündige Christen, die an Jesus glauben und ihm vertrauen, brauchen nicht religiös zu sein.

Auch unter Christen gibt es Menschen, die andere verachten und sich für etwas Besseres halten. Wahrscheinlich gehöre auch ich selbst oft dazu. Aber das widerspricht zutiefst dem, woran wir Christen eigentlich glauben. Wenn ich aus reiner Gnade beschenkt bin, ohne etwas dafür getan zu haben, dann kann ich niemanden verachten. Im Gegenteil: Wenn ich bedingungslos geliebt bin, habe ich die Freiheit, andere ebenfalls so zu lieben. Wenn ich die Großzügigkeit Gottes erlebt habe, kann ich selbst großzügig sein.

WENN ICH DIE GROSSZÜGIGKEIT GOTTES ERLEBT HABE, KANN ICH SELBST GROSSZÜGIG SEIN.

Das ist mündiges Christsein! So sind Menschen, deren Identität nicht in ihren Taten, Errungenschaften oder Leistungen gründet, sondern in dem, was Gott in und durch Jesus Christus für sie und an ihnen getan hat. Diese Menschen widerstehen dem Impuls, zu sagen: »Ich muss doch auch irgendetwas beitragen können. Es kann doch nicht alles geschenkt sein.« Weil sie wissen, dass alles geschenkt ist, können sie dankbar und fröhlich empfangen, was sie bekommen. (fe)

Mündige Selbsteinschätzung: Ich, geliebtes Kind…

Das Pärchen ist schon etwas tüttelig, wie man bei uns in Westfalen sagt, also alt und gebrechlich. Aber die beiden haben sich im Altenheim kennengelernt und auf ihre alten Tage hat es sie noch einmal voll erwischt. Eines Abends fasst er sich ein Herz: »Willst du mich heiraten«, fragt er. Und sie antwortet beglückt: »Ja, das will ich.«

Am nächsten Morgen wacht er auf und weiß beim besten Willen nicht mehr, was sie geantwortet hat. Soll er es zugeben? Schweren Herzens macht er sich auf den Weg und fragt: »Du, ich habe gestern um deine Hand angehalten, aber ich weiß einfach nicht mehr, was du gesagt hast.« Darauf antwortet sie: »Das ist aber gut, dass du fragst. Ich habe nämlich ›Ja‹ geantwortet, aber seit Mitternacht zerbreche ich mir den Kopf darüber, wer mich gefragt hat.«

Erinnern und vergessen

Wir können uns über die beiden amüsieren, aber im Grunde sind wir alle vergesslich. Wir vergessen, wer um uns geworben hat, und wir vergessen, was wir schon einmal geantwortet haben. Mündigkeit sähe anders aus; sie hätte ein gutes Gedächtnis für das Wichtige! Das alles wird deutlich, wenn wir die kleine Geschichte von der Taufe von Jesus im Jordan näher betrachten:

> Damals kam Jesus aus Galiläa an den Jordan zu Johannes. Er wollte sich von ihm taufen lassen. Johannes versuchte, ihn davon abzuhalten. Er sagte: »Ich müsste doch eigentlich von

dir getauft werden! Und du kommst zu mir?« Jesus antwortete ihm: »Das müssen wir jetzt tun. So erfüllen wir, was Gottes Gerechtigkeit fordert.« Da gab Johannes nach.
Als Jesus getauft war, stieg er sofort aus dem Wasser. In diesem Moment öffnete sich der Himmel über ihm. Er sah den Geist Gottes, der wie eine Taube auf ihn herabkam. Da erklang eine Stimme aus dem Himmel: »Das ist mein geliebter Sohn, an ihm habe ich Freude.«

Matthäus 3,13-17

Diese Geschichte gehört zu einem Fest, das in der östlichen Christenheit recht wichtig und bei uns ganz unwichtig ist: dem Epiphaniasfest. Epiphanias bedeutet: Erscheinung.

Am 6. Januar feiern Christen das Fest der Erscheinung, das Fest des Lichtes, das in der Finsternis aufstrahlt. Für die Christen in der Ostkirche ist dies das eigentliche Weihnachtsfest. Mit diesem Fest verbunden sind die Geschichten vom kleinen Jesus, bevor er der große Jesus wurde. Wie alles begann. Ein paar Kindheitsfotos. Wir haben da ja nicht viel. Es sind die verborgenen Jahre. Jesus – Kind in einer Handwerkerfamilie, einfache Leute. Jesus lernt lesen und schreiben. Jesus hilft Papa in der Werkstatt. Jesus trifft sich mit Freunden. Vor seiner ersten Predigt ist es sehr still, ein unauffälliges Leben.

Wir wissen nicht viel, aber ein bisschen. Nach Weihnachten kommt doch einiges. Es ist eine geistliche Schule, die Jesus durchläuft. Eine Glaubensschule. Er wird im Stall geboren und seine Besucher kommen von ganz unten, Hirte war damals ein niedriger Job. Und sie kommen aus der Ferne, die Sterndeuter. Jesus wird da sein für die von ganz unten und die aus der Ferne.

Er muss mit seinen Eltern auf die Flucht, ins ägyptische Exil. Jesus ist im Exil, auch ganz grundsätzlich, denn dieser Planet, den er besucht, ist nicht seine Heimat.

Er sitzt bei den Schriftgelehrten im Tempel, mit zwölf, da war er kurz vor dem Erwachsenwerden. Er, der in Gottes Welt tagaus, tagein mit dem Vater Zwiesprache hielt, muss lernen, die Bibel zu lesen. Eine geistliche Schule, ein Weg.

Und jetzt, kurz vor der ersten Predigt, sozusagen an der Kante, im Übergang, auf der Schwelle zwischen dem unscheinbaren Leben und seiner kurzen aufregenden Zeit in der Öffentlichkeit, da geht er an den Jordan zu dem angesagtesten Prediger seiner Tage. Er kommt zu Johannes, der das Volk zur Umkehr ruft, zu innerer und äußerer Erneuerung, zu neuem Gehorsam. Konfrontativer, direkter Stil! Die ersten Worte, die Jesus als Erwachsener öffentlich spricht (und von denen wir erfahren), enthalten die nachdrückliche Bitte, getauft zu werden.

Jesus geht durch eine geistliche Schule. Er hat in seiner menschlichen Seite einen Werdegang im Glauben, wie wir. Auch der irdische, der kleine Jesus muss lernen, mündig zu werden. Aber in diesen wenigen Worten, die von der Taufe Jesu erzählen, steckt eine gewaltige Botschaft, mit wem wir es zu tun haben. Unser Blick soll im Glauben auf Jesus gerichtet sein. Wir sollen um keinen Preis vergessen, wer er ist, was er tat, wer er für uns ist und was er für uns tat.

Doch wir sind tüttelig. Wir müssen uns erinnern lassen. Deshalb werden uns drei Bilder von Jesus vor Augen gemalt, drei Bilder, die wir in unserem Inneren aufhängen sollen wie kostbare Gemälde, damit wir nicht vergessen, wer uns hier begegnet.

Das erste Bild: Jesus stellt sich in das Wasser zu uns schwierigen Menschen

Wenn man schon zu lange im frommen Kosmos lebt, staunt man kaum noch über das, was hier passiert. Klar, Jesus kommt, bittet um die Taufe, wird getauft und fertig. Johannes der Täufer ist derjenige, der uns wieder das Staunen lehrt. Der wehrt sich mit Händen und Füßen. Jesus möchte getauft werden? Auf – keinen – Fall!

Von Johannes getauft zu werden bedeutet: Ich bekenne meine Gebrochenheit, meine tiefe, abgründige Bosheit, mein Verdrehtsein in mich selbst, meine schlechten Gedanken, bösen Worte und verwerflichen Taten. Ich bekenne das und möchte, dass das alles im Fluss ertränkt wird. Es soll sterben. Ich möchte ab jetzt ein anderes Leben führen, ein Leben, das Gott gefällt, dem Nächsten dient, die Schöpfung schont und sich selbst nicht so ernst nimmt. Nicht »think less of myself«, sondern »think of myself less«[14] (nicht gering von mir selbst denken, sondern weniger an mich selbst denken). Das bedeutet es, von Johannes getauft werden.

WENN MAN SCHON ZU LANGE IM FROMMEN KOSMOS LEBT, STAUNT MAN KAUM NOCH DARÜBER.

Johannes ist eines klar: Das ist eine verkehrte Welt. Das passt nicht. Ich brauche eine solche Taufe, alle anderen brauchen eine solche Taufe, aber Jesus nicht. Er nicht. Er auf keinen Fall. Er ist nicht so ein Mensch wie wir. Mit ihm könnten wir uns niemals messen. Er führt das Leben, das wir führen sollten. Jesus, vergiss es! Das ist doch verkehrte Welt.

Auf einer Freizeit hatten wir einen meiner verehrten akademischen Lehrer als Gast, bei dem ich in Bethel studiert hatte. Er hielt Vorträge und wir diskutierten mit ihm. Am Ende feierten wir Gottesdienst mit einer Art Beichte. In der Stille bekannten wir

Gott unsere Schuld, anschließend konnte man sich vorne am Altar die Hand auflegen lassen und den Zuspruch der Vergebung empfangen. Ich leitete diesen Teil des Gottesdienstes und mir rutschte das Herz in die Hose, als zu mir, dem Studenten, mein Lehrer, der Professor, kam, niederkniete und mich bat, ihm die Vergebung seiner Schuld zuzusprechen. »Verkehrte Welt«, dachte ich, »verkehrte Welt, andersherum wäre es richtig, ich sollte hier knien, er sollte mir die Vergebung zusprechen. Aber doch so nicht!« Mir zitterte die Hand, als ich tat, worum er bat. Und das war »nur ein Professor«. Nur ein Mensch. Bei Licht betrachtet ein bedürftiges Wesen wie ich. Und doch: verkehrte Welt.

Hier aber kommt Jesus. Und Johannes sieht, wer da kommt. Ein Mensch, aber eben auch der Immanuel, Gott mit uns. Ein junger Mann, aber eben auch Jesus, der Retter. Sicherlich hat ihm die Hand gezittert, als er tat, worum Jesus ihn bat.

Aber das ist nicht die Pointe. Der Stress, den Johannes hatte, ist nur Beiwerk! Die Pointe geht tiefer. Was tut Jesus hier? Er, der das Leben lebt, das wir leben sollten – es ist zum Staunen –, er geht unter die Sünder. Sein Stil ist es, sich unters Volk zu mengen und mit denen gemeinzumachen, mit denen er nichts gemein hat. Jesus geht unter die Sünder. Mehr noch: Jesus geht für die Sünder unter. Jesus steigt in das Wasser der Buße. Jesus lässt die Wellen über sich zusammenschlagen. Er beugt sich unter die Sünde. Und das ist nur deshalb eine Pointe, weil er das alles nicht braucht. Johannes sagt: »Lass mich ins Wasser und taufe mich.« Doch Jesus antwortet: »Nein, das ist mein Platz. Ich gehe und trete an deinen Platz. Ich lebe nicht nur das großartige Leben, damit du mir nacheifern kannst, sondern ich sterbe den Tod des Sünders, ich trete an deine Stelle, ich sterbe den Tod, den du sterben müsstest. Ich trete an deine Stelle, sodass du nie mehr an diese Stelle treten musst.«

Damit ist alles gesagt – bevor Jesus eine einzige Tat tut, bevor er eine einzige Rede hält, bevor er einen einzigen Menschen in seine Nachfolge ruft. Jesus in der Taufe, der Retter unter Wasser, an meiner Stelle – davon lebt unser Glaube, das reicht, für jetzt und immer.

JESUS GEHT UNTER DIE SÜNDER UND FÜR DIE SÜNDER UNTER.

Lasst uns das Bild in Herz und Verstand aufnehmen und nie wieder vergessen! Davon leben wir.

Das zweite Bild: Die Stimme des Vaters an den geliebten Sohn

Nun folgt die zweite gewaltige Szene. Es heißt, der Himmel habe sich geöffnet. Vielleicht rissen alle Wolken auf und ein klares, helles Licht leuchtete. Und dann kommt der Geist auf Jesus herab und der Vater spricht zu ihm. Familienwiedervereinigung. Jetzt sind alle drei beieinander. Der Vater sagt: »Das ist mein lieber Sohn. Ihn habe ich lieb. An ihm habe ich Freude.«

Jesus bekommt himmlischen Beifall für seine tiefe Erniedrigung. Wo es tiefer kaum noch geht, bis zu dem Tag, an dem sie ihn an ein Kreuz schlagen, da hört man die Worte des Vaters. Doch sie sind gar nicht zuerst an Jesus gerichtet. Sie sind an die gerichtet, die Zeugen dieser erstaunlichen Geschichte werden. Sie sind an uns gerichtet, so als wollte der Vater sicherstellen, dass wir das auch richtig verstehen. »Guckt hin. Der. Der da. Im Wasser. Bei den Sündern. Unter der Sünde. Der ist mein lieber Sohn. Ich habe ihn lieb. Er macht mir so viel Freude.«

Jesus läuft das Wasser noch aus den Haaren und sein Mantel ist triefend nass vom Flusswasser. Er wurde gedöppt und schnappt noch nach Luft. Da kommt diese Stimme. Und sie legitimiert, bestätigt, besiegelt alles, was in dieser bemerkenswerten Stunde passiert ist. An den Anfang stellt der Vater diese grundlegende Bejahung und tiefe Liebeserklärung. An den Anfang, nicht als Lohn für ein fleißiges, gottwohlgefälliges Leben. An den Anfang: »Mein lieber Sohn. Lieb habe ich ihn. Freude macht er mir.«

Das ist das zweite Bild, das wir in unserem Inneren aufhängen und nie mehr vergessen sollen.

Denn die Pointe ist die: Stellt sich Jesus an unsere Stelle, nimmt er den Platz des schuldigen Menschen ein, so ändert sich für uns alles.

Das, was hier geschieht, ist einerseits einzigartig. Das ist Gottes Beifall und Zustimmung zu diesem einmaligen Weg, den Jesus für uns, an unserer Stelle und zu unseren Gunsten geht. Einmalig. Unwiederholbar.

Und doch strahlt etwas davon auf uns ab. Und darum muss und darf jetzt von unserer Taufe die Rede sein. Weil Jesus das Leben lebte, das wir leben sollten, und den Tod starb, den wir verdient hätten, ändert sich alles.

Wenn wir heute taufen, ist das etwas völlig anderes als die Taufe des Johannes. Wir haben das weiter oben ja bereits ausgeführt. Die Zeit der Taufe des Johannes ist vorüber. Wenn wir heute getauft werden, geht es nicht um unsere tapfere Entscheidung, ein gottwohlgefälliges Leben zu führen. Wenn in den christlichen Gemeinden Menschen, klein oder groß, getauft werden, dann hören sie, was Jesus hörte, aber sie hören es nur, *weil* Jesus es hörte. Wir hören es, weil Jesus an unsere Stelle trat. Wir hören es, weil damit alles anders wurde. Weil er der eine ist, der liebe Sohn, der, an dem Gott Freude hat, darum hören wir: »Du bist mein geliebtes Kind, dich habe ich lieb, an dir habe ich Freude.«

Und weil Jesus es hörte, hören wir es, zuerst, immer wieder und zuletzt. Als wir getauft wurden, begann es. Da hat Vater gesagt:

»Was freue ich mich, dass du da bist. Mein liebes Kind. Ich habe dich lieb.« Bevor wir etwas leisten: »Mein liebes Kind.« Wir taufen Säuglinge, damit das vor allem steht, als ein unwiderrufliches Statement: »Mein Kind.« Wenn etwas schiefgeht: »Mein liebes Kind.« Wenn wir sterben und bei ihm ankommen: »Mein liebes Kind. Ich habe dich lieb. Ich bin so froh, dass du da bist.«

Die Stimmen um uns herum und nicht selten die Stimmen in uns drinnen sagen: »Du bist ein Problem. Du bist schwierig. Du bist nicht genug. Du bist ein Sorgenkind. Du machst mir Kummer. Du hast mich enttäuscht.« Der Vater jedoch sagt: »Du bist mein geliebtes Kind, Grund zu größter Freude. Und wenn sich alle ärgern, freue ich mich immer noch, dass du da bist.«

Wenn wir unsere Geschichte mit Gott erzählen, wo fängt sie an? In unseren Erlebnissen, Beschlüssen, Erkenntnissen? Oder in unserer Taufe, als Vater diese Worte über uns sprach und die ganze Welt darauf aufmerksam machte: »Das ist übrigens auch mein liebes Kind.«

UND WENN SICH ALLE ÄRGERN, FREUT ER SICH IMMER NOCH, DASS ICH DA BIN.

Was wollen wir noch werden und erreichen? Hoffentlich entwickeln und verändern wir uns, kommen weiter, werden tiefer, denken höher, wagen mutiger, lieben glühender, vergeben bereitwilliger. Aber wir kommen dabei nie über das hinaus, sondern höchstens dazu zurück, dass Vater sagt: »Du bist mein liebes Kind.«

Unser Wachstum als mündige Jüngerinnen und Jünger führt in diese Einsicht hinein, nicht über sie hinaus. Wir werden nicht *mehr* als sein geliebtes Kind, wir entdecken höchstens immer mehr, was wir sein dürfen. Mündigkeit hat ihren Anker in dieser Einsicht: Was immer noch über mich zu sagen ist, wie viel mir nicht gelang, wie oft ich andere enttäuscht habe, wie viele Hoffnungen sich nicht erfüllt haben, wie sehr ich mein Ungenügen spüre … Ich bin sein geliebtes Kind, kann aufschauen und gerade stehen und meinen Platz einnehmen.

Diese Worte legen die innerste Wahrheit von uns Menschen frei, gegen jede Selbstachtung und jedes bittere Urteil über uns: Du bist mein liebes Kind.

Das alles geschieht, weil Jesus es hört, darum hören wir es, denn er trat an unsere Stelle. Wir sollten uns dies tief einprägen und es nie mehr vergessen, sondern fortwährend betrachten!

Das dritte Bild: Nach dem Tauffest geht es in die Wüste

Wir müssen noch ein Stückchen weiter gehen mit Jesus in seiner Schullaufbahn, ein Stück über die Taufe hinaus. Er geht unter die Sünder und der Vater erklärt aller Welt, wer er ist. Und das Nächste, was uns erzählt wird, ist, dass Jesus in die Wüste geht (Matthäus 4). All das, was uns einfällt, wenn wir an Jesus denken, was er tut, sagt, erleidet, fängt immer noch nicht an. Noch etwas muss passieren. Nach der Taufe zieht sich Jesus in die Wüste zurück.

Der Gegensatz könnte nicht härter sein: hier Wasser, dort Sand und Steine. Hier größte Freude, dort härtester Angriff. Hier spricht der Himmel, dort die Hölle. Unmittelbar nach der unglaublichen geistlichen Erfahrung folgt die schlimmste Anfechtung. Sagt hier der Vater: »Mein geliebter Sohn«, so sagt dort der Teufel: »Also, wenn du wirklich Gottes Sohn bist, dann tu außergewöhnliche, ja übernatürliche Dinge, dann sei der Wundertäter, Brotvermehrer, Felsenspringer – wenn du wirklich Gottes Sohn sein solltest, was ja doch eher zu bezweifeln ist.«

Auf die Wassertaufe folgt die Feuertaufe. Es geht nicht immer höher, besser, schöner weiter. Stattdessen geht es tiefer hinunter.

»Du bist mein geliebter Sohn«, sagt Vater. »Wirklich?«, fragt der Satan.

Hinter jeder Infragestellung steckt Intelligenz. Steckt Wille. Steckt Macht. Der Satan, das ist intelligenter, böser, kräftiger Wille, der Satan ist der Geist, der stets verneint. Der Satan ist der, der Zweifel sät. Der Satan ist der, der infrage stellt, was Vater sagt. Und Jesus muss sich ihm stellen. Er steigt nicht nur in das tiefe Wasser der Taufe, sondern geht auch in die staubtrockene, lebensfeindliche Wüste, wo der Satan auf ihn wartet. Und er hat nur eins, womit er sich wehren kann: »Es steht geschrieben«, sagt er. »Es steht geschrieben!« Nicht einmal das großartige Erlebnis am Jordan, nein, nur die Schrift. »Es steht geschrieben!«

Jesus lehrt uns, mit der Bibel zu leben, zu glauben und zu kämpfen. Mit der Bibel, wenn das Gefühl nicht trägt. Mit der Bibel, wenn der Satan alles infrage stellt. Mit der Bibel, wenn wir nicht mehr wissen, wer wir sind und ob wir es sein dürfen. Dem, was Gottes Geist zu schreiben lehrte, ist Satan nicht gewachsen. Er muss weichen. Und Jesus wird eingetaucht in die himmlischen Kräfte – die Engel, so heißt es, dienen ihm.

Es konnte nicht mehr besser werden als in dem Moment, in dem Jesus das Wasser durchstößt, auftaucht und die Stimme des Vaters öffentlich proklamiert: »Er ist es!« Und danach konnte es nicht mehr schlimmer werden: einsam, durstig, hungrig, angegriffen und in Versuchung geführt. Je besser das Leben, desto tiefer die Angriffe.

DEM, WAS GOTTES GEIST ZU SCHREIBEN LEHRTE, IST DER SATAN NICHT GEWACHSEN.

Mit jedem Schritt, den wir im Glauben wachsen, kommt ein neuer Kampf. Mit jedem Fortschritt kommt eine neue Anfechtung. Jeder Schritt nach vorne bringt eine neue Chance zum Sündigen. Bis an unser Ende.

Wer das verschweigt, preist irgendetwas an, aber nicht den Glauben an Jesus, nicht das lebendige, mündige Christsein, nicht die Nachfolge des im Jordan getauften und in der Wüste versuchten Jesus. Im Grunde müsste unser Glaubensbekenntnis das aufnehmen: »… empfangen vom Heiligen Geist, geboren von der Jungfrau Maria, getauft von Johannes dem Täufer, versucht in der Wüste vom Satan, gelitten unter Pontius Pilatus …«

Er ist da durchgegangen, für uns, aber auch vor uns her. Und wenn wir da durchgehen, ist er da. Wir kommen voran mit der Mündigkeit unseres Christseins, indem wir immer wieder zurückkehren zu dem Wort, das ganz am Anfang über unserem Leben, über unserem Glauben ausgesprochen wurde: Vergiss es nicht.

Vergiss es nicht: Er ist an unsere Stelle getreten. Die Schuld hat keinen Anspruch mehr auf uns.

Vergiss es nicht: Er ist der geliebte Sohn und darum sind wir die geliebten Kinder.

Vergiss es nicht: Er musste durch die Wüste, und auch uns wird es nicht erspart.

Aber der Teufel lügt, wenn er in unserem Herzen Zweifel sät, wenn er den Kopf verwirrt und das Herz schwer macht und uns mit einem schöneren Leben lockt und uns die ganze Welt verspricht. Der Teufel lügt, wenn er infrage stellt, dass du bist, wer du bist, und wessen du bist: getauft, geliebt, berufen, gehalten, erlöst, gerettet, begabt und gesandt, kurzum: Du bist Vaters geliebtes Kind, an dir hat er Freude.

Darum geht es auf unserem Weg zum mündigen Christsein: auf Jesus schauen. Bei ihm Zuversicht tanken. Seinen Fußstapfen folgen. Selbstvergessen tun, was er uns lehrt. Über das Gelingende nicht stolz, über das Scheiternde nicht verzweifelt werden. Immer mehr auf Jesus und immer weniger auf uns schauen und so zu uns finden und froh werden. (mh)

Mündige Selbsteinschätzung: Bin ich überhaupt Christ?

In seinem Monumentalwerk und theologischen Testament, dem Römerbrief, legt der Apostel Paulus die Kerngedanken seiner Theologie dar. Im zwölften Kapitel geht es um das christliche Leben: Er beschreibt, wie dieses aussieht und welche Merkmale Christen auszeichnen:

> Vergeltet Böses nicht mit Bösem. Habt anderen Menschen gegenüber nur Gutes im Sinn. Lebt mit allen Menschen in Frieden – soweit das möglich ist und es an euch liegt. Nehmt nicht selbst Rache, meine Lieben. Überlasst das vielmehr dem gerechten Zorn Gottes. In der Heiligen Schrift steht ja: »›Die Rache ist meine Sache, ich werde Vergeltung üben‹, spricht der Herr.« Im Gegenteil: »Wenn dein Feind Hunger hat, gib ihm zu essen. Wenn er Durst hat, gib ihm zu trinken. Wenn du das tust, häufst du glühende Kohlen auf seinen Kopf.« Lass dich nicht vom Bösen besiegen, sondern besiege das Böse durch das Gute!
>
> *Römer 12,17-21*

Ich möchte dir zwei Fragen stellen, die du nicht zu schnell beantworten solltest:

1. Hast du schon mal einen Christen oder eine Christin getroffen?
2. Hältst du dich selbst für einen Christen, eine Christin?

Was macht einen Christen eigentlich aus?

Warum bitte ich um Zurückhaltung bei den Antworten? Das hat mit Paulus zu tun und damit, wie er Christinnen und Christen charakterisiert. Wenn man seine Worte ernst nimmt, sollte man die oben gestellten Fragen erst nach eingehender Überlegung beantworten.

Nach Paulus sind Christinnen und Christen

1. Menschen, die auf Böses – egal in welcher Form – niemals mit Bösem reagieren.
2. Menschen, die anderen gegenüber immer nur Gutes im Sinn haben, und zwar ausnahmslos, *allen* anderen gegenüber: egal, ob die Leute aus einer Partei kommen, die man nervig findet, oder Meinungen vertreten, die man absolut nicht teilt. Sie haben diesen Menschen gegenüber immer Gutes im Sinn, selbst wenn sie Vorurteile haben und alle anderen Menschen diese Leute doof und ihr Verhalten inakzeptabel finden.
3. Menschen, die, soweit es in ihrer Macht steht (hier bleibt Paulus realistisch) – mit allen Menschen in Frieden leben. Man kann keinen dazu zwingen, einen zu mögen, man kann niemand dazu zwingen, im Frieden zu leben. Aber soweit es an mir selbst liegt und ich das irgendwie beeinflussen kann, werde ich dafür sorgen, mich darum bemühen, dass ich mit den Menschen, mit denen ich zusammen bin und Zeit verbringe, mit Menschen, die ich kenne, in Frieden lebe und nicht im Streit.
4. Menschen, die sich niemals rächen, ganz gleich worum es geht. Egal was ihm oder ihr angetan wurde – wie schlimm,

> wie ungerecht, wie völlig behämmert oder boshaft –, ein Christ oder eine Christin werden sich nicht rächen. Sie werden nicht sagen: »Okay, das Spiel spiele ich jetzt mit. Ich werde dir mal zeigen, wie es läuft.« Nein, sie rächen sich nicht, sondern sind vielmehr Menschen, die ihren Feinden Gutes tun, die wahrnehmen, was diesen Leuten fehlt, und dem abzuhelfen versuchen, zum Beispiel indem sie diese zum Essen einladen oder ihnen etwas zu trinken ausgeben.

Christen nehmen wahr, was den Menschen fehlt, die ihnen Böses wollen, und bemühen sich darum, ihnen auszuhelfen, für sie da zu sein und sich um sie zu kümmern. Paulus verwendet als Bild, dass man Kohlen auf dem Haupt des anderen sammelt. Das ist ein altes ägyptisches Ritual, bei dem sich ein Mensch, der erkannt hat, dass er einen Fehler gemacht hat, eine Schale mit glühenden Kohlen auf den Kopf stellt. Damit bringt er zum Ausdruck: Ich habe danebengelegen, ich würde es anders machen, ich will einen neuen Weg einschlagen.

Es geht nicht darum, etwas Gutes zu tun, um sich damit innerlich zu rächen – im Sinne von: »Ich bin viel besser als du!« Nein, denn Christen rächen sich nicht! Die Hoffnung hinter der guten Tat ist, dass die Person durch mein Handeln ins Nachdenken gerät und fortan anders handelt. Ich hoffe es für andere Menschen und für diese Person selbst, denn ich möchte das Beste für sie, und ihr aktueller Lebensstil ist nicht nur für andere eine Zumutung, sondern auch schädlich für sie selbst.

CHRISTEN BEMÜHEN SICH DARUM, FÜR IHRE FEINDE DA ZU SEIN UND SICH UM SIE ZU KÜMMERN.

Was wäre die Welt für ein Ort, wenn alle Menschen so leben würden? Dann würden ganze Industriezweige pleitegehen, zum

Beispiel Hersteller von Fahrrad- und Vorhängeschlössern. Sicherheitsdienstleister müssten sich neue Jobs suchen und Versicherungen könnte man auflösen. Die Hersteller von Alarmanlagen müssten sich ein neues Betätigungsfeld suchen und Polizei sowie Gerichte hätten wenig bis nichts mehr zu tun.

Kleiner Realitätscheck

Das klingt wunderbar, aber es stellt sich die Frage, ob Paulus ein Traumtänzer ist oder ob das, was er schreibt, einem Realitätscheck standhält: Paulus schreibt an Menschen, die in der Mitte des ersten Jahrhunderts in Rom gelebt haben und die als Christen eine gesellschaftliche Minderheit waren. Sie waren Menschen, die man ohne größere Probleme denunzieren konnte und die dann vom Staat verfolgt und häufig sogar hingerichtet wurden. Es waren also Menschen, die ein deutlich schwereres und prekäreres Leben führten als die meisten Leserinnen und Leser dieses Buches. Im Rom dieser Zeit konnte ein Nachbarschaftsstreit oder eine wirtschaftliche Konkurrenzsituation für Christen (und andere) schnell lebensbedrohlich werden. Diesen Menschen schreibt Paulus und skizziert ihnen, wie sie leben sollen.

IST PAULUS EIN TRAUMTÄNZER?

Für uns heute wäre es viel einfacher, so zu leben, und dennoch möchte ich fragen: Hast du so jemanden schon mal getroffen? Kennst du jemanden, auf den das zutrifft? Wenn es so ist, dann kennst du eine Christin beziehungsweise einen Christen.

Oder persönlich gefragt: Lebst du selbst so? Wenn dem so ist, dann kannst du dich als Christin oder als Christ bezeichnen.

Das bedeutet im Umkehrschluss aber auch: Wenn wir nicht so leben und uns nicht so verhalten, dann sollten wir ernsthafte

Zweifel daran haben, ob wir Christinnen oder Christen sind. Wer jetzt protestieren möchte, kann sich gern bei Paulus beschweren – diese Überlegungen stammen von ihm.

Jetzt mag man einwenden: »Wie realistisch ist das denn? Ist das nicht Träumerei? Ist das, was Paulus hier fordert, nicht irgendwie weltfremd?«

Die Antwort lautet: Ja, genau das ist es! Es ist völlig weltfremd, und das ist der Clou. Denn dieses Verhalten steht in ziemlicher Spannung zur Logik dieser Welt.

»Survival of the fittest«

Diese Welt hat einen Spruch, der im Grunde fast überall gilt: »survival of the fittest« – der Stärkste überlebt und setzt sich durch. Der Spruch stammt aus der Biologie und so ziemlich jeder kennt wahrscheinlich die dazugehörige Evolutionstheorie. Aber diese Formel gilt nicht nur für die Natur, sondern auch für die Wirtschaft: Konkurrenz erhöht den Druck und die Kreativität. Man muss sich durchsetzen, besser sein als die anderen, schneller, kreativer, relevanter und so weiter.

Das gilt auch für politische Systeme. Wir hatten lange Zeit Kommunismus gegen Kapitalismus. Jetzt haben wir Demokratie gegen Autokratie. Immer im Wettbewerb darum, wer besser, effizienter, fitter, schneller ist. Wer setzt sich durch?

Es gilt auch für die Gesundheit: Man kann zum Beispiel Punkte sammeln, um bei seiner Krankenversicherung weniger zu zahlen.

Das ist erst der Beginn und es wird vermutlich zunehmen. Die Formel »survival of the fittest« gilt sogar für die Liebe, Stichwort »ElitePartner – Singles mit Niveau« oder »Parship« und die berühmten »Matching Points«.

Viele Menschen begleitet die ständige Angst, es könnte noch jemand Besseres da sein, und das hindert sie daran, sich zu binden, sich festzulegen. Dies gilt vor allem, aber nicht nur für die jüngeren Generationen.

MENSCHEN SIND GANZ TIEF SELBSTBEZOGEN UND MIT SICH SELBST BESCHÄFTIGT.

Wir Menschen haben uns extrem gut angepasst an dieses »survival of the fittest« und funktionieren darin ziemlich gut: Jeder kämpft für sich darum, der Fitteste zu sein. Theologisch würde man sagen: Wir sind verkrümmt in uns selbst. Ganz tief selbstbezogen und mit uns selbst beschäftigt, sehen wir immer erst mal uns selbst – fast automatisch. Wir können oft gar nicht anders.

Eine andere Logik

Es gibt natürlich Ausnahmen. Da sind Gelegenheiten und Situationen, in denen Menschen über sich hinauswachsen, selbstlos handeln, sich in andere investieren, sich selbst benachteiligen zugunsten anderer, eintreten für Menschen am Rand, für Kinder, für Menschenrechte, für Demokratie, für das Klima und vieles mehr.

Vielleicht kennen wir das sogar von uns persönlich: Wir erleben es immer wieder, dass wir – trotz all unserer Verkrümmung in uns selbst – gelegentlich einer anderen Logik folgen. Der Logik von Selbstlosigkeit und Liebe. Der Logik von Hingabe und Opfer. Auch diese Logik ist tief in uns eingeschrieben und sie entspricht zutiefst der Logik Gottes – der Art, wie Gott ist und wie Gott handelt.

Es gibt einen Ort, an dem wir diese Logik Gottes betrachten können. Ein Ort, an dem sie sehr verdichtet, sehr klar, sehr schön und sehr deutlich ist. Dieser Ort ist die Person Jesus von Nazareth. Jesus ist Gottes deutlichstes und klarstes Wort an die Menschheit.

In ihm wird Gottes Wesen persönlich und deutlich. Jesus von Nazareth – auch bekannt als Jesus Christus – wird in der Bibel als das Licht aus der Höhe beschrieben. Das Licht, das die Welt besucht, das die Menschen besucht, die in der Finsternis sitzen, und ihre Füße auf den Weg des Friedens lenkt (vgl. Lukas 1,78-79). So wird Jesus beschrieben: Gott selbst, der diese Welt besucht.

Jesus ist vermutlich der beste Mensch, der jemals gelebt hat: gütig, großzügig, geduldig, bescheiden – Menschsein in Vollendung. Ein Mensch, der nicht zerrissen war, der nicht getrieben war, ein Mensch, der im tiefsten Frieden mit sich selbst, mit Gott war.

Ein Mensch, der fast so perfekt war, dass man ihn für Gott halten könnte. Oder eben Gott, der sich klein macht und Mensch wird, der hinabsteigt und zu uns kommt – niedergebeugt, ausgeschüttet –, einer, der sein Leben ausgegossen hat wie einen Eimer, so beschreibt es die Bibel. Er, der Allmächtige, verschenkt sich. Er wird machtlos. Er ist der Reiche, der ganz arm wird, der Große, der ganz klein wird. Der, dem alle Ehre gehört, wird verkannt und verachtet und er stellt die Logik dieser Welt auf den Kopf.

Doch die Welt spuckt ihn förmlich aus. Sie erträgt ihn nicht und so wird er verraten, verhaftet, verurteilt und hingerichtet. Jesus absorbiert all diesen Hass. Als er festgenommen wird, ist er ganz schwach und wehrlos. Einer seiner Freunde, der bei ihm ist – Petrus –, tut das, was Menschen tun: Er greift zum Schwert und schlägt wild um sich. Das steckt tief in uns drin. Aber Jesus befiehlt: »Steck dieses Schwert weg! So nicht, nie wieder! Das funktioniert nicht, das macht es nur schlimmer. Böses mit Bösem wird immer böse. Steck es weg. Es gibt einen anderen Weg.«

GOTT, DER SICH KLEIN MACHT UND MENSCH WIRD.

Jesus geht diesen Weg. Er erträgt und trägt das Böse, das die Menschen ihm antun – und damit meine ich nicht die zwanzig bis fünfzig Leute, die damals beteiligt waren, sondern uns alle. Das Böse, das wir, das diese Welt Gott antut, diesem Sohn Gottes, diesem Jesus. Dieses Böse, das die Menschen ihm antun und das ihn mit voller Wucht trifft, macht er zum allergrößten Geschenk für uns – zum allergrößten Segen für diese Welt.

Es gibt etwas Böses, Kaputtes, Verdorbenes in der Welt und darum muss sich jemand kümmern, sonst wird der Schaden nur noch größer. Wir haben falsche Gottesbilder, misstrauen Gott zutiefst und verraten ihn immer wieder aufs Neue. Das beschädigt unsere Beziehung zu ihm und verhindert, dass wir ihn sehen können, wie er wirklich ist. Aber auch unsere Beziehungen zu anderen Menschen und zu uns selbst leiden und nehmen Schaden. Wie viel Schlimmes haben sich Menschen gegenseitig und sich selbst angetan! Wie viel Schlimmes tun sich Menschen in diesem Augenblick gegenseitig und sich selbst an!

Gott weiß, dass dieser Schaden bezahlt beziehungsweise geheilt werden muss, aber er will nicht, dass wir den Preis zahlen. Die Kernbotschaft der Bibel lautet: Gott selbst möchte den Preis zahlen, damit der Schaden geheilt werden kann.

Genau das tut Jesus, als er am Kreuz stirbt. Er verkörpert die Logik Gottes. Er nimmt das Schlimme, das wir ihm antun, und macht daraus etwas Wunderschönes. Als alles getan ist, sagt er: »Es ist vollbracht!« Und seit diesem Tag bittet er uns: »Lasst uns uns versöhnen! Lasst uns neu anfangen!« Dies betrifft unsere Beziehung zu Gott ebenso wie unsere Beziehungen zueinander.

Dem Weg der Liebe folgen

Das ist das Wesen der Liebe: Man stellt das Wohl des anderen über das eigene Wohl. Jesus, der es nicht nötig gehabt hätte, geht diesen

Weg, um uns das entscheidend Gute zu tun. Er benachteiligt sich selbst, und das ziemlich grundsätzlich und umfassend. Die Bibel sagt: »Gott ist die Liebe« und Jesus ist – wenn man so möchte – menschgewordene Liebe. Timothy Keller schreibt dazu:

> In dem einen Wesen des dreieinigen Gottes gibt es drei Personen, die einander von Ewigkeit zu Ewigkeit lieben und ehren (Johannes 17,1-6), es ist eine Liebe, die auf den anderen hin orientiert ist.[15]

Damit keine Missverständnisse aufkommen: Diese Liebe ist keine sentimentale Liebe. Jesus hat nicht gesagt: »Alles ist super, macht, was ihr wollt! Gott ist ja der liebe Gott.« Nein, Gott ist nicht der liebe Gott, sondern er ist der liebende Gott! Das ist ein ziemlicher Unterschied. Die Liebe von Jesus war und ist nicht sentimental. Er konnte Leute ziemlich stark und direkt kritisieren, besonders solche, die auf denjenigen rumtrampeln, die ohnehin bereits am Boden liegen. Für diese Menschen hatte er sehr klare Worte. Gottes Liebe ist weder sentimental noch gleichgültig.

JESUS NIMMT DAS SCHLIMME, DAS WIR IHM ANTUN, UND MACHT DARAUS ETWAS WUNDERSCHÖNES FÜR UNS.

Ich wiederhole es nochmals, um den Ernst der Lage zu unterstreichen: Wenn wir nicht so leben, wie Paulus dies beschreibt, dann sind wir keine Christen. Man darf diesen Satz jedoch nicht falsch verstehen: Wenn ich Christ bin, dann muss, kann und werde ich so leben, wie Paulus das beschreibt. Also niemals Böses mit Bösem vergelten, nur Gutes im Sinn haben, die Feinde lieben, ihnen Gutes tun und so weiter. Ich werde, muss und kann es tun, aber nicht, um zu beweisen, dass ich Christ bin, sondern ich tue es, weil ich Christ bin. Weil ich zu Gott gehöre, kann und werde ich so leben.

Klingt utopisch? Im Folgenden nenne ich drei Gründe, warum es dennoch so ist beziehungsweise warum es so sein kann.

Drei Gründe, warum wir als Christen leben können

Erstens: Die Art, wie Jesus mit uns umgeht – die Logik der Liebe und die Einladung zum Tausch –, verändert uns. Diese Erfahrung verändert unsere Haltung. Jesus geht mit seinen Feinden so um, als ob sie seine Freunde wären, um aus ihnen Freunde zu machen. Das tut er, ohne uns zu fragen, ohne Vorleistung, ohne Garantie. Wenn wir erleben, dass er so mit uns umgeht – ganz persönlich, ganz individuell –, dann verändert das unser Herz und unsere Haltung. Dann werden wir großzügig, weil er großzügig ist, barmherzig und nachsichtig, weil er das ist und weil er so mit uns umgeht. Wenn wir erkennen, dass Gott nicht auf seinem Recht besteht, das er uns gegenüber hätte, können wir auch nicht auf unserem vermeintlichen Recht anderen gegenüber bestehen. Die Art, wie Jesus mit uns umgeht, verändert unser Herz, unsere Haltung, unsere Perspektive und schließlich unser Leben.

> DIE ART, WIE JESUS MIT UNS UMGEHT, VERÄNDERT UNS.

Zweitens: Gott schafft anderen Recht. Jesus, der auf sein Recht verzichtet, setzt sich ein für das Recht anderer. Paulus sagt: »Überlasst es Gott, Rache zu üben.« Überlasst es seinem Zorn. Zorn meint nicht blinde Wut, sondern Zorn ist Ausdruck von Liebe. Wenn man nicht zornig wird darüber, dass Menschen, die ohnehin bereits am Boden liegen, noch getreten werden, dann ist man gleichgültig oder kaltherzig oder irgendwas, aber nicht liebevoll. Seine Liebe macht Gott deshalb oft zornig. Und Paulus sagt: »Überlasst es Gott, Rache zu nehmen.«

Man muss die Rache Gottes im Licht des Lebens von Jesus Christus betrachten. Im Licht des Lebens dessen, der sagt: »Dies wäre mein Recht, aber ich lege es um euretwillen nieder.« Paulus sagt: »Überlasst es Gott, am Ende Gerechtigkeit herzustellen.« Das ist sehr tröstend.

Uns, denen es vermutlich relativ gut geht, leuchtet das vielleicht nicht sofort ein, aber der amerikanisch-kroatische Theologe Miroslav Volf hilft uns, den Trost und die Hoffnung darin zu entdecken. Volf stammt aus dem ehemaligen Jugoslawien und hat dort erlebt, wie Menschen gefoltert, vergewaltigt und getötet wurden. Er beschreibt, dass das Einzige, was Menschen davon abgehalten hat, selbst zur Waffe zu greifen, das Wissen war, dass Gott am Ende Gerechtigkeit herstellen wird. Sie wussten: Das, was hier passiert, geht nicht einfach im Dunkel der Geschichte unter und wird vergessen. Das letzte Wort dazu ist noch nicht gesprochen. Diese Hoffnung hat diese Menschen davon abgehalten, Rache zu nehmen und Selbstjustiz zu üben. Das hat zumindest bei manchen die Spirale der Gewalt gebremst oder sogar gestoppt. Man muss sehr behütet aufgewachsen sein, um daran Anstoß zu nehmen, dass die Hoffnung auf Gottes Gerechtigkeit trösten kann.

Drittens: Gottes Kraft zieht in uns ein. Gott ist die Liebe, und Glaube heißt, an dieser Liebe Gottes Anteil zu bekommen. Wir haben das bei der Beschäftigung mit dem Heiligen Geist bereits eingehend betrachtet: An Pfingsten feiern wir, dass Gottes Kraft in unser Leben einzieht. Wie der Strom den Akku eines Smartphones füllt und all das Potenzial weckt, das in diesem Gerät schlummert, so ist der Geist Gottes die Kraftquelle, die unser Leben mit einer Wirklichkeit verbindet, die nicht in uns liegt. Diese Wirklichkeit bringt alles Gute, das in uns steckt, zum Blühen und zum Leuchten und sie dämpft alles Schlechte, das in uns steckt, und drängt es zurück.

Paulus schreibt: »Lass dich nicht vom Bösen besiegen, sondern besiege das Böse durch das Gute!« Jedes Böse, das mein Leben berührt, bietet die Gefahr, ebenfalls mit Bösem zu reagieren und damit am Ende alles schlimmer zu machen und den Kreislauf anzutreiben, diesen Teufelskreis der Gewalt und diese Spirale nach unten. Alles Böse, das mein Leben trifft, ist aber auch die Chance, mit Gutem zu antworten und dem Bösen etwas entgegenzusetzen. Die Quelle dafür liegt nicht in uns, sie liegt in Gott. Er muss es uns schenken. Der Heilige Geist ist diese Quelle in unserem Leben.

Die Feinde lieben

Ich möchte vor einem Missverständnis warnen: Seinen Feind zu lieben, heißt nicht, dass ich jemanden, der Böses tut, einfach gewähren lasse und sage: »Ja, mach halt mal, tob dich aus. Du wirst schon sehen, was du davon hast.« Jemanden wirklich zu lieben, bedeutet, ihn an dem Bösen, das er mir (und anderen) antut, zu hindern. Und dies nicht nur um meiner selbst willen, sondern für ihn oder sie, weil das böse Tun letztlich ein Schaden für diese Person ist, weil sie sich kaputt macht und vom Bösen zerfressen wird und weil Gott jeden Menschen zur Rechenschaft ziehen wird. Jemanden wirklich zu lieben, heißt also, ihn davon abzuhalten, mit seinem Bösen fortzufahren. Das tue ich jedoch immer nur mit guten Mitteln und niemals mit den gleichen bösen Mitteln. Hier ist kein Raum für Sentimentalitäten! Christ zu sein – seine Feinde zu lieben – kann sehr brutal sein.

ALLES BÖSE BIETET DIE CHANCE, MIT GUTEM ZU ANTWORTEN UND DEM BÖSEN ETWAS ENTGEGENZUSETZEN.

Natürlich ist es gut, dass es Polizei und Gerichte gibt. Wir brauchen sie – leider. Aber ihr Zweck ist nicht Strafe, ihr Zweck ist Veränderung – Resozialisierung. Das Ziel ist, dass ein Mensch umkehrt, neu denkt, die schlechten Taten lässt und sich anders verhält, so wie es Gott mit uns macht: Er liebt uns, wie wir sind, das können wir nicht verändern. Wir können seine Liebe zu uns nicht steigern und nicht bremsen. Aber er will nicht, dass wir so bleiben, wie wir sind.

Die Älteren kennen vielleicht noch die Neunzigerjahre-Fanta-Werbung: »Bleib du, du!« Aus Gottes Perspektive muss es heißen: »Eben nicht!« Bleib nicht du, du! Sondern eher so: »Werde wie er!« Das klingt vielleicht nicht ganz so cool, aber es trifft die Sache gut.

Gelebte Feindesliebe

Ich möchte mit einem Beispiel schließen, wie ein christliches Leben aussehen kann:

Am 2. Oktober 2006 erschoss ein Mann in dem Ort Lancaster in Pennsylvania fünf Mädchen in einer Amisch-Schule, fünf weitere wurden schwer verletzt. Die Amischen sind eine strenge täuferisch-protestantische Bewegung, die ein stark landwirtschaftlich geprägtes Leben führen, das der technischen Wirklichkeit des 17. bzw. 18. Jahrhunderts entspricht. Bei einem Besuch in einem Amisch-Dorf haben mich die Menschen dort durch ihre ernsthafte Frömmigkeit sehr beeindruckt.

In so einem Ort tötete Charles Roberts diese Mädchen und anschließend sich selbst. Sein Beweggrund: Seine Tochter war kurz nach der Geburt gestorben und er wollte sich bei Gott dafür rächen. Aus diesem Grund wollte er so viele kleine christliche Mädchen töten wie möglich. Die Ermordeten waren zwischen sechs und dreizehn Jahre alt.

Neben dieser verstörenden Tatsache – eine so friedliebende Gemeinschaft derart brutal anzugreifen und gerade deren Schwächste zu töten – ist jedoch die Reaktion dieser Gemeinschaft bemerkenswert. Die Familien, deren Kinder getötet wurden, fuhren zur Familie des Mörders, um diese Menschen, die ja auch einen Angehörigen verloren hatten, zu trösten. Sie suchten seine Frau, seine drei Kinder und seine Eltern auf, trösteten sie und unterstützten sie und gingen zu seiner Beerdigung, sodass daran mehr Amisch teilnahmen als andere Amerikaner.

Diese Menschen haben meines Erachtens die Bezeichnung »Christinnen und Christen« verdient. Menschen, die aus dem Glauben heraus – selbst in einer so brutalen Situation – nicht zuerst an sich selbst, sondern auch an die denken, die ebenfalls Opfer sind und trauern. Menschen, die in dieser Ausnahmesituation danach fragen, was es bedeutet, Jesus nachzufolgen. Menschen, die fragen: »Wie gehen wir mit dieser Familie, mit dieser Situation um? Was dient den anderen und wie ehren wir damit die Gnade und Güte Gottes?«

Selten befinden wir uns in so extremen Situationen, aber für mich ist dies ein sehr anschauliches Beispiel dafür, zu lernen, was es bedeutet, mündige Christen zu sein und Jesus nachzufolgen. Manche denken ja, dass Christsein langweilig wäre oder Jesus nachzufolgen in irgendeinem Biedermeierdasein endet. Aber dieser Abschnitt aus dem Römerbrief zeigt uns, wie völlig falsch diese Vorstellung ist. Christsein ist extrem herausfordernd und ganz schön mutig.

Mündige Christen wissen, dass sie so leben sollen. Weder weichen sie dem Anspruch Gottes aus noch relativieren sie ihn. Mündige Christen wissen aber auch, dass sie selbst so nicht sind. Sie stehen dazu und beschönigen diese Tatsache nicht. Mündige Glaubende wissen schließlich, dass sie in, mit und durch Jesus Christus so leben können, wie sie leben sollen. Sie üben jeden Tag neu ein, das zu werden, was sie in und durch Jesus bereits sind. (fe)

Mündig glauben: Gottes Wort im Boden meines Lebens

In Lukas 8 erzählt Jesus von einem Sämann oder Getreidebauern, der Samen auf seinem Feld aussät. Sein Ziel ist es, dass dieser Samen auf guten Boden fällt, keimt und sprosst, Wurzeln ausbildet, wächst und Frucht bringt:

> Ein Bauer ging aufs Feld, um seine Saat auszusäen. Während er die Körner auswarf, fiel ein Teil davon auf den Weg. Die Körner wurden zertreten, und die Vögel pickten sie auf. Ein anderer Teil fiel auf felsigen Boden. Die Körner gingen auf und vertrockneten schnell wieder, weil sie keine Feuchtigkeit hatten. Ein weiterer Teil fiel zwischen die Disteln. Die Disteln gingen mit auf und erstickten die junge Saat. Aber ein anderer Teil fiel auf guten Boden. Die Körner gingen auf und brachten hundertfachen Ertrag.
>
> *Lukas 8,5-8*

Seinen Jüngern sagt Jesus:

> Euch ist es geschenkt, das Geheimnis vom Reich Gottes zu verstehen. Aber die anderen Menschen erfahren davon nur in Gleichnissen. Denn sie sollen sehen, ohne etwas zu erkennen, und hören, ohne etwas zu verstehen.
> Dies ist die Bedeutung des Gleichnisses: Die Saat ist das Wort Gottes. Was auf den Weg fällt, steht für die Menschen,

die das Wort hören. Aber dann kommt der Teufel. Er nimmt es wieder weg aus ihren Herzen, damit sie nicht glauben und gerettet werden. Ein anderer Teil fällt auf felsigen Boden. Er steht für die Menschen, die das Wort hören und gleich mit Freude in sich aufnehmen. Aber es schlägt keine Wurzeln. Eine Zeit lang glauben sie. Doch sobald sie auf die Probe gestellt werden, wenden sie sich wieder ab. Noch ein anderer Teil fällt zwischen die Disteln. Er steht für die Menschen, die das Wort zunächst hören. Doch dann gehen sie fort. Sie ersticken in Sorgen, in Reichtum und den Freuden, die das Leben bietet. Daher bringen sie keinen Ertrag. Aber ein Teil fällt auch auf guten Boden. Er steht für die Menschen, die das Wort mit offenem und bereitwilligem Herzen hören. Sie bewahren es und halten durch – und so bringen sie viel Ertrag.

Lukas 8,10-15

In dem Gleichnis nennt Jesus drei Beispiele dafür, wie die Samen ihr Ziel verfehlen. Alle Samen werden mit demselben Ziel ausgeworfen, aber nur ein Teil landet dort, wo er landen soll: auf dem Feld. Das Übrige fällt auf den Weg, auf felsigen Boden oder zwischen Disteln. Man könnte dieses Gleichnis deshalb auch das »Das Gleichnis von den verpassten Chancen« nennen.

DAS GLEICHNIS VON DEN VERPASSTEN CHANCEN.

Gottes Wort hat ein Ziel

Gottes Wort hat ein Ziel: Es will sich mit dem Boden unseres Lebens verbinden und dort aufkeimen und wachsen, Wurzeln schlagen und Frucht bringen. Doch genau das passiert leider oft nicht. Das sind die verpassten Chancen, von denen dieses Gleichnis erzählt.

Dies gilt besonders für die Entdeckung und für den Anfang des Glaubens – dafür, dass Menschen das Wort Gottes hören und aufnehmen, aber keine Wurzeln schlagen. Aber darauf lässt es sich nicht beschränken, denn an jedem Tag bietet sich die Chance, dass sich Gottes Wort mit unserem Leben verbindet. Und an jedem Tag besteht die Gefahr, dass genau das nicht passiert und Gottes Wort bei uns nicht ans Ziel kommt. Das gilt für die großen Fragen und für die großen Themen unseres Lebens, zu denen Gott etwas sagen möchte, wo wir sein Wort nicht hören, es sein Ziel verfehlt, neben den Acker fällt und nicht aufwächst. Es gilt aber auch für ganz viele alltägliche Details – große, mittlere und kleinere.

Gottes Ziel ist es, dass sein Wort in den Boden unseres Lebens eingepflanzt wird, dass wir sein Wort festhalten, es bewahren und unser Leben davon geprägt und geformt wird. Gottes Absicht ist es, dass sich unser Leben mit seinem Willen, seinen Plänen und Ideen verbindet. Und so birgt jeder Tag die Chance, dass das Wort Gottes auf guten Boden fällt, keimt, wurzelt, wächst und Frucht trägt oder danebenfällt und vertrocknet, zertreten oder gefressen wird.

JEDER TAG BIRGT DIE CHANCE, DASS DAS WORT GOTTES AUF GUTEN BODEN FÄLLT.

Der Autor des Hebräerbriefs schreibt: Die Botschaft des Evangeliums muss sich mit Glauben verbinden (vgl. Hebräer 4,2). Jesus sagt in Lukas 8: Wir sollen dem Wort Gottes Glauben schenken, um gerettet zu werden. Wir sollen gerettet werden aus der Gottesferne, aus einem fruchtlosen Leben, das in sich selbst verkrümmt ist und nur aus seinen eigenen Möglichkeiten lebt. Mündiger Glaube ist ein Glaube, der dieses tägliche Potenzial nutzt und nicht verstreichen lässt, der sich mit dem Wort Gottes verbindet und dazu beiträgt, dass Gottes Wort zum Ziel kommt.

Wollte man das auf eine Formel bringen, dann würde diese lauten:

Gottes Wort + unser Leben = Frucht

Frucht bedeutet, dass unser Leben sich zum Guten verändert. Es bedeutet, dass sich unser Leben im Sinne Gottes verändert, und dies auf x-fache Art und Weise. Unser Leben hat das Potenzial, ein guter Boden für Gottes Wort zu sein, oder anders: Wir sind ein Acker Gottes.

Was ist das eigentlich: Gottes Wort?

Doch was ist eigentlich gemeint, wenn wir von Gottes Wort reden? Unter vielen Darstellungen überzeugt uns Autoren bisher am meisten die des Schweizer Theologen Karl Barth.[16] Barth beschreibt drei Arten, wie uns Gottes Wort begegnet.

Gottes Wort Nummer eins

Das schönste, reinste, klarste und eindeutigste Wort Gottes ist eine Person, nämlich Jesus Christus. Der Evangelist Johannes leitet sein Evangelium mit den Worten ein:

> Von Anfang an gab es den, der das Wort ist. Er, das Wort, gehörte zu Gott. Und er, das Wort, war Gott in allem gleich. Dieses Wort gehörte von Anfang an zu Gott. Alles wurde durch dieses Wort geschaffen. Und nichts, das geschaffen ist, ist ohne dieses Wort entstanden. Er, das Wort, war zugleich

> das Leben in Person. Und das Leben war das Licht für die Menschen. Das Licht leuchtet in der Finsternis, aber die Finsternis hat es nicht angenommen.
> Er, das Wort, wurde ein Mensch. Er lebte bei uns, und wir sahen seine Herrlichkeit. Es war die Herrlichkeit, die ihm der Vater gegeben hat – ihm, seinem einzigen Sohn. Er war ganz erfüllt von Gottes Gnade und Wahrheit.
>
> *Johannes 1-5.14*

Am Anfang – noch vor aller Zeit – war das Wort und das Wort war bei Gott und das Wort war selbst Gott. Der griechische Begriff, der hier im Text steht, ist Logos. Logos heißt viel mehr als nur »Wort«: Es bedeutet auch Sinn, Ursprung, Zusammenhang. Unser deutsches Wort Logik stammt daher. Man kann sagen, Logos beschreibt das, was die Welt im Innersten zusammenhält.

Ganz am Anfang ist dieses Wort bei Gott, mehr noch: Es ist selbst Gott. Und dann beschreibt Johannes, dass dieses Wort Mensch wird und unter uns wohnt. Das, was die Welt im Innersten zusammenhält, kommt auf diese Welt und macht sich klein, wird Mensch und selbst Teil der Welt. Das ist Jesus Christus: Gottes klarstes, reinstes und letztes Wort an uns Menschen (vgl. Hebräer 1,1-4).

Gottes Wort Nummer zwei

Die zweite Form des Wortes Gottes, die Karl Barth beschreibt, ist die Bibel. Diese hat bereits eine andere Qualität als Jesus. Die Heilige Schrift ist nicht so klar und eindeutig wie Jesus. Sie ist sehr menschlich, hat Brüche und Unstimmigkeiten, denn sie ist von Menschen geschrieben worden, und das merkt man. Und doch ist dieses Buch etwas Besonderes, denn es beschreibt genau diesen Gott, der sich uns als Mensch vorstellt. Es malt uns Jesus vor Augen.

Menschen erleben immer wieder, dass dieses Buch ihr Leben tief berührt, ihr Herz aufdeckt und sie in Kontakt mit Gott bringt.

Am Anfang meines Christseins habe ich eine spannende Erfahrung gemacht: Derjenige, der gerade an mein Herz klopfte, begegnete mir auch in diesen Texten. Ich las damals die Evangelien und merkte schnell, dass die Person, die dort beschrieben wird, mir bekannt vorkam. Es war derjenige, der gerade in mein Leben getreten war und mein Herz geöffnet hatte. Wie so viele vor und auch nach mir merkte ich, dass die Bibel angeschlossen ist an die Wirklichkeit Gottes.

Der Freiburger Germanist Gerhard Kaiser schreibt:

> Die Bibel ist gerade und erst recht als geschichtlich hervorgebrachtes Menschenwerk Offenbarung des Gottes, an den Christen glauben. Sie ist es sogar darin, dass Gott sich in ihr nicht unmittelbar, sondern durch Menschen offenbart, so wie er sich in Jesus Christus als Mensch offenbart. … Die Bibel ist die Text-Verwirklichung der Menschwerdung Gottes.[17]

Gottes Wort Nummer drei

Die dritte Form, in der uns Gottes Wort begegnet, ist die Predigt. Da wird es dann noch menschlicher, unfertiger und unklarer und dennoch spricht Gott durch Predigten. Er tut es immer wieder und er hat es versprochen (vgl. u. a. Römer 10,14-18). Immer wieder erleben Menschen, dass eine Predigt sie so zielgenau trifft, als ob die Person, die spricht, diese Predigt nur für sie gehalten hätte. Wir merken: »Das ist genau für mich, obwohl die Pastorin, der Prediger mich gar nicht (oder nicht so gut) kennt!« Aber Gott kennt uns. Bei einer Predigt geschieht das Wunder, dass Gott die Worte eines normalen Menschen in Dienst nimmt und »in, mit und unter« diesen Worten selbst redet und Menschen anspricht.

Ein anderer Schweizer Theologe namens Rudolf Bohren drückte es so aus: »Predigt ist Predigt, wenn sie ein Wunder ist«, denn: »Unser Predigen ist ein von ihm selbst erwartetes Reden.« Dabei lassen sich menschliche Worte und Gottes Reden letztlich nicht sauber trennen, denn: »Der Geist spricht und ich rede.«[18]

Gottes Wort + unser Leben = Frucht

Was alle drei Formen des einen Wortes Gottes gemeinsam haben, ist, dass es Gottes Geist ist, der Gottes Wort mit unserem Leben verbindet und das Wort »aussät«, um im Bild des Gleichnisses zu bleiben. Der Heilige Geist malt uns Jesus vor Augen, er zeichnet die Worte der Bibel in unser Herz hinein und hilft uns, die Heilige Schrift zu verstehen. Derselbe Heilige Geist nimmt die Worte einer Predigt und lässt sie in das Herz von Menschen fallen. Wenn das geschieht, entsteht mündiger Glaube, Glaube, der sich mit dem Wort Gottes verbindet und der ein Leben verändert, sodass Gottes Absichten und Ideen sich in einem menschlichen Leben verwirklichen.

GOTTES GEIST VERBINDET GOTTES WORT MIT UNSEREM LEBEN.

Wie kann das aussehen?

Da liest ein Mann beispielsweise folgendes Wort: »Ihr wisst ja, welche Gnade uns unser Herr Jesus Christus erwiesen hat: Obwohl er reich war, wurde er arm für euch. Denn durch seine Armut solltet ihr reich werden« (2. Korinther 8,9). Jener Mann liest dieses Wort und es verbindet sich mit seinem Leben. Er entdeckt, wie großzügig – ja geradezu verschwenderisch Gott ist. Er entdeckt, wie sehr Jesus uns liebt – so sehr, dass er sich uns schenkt, dass er, der reich ist, arm wird, damit wir, die wir arm sind, reich werden können. Und der Mann stellt fest: »Ich bin beschenkt und ich habe etwas zu geben. Ich muss gar nicht zuerst an mich selbst denken. Ich kann mich verschenken.« Und dann wird dieser Mann kreativ, nimmt seine Mitmenschen wahr und teilt ihre Sorgen und seine Zeit, sein Geld und seinen Besitz, sein Gebet. Er beginnt, sich auf andere einzulassen, interessiert sich für ihre Herausforderungen, Nöte und Ängste, und dabei vergisst er ab und an sich selbst. Die Frucht des Wortes Gottes ist ein großzügiger und selbstloser Lebensstil.

Oder eine Frau hört das Wort: »Dient einander – jeder mit der Gabe, die er erhalten hat. So erweist ihr euch als gute Verwalter der Gnade, die Gott vielfältig schenkt« (1. Petrus 4,10). Dieses Wort verbindet sich mit ihrem Leben und sie entdeckt: »Ich habe eine Gabe von Gott geschenkt bekommen. Gott hat mich nicht vergessen, er hat mich beschenkt.« So macht sie sich auf die Suche und fragt nach ihren Begabungen und Talenten. Sie entdeckt, was ihr Freude macht, und sie trainiert ihre Gabe und investiert in sie. Sie bringt sich ein und stellt fest: »Ich habe etwas zu geben. Ich kann und soll mich einbringen.« So wagt sie etwas und dient anderen. Die Frucht des Wortes Gottes ist ein Mensch, der seine Gaben kennt, sie fördert und anderen damit dient.

DIE FRÜCHTE DES WORTES GOTTES SIND DINGE, DIE UNSERE WELT SEHR NÖTIG HAT.

Die Früchte eines Lebens, das sich mit Gottes Wort verbindet, sind Selbstlosigkeit, Großzügigkeit, Mut, Barmherzigkeit, Klarheit, Ehrlichkeit, Liebe, Bescheidenheit oder mit den Worten des Paulus: »Der Geist dagegen bringt als Ertrag: Liebe, Freude und Frieden, Geduld, Güte und Großzügigkeit, Treue, Freundlichkeit und Selbstbeherrschung« (Galater 5,22-23).

Dies sind alles Dinge, die unsere Welt sehr nötig hat, und wenn mehr Menschen diese Früchte ausbilden würden, wäre die Erde ein besserer Ort. Wenn es mehr Menschen gäbe, die nach der Formel

»Gottes Wort + mein Leben = Frucht« leben, wäre das ein Gewinn für alle und würde Gottes Herz erfreuen. Wenn dies geschieht, kann man davon sprechen, dass mündiger Glaube entsteht, weil sich in dem Boden eines menschlichen Lebens Gottes Absichten verwirklichen und Menschen einander ein Segen sind.

Das Gleichnis vom dreifachen Scheitern

Das Gleichnis vom Sämann könnte man nicht nur »Das Gleichnis von den verpassten Chancen« nennen, sondern auch »Das Gleichnis vom dreifachen Scheitern«, denn Jesus nennt drei Arten, wie das Wort Gottes sein Ziel in unserem Leben verfehlt.

Samen auf dem Weg

Die erste Form der Zielverfehlung ist der Samen, der auf den Weg fällt. Er hat die kürzeste Lebensdauer, da er schnell zertreten und von den Vögeln gefressen wird. Das kann zum Beispiel so aussehen:

Gott sagt uns: »Meine Liebe ist bedingungslos. Sie ist unabhängig von deiner Leistung und deinem Scheitern, unabhängig von deinen Erfolgen und Fehlern.« Aber dann kommt da (immer wieder) dieser Zweifel auf und flüstert: »Sollte Gott wirklich gesagt haben, dass seine Liebe bedingungslos ist? Sollte er das wirklich so gemeint haben, und vor allem: Sollte das auch für dich gelten?«

SOLLTE GOTT WIRKLICH GESAGT HABEN, DASS SEINE LIEBE BEDINGUNGSLOS IST?

So wird das Wort Gottes unserem Herzen geraubt und verliert seine Gewissheit und Klarheit. Es orientiert und tröstet uns nicht. Es kann sein Potenzial nicht entfalten, weil es uns genommen wurde und sich nicht mit Glauben verbindet. Würden wir glauben, könnten wir frei und fröhlich, dankbar und großzügig sein. Aber das Wort entfaltet seine Kraft nicht, weil es in unserem Herzen nicht aufgegangen ist. Dies ist die erste verpasste Chance – die erste Art, wie Gottes Wort ausgesät wird, aber sein Ziel nicht erreicht.

Samen auf felsigem Boden

Die zweite Art der Zielverfehlung betrifft den Samen, der auf felsigen Boden fällt. Der hat schon eine etwas längere Lebensdauer, denn er bleibt eine Weile liegen und beginnt sogar zu sprossen. Er nutzt die wenige Erde, die da ist. Aber es wachsen keine Wurzeln, und sobald Wind und Sonne kommen, vertrocknet und verweht dieses kleine zarte Etwas, das gerade erst begonnen hat, zu wachsen.

Vielleicht geschieht Folgendes. Gott sagt uns: »Du brauchst dich vor Menschen nicht zu fürchten und kannst dich Konflikten stellen, statt vor ihnen wegzulaufen.« Diese Einsicht hält jedoch nur bis zum nächsten Konflikt mit einer schwierigen Person, bei dem wir dann doch lieber nachgeben oder ausweichen, obwohl wir eigentlich etwas anderes vorhatten.

Oder Gott sagt dir: »Die Meinung von Menschen – auch der ganz wichtigen Menschen in deinem Leben – ist nicht die wichtigste Meinung über dich und dein Leben.« Diese Erkenntnis hält dann bis zum nächsten schwierigen Gespräch mit deiner Chefin.

Oder er sagt: »Vertrau mir doch einen ernsthaften – vielleicht auch etwas schmerzhaften – Teil deines Einkommens an.« Das Vorhaben, dies zu tun, hält genau bis zum nächsten Zwanzigsten des Monats oder bis zum nächsten großen Wunschprojekt, das etwas mehr kostet.

All diese Beispiele zeigen, was passiert, wenn Gottes Wort keine Wurzeln in unserem Herzen schlägt, wenn es an der Oberfläche bleibt und sich nicht mit unserem Leben verbindet. Solange es keine Mühe macht, läuft es einigermaßen, aber sobald es schwierig wird, ist es weg. Wir bleiben in der Tiefe unberührt und Gottes Wort hat keine nachhaltigen Konsequenzen in unserem Leben.

Samen zwischen Disteln

Der dritte Weg des Scheiterns ist der Samen, der zwischen die Disteln gesät wird. Er hat von den drei gescheiterten Versuchen die längste Lebensdauer, denn die Samen entwickeln sich zunächst ziemlich gut: Sie werden gesät, keimen, wurzeln und wachsen sogar. Aber dann werden sie von den mitwachsenden Disteln erstickt, weil diese stärker sind und Licht sowie Platz für sich beanspruchen.

Möglicherweise sagt Gott dir: »Ich möchte Zeit mit dir verbringen.« Du bist begeistert, liest Bücher und machst Pläne. Kaufst dir eine neue Bibel und ein edles Notizbuch und stehst eine Woche lang jeden Morgen früher auf. Nach dieser Woche (oder nach zwei oder drei Wochen) kommt dann der Alltagsstress, du verpasst es ein, zwei, drei Tage und nach vier bis fünf Wochen ist davon nicht mehr viel übrig. Oder du bist einfach nach drei Wochen müde, weil du es nicht schaffst, abends früher ins Bett zu gehen, und dann schleicht sich das morgendliche Vorhaben langsam aus. Oder du schaffst es nicht, morgens dem Handy zu widerstehen, liest auf dem Klo Nachrichten und Mails und – schwupp!, hat dich der Alltag, noch bevor du Zähne geputzt hast, denn da ist die Mail vom Chef, die unbedingt sofort beantwortet werden muss. Kaum aufgestanden sitzt du schon – ohne Kaffee – am Laptop im Homeoffice.

»Sorgen, Reichtum und Freuden des Lebens«, sagt Jesus, »ersticken das Wort Gottes in unserem Leben.« Gemeint ist die Art von Sorgen, die uns von guten Entscheidungen abhalten und uns zu faulen Kompromissen verleiten. Sorgen, die so stark sind, dass sie unsere volle Aufmerksamkeit fordern. Sorgen, die unsere Wahrnehmung verzerren und uns lähmen. Sie ersticken Gottes Wort, denn sie sind lauter als alles andere und lassen verkümmern, was wachsen möchte.

Was den Reichtum betrifft, beschreibt Jesus die Gefahr, dass er zur Last wird. Damit ist nicht unbedingt Luxus und Reichtum in der Liga von Millionären gemeint. Im historischen und internationalen Vergleich sind wir ziemlich reich – an Bildung, Freiheiten, Optionen, Wohnraum, sozialer Sicherheit, Frieden, Freizeit und so weiter. Und auch finanziell geht es uns relativ gut, denn siebzig Prozent der Weltbevölkerung haben nicht genug zu essen, dreißig Prozent haben kein sauberes Trinkwasser und zwanzig Prozent keine wind- und regenfeste Unterkunft.[19]

Die meisten Menschen, die im deutschsprachigen Raum leben, sind also mehr oder weniger reich, und Reichtum hat immer die Tendenz, eine Last zu werden, denn wenn ich viel habe, dann habe ich viel zu verlieren. Ähnlich wie Armut kann auch Reichtum Sorgen fördern: Ein Freund von mir hat ein richtig teures und hochwertiges E-Bike. Seitdem er das Fahrrad hat, schaut er öfter zum Fenster raus, ob es noch da ist. Das hat er bei seinem alten Fahrrad nicht gemacht.

Reichtum kann aber auch die gegenteilige Wirkung haben und uns ein falsches Sicherheitsgefühl suggerieren: Reichtum kann unsere Abhängigkeit von Gott schwächen, wenn wir auf das setzen, was wir besitzen. Das ist sicher eine Frage der Persönlichkeit, aber fest steht: Reichtum fordert meine Aufmerksamkeit, oder wie Jesus es ausdrückt: »Wo dein Schatz ist, da wird auch dein Herz sein« (Matthäus 6,21).

Es ist eine große Kunst, reich zu sein – und wir erinnern uns: Die meisten Mitteleuropäer sind auf die eine oder andere Art reich – und darin frei zu sein. Es ist nicht leicht, in innerer Freiheit vom Reichtum zu leben und stattdessen in Abhängigkeit von und im Vertrauen auf Gott. In 3. Mose 23,9-14 findet sich ein interessantes

Gebot: Das Volk soll die ersten Früchte der Ernte Gott opfern (vgl. auch Sprüche 3,9-10). In dieser Haltung drückt sich tiefes Vertrauen und Abhängigkeit von Gott aus, denn niemand weiß, wie die gesamte Ernte werden wird. Vielleicht fällt der Rest der Ernte dürftig aus und dann sind die ersten Erträge weg. Die Menschen geben das Allererste und nicht das, was am Ende übrig ist. Das ist Ausdruck tiefer Freiheit und festen Vertrauens in Gott.

Jesus nennt Sorgen, Reichtum und Freuden des Lebens. Letzteres passt sehr gut in unsere Zeit, in der sich vieles um Genuss, Gefühl und Erlebnis dreht. Jesus ist kein Miesepeter, der die Freuden des Lebens nicht zu schätzen weiß – im Gegenteil: Er wurde als Vielfraß und Säufer beschimpft (vgl. Matthäus 11,19). Gemeint sind Freuden und Genüsse, die unser Gebet behindern, unseren Fokus stören und unsere Stille ersticken. Freuden, die mit Stille und Sammlung konkurrieren. Freuden, die uns permanent zerstreuen und uns an der Oberfläche halten. Es ist vermutlich banaler, als man denkt: Aber Fernsehen, Romane, Serienstreamen, Gaming und sonstiges Entertainment erfüllen diese Kriterien erstaunlich gut.

JESUS WARNT VOR DEM, WAS UNSER GEBET BEHINDERT UND UNSERE STILLE ERSTICKT.

Man kann ja mal folgenden Selbsttest machen: Was denke ich zuerst, wenn ich spontan einen Abend freihabe? »Megagut, ich kann meine Serie weitergucken!«, »Endlich kann ich in Ruhe lesen!« Oder: »Genial, ich habe Zeit für Stille, Bibel und Gebet!« Mein erster Impuls ist leider häufig der hier zuerst genannte Gedanke.

Das ist doch irgendwie absurd! Warum ist mein erster Impuls meine Serie und nicht, Gottes Nähe zu suchen und zu genießen? Warum ist das Erste (und vielleicht Beste?), was ich mir für einen freien Abend vorstellen kann, Netflix? Warum zieht es mich nicht zu Jesus? Offenbart das nicht letztlich, dass ich von Gott wenig begriffen habe? Legt das nicht auch die Haltung meines Herzens brutal offen?

Müsste, sollte, könnte …

Das Resultat dieser drei Arten, wie Gottes Wort sein Ziel verfehlt, besteht in einem Leben, das von guten Vorsätzen statt von konsequentem Handeln geprägt ist. Es handelt sich um ein Leben im Konjunktiv statt im Indikativ – also: »Man müsste, man sollte, man könnte …« anstatt »Ich mache, ich lerne, ich erlebe …«. Es kommt nicht zur Reife, was Gott sät, und es wächst nicht auf, was Gott beabsichtigt.

Hand aufs Herz: Wie sieht es bei uns persönlich aus? Kommt Gottes Wort bei uns ans Ziel? Ja? Nein? Manchmal? Zu selten? Wie viele Chancen lassen wir eigentlich jeden Tag liegen? Und wie geht's uns damit? Macht uns das traurig? Schmerzt oder nervt uns diese Erfahrung? Oder haben wir uns damit abgefunden und eigentlich ist es uns auch egal? Mündiger Glaube kann demgegenüber nicht gleichgültig sein, sondern leidet unter dieser Feststellung.

Wagen wir mal einen Blick in die Zukunft: Ich vermute, dass die schmerzhafteste Erfahrung des Jüngsten Tages darin bestehen wird, zu entdecken, was alles in unserem Leben möglich gewesen wäre und was wirklich daraus geworden ist. Das wird ein sehr enttäuschender und schmerzlicher Tag, denn diese Erkenntnis wird sehr bitter sein. Mit diesem Ausblick sollen nicht auch noch die Letzten frustriert werden, sondern es soll lediglich die »Fallhöhe« des Themas deutlich werden.

Wenn das Kapitel jetzt enden würde, wäre das ziemlich fies, und es wäre auch falsch, denn wir haben bisher nur eine Seite der Medaille betrachtet. Nachdem wir uns lange mit uns und dem

Acker unseres Lebens beschäftigt haben, wollen wir nun den Blick von uns weg auf das Wort Gottes wenden.

Das Wort Gottes, das ans Ziel kommt

Beim Blick auf die drei Arten, wie uns Gottes Wort begegnet, haben wir die reinste und schönste Variante in Jesus Christus, dem Logos, entdeckt. Im Blick auf sich selbst sagt Jesus: »Das Weizenkorn muss in die Erde fallen und sterben, sonst bleibt es allein. Wenn es aber stirbt, bringt es viel Frucht« (Johannes 12,24). Auch wenn dies ein Bild ist, meint Jesus mit Erde richtige Erde. Er beschreibt die Erde, in der er begraben wurde, nachdem er am Kreuz gestorben war. Jesus ist das Samenkorn, das in die Erde gelegt wird, damit es keimen, wurzeln, aufwachsen und Frucht bringen kann.

Der Prophet Jesaja schreibt:

> Regen oder Schnee fällt vom Himmel und kehrt nicht dahin zurück, ohne die Erde zu befeuchten. So lässt er die Pflanzen keimen und wachsen. Er versorgt den Sämann mit Samen und die Menschen mit Brot. So ist es auch mit dem Wort, das von mir ausgeht: Es kehrt nicht wirkungslos zu mir zurück, sondern bewirkt, was ich will. Was ich ihm aufgetragen habe, gelingt ihm.
>
> *Jesaja 55,10*

Jesus ist Gottes Wort, das gesandt wird, um zu tun, was es tun soll. Es kehrt nicht zurück, ehe es seinen Auftrag erfüllt hat. Jesus ist das Samenkorn des Wortes Gottes, das in die Erde gelegt wird, stirbt und nicht allein bleibt. Jesus ist das Wort Gottes, das ans Ziel kommt und sein Ziel nicht verfehlt, sondern Frucht bringt. Er bringt Frucht für uns mit. Frucht, die für uns reicht. Jesus, der reich ist, wird arm, damit wir, die wir arm sind, reich werden.

Er tut das, was wir nicht können. Denn unterm Strich muss man feststellen, dass wir einfach kein guter Boden sind. Wir sind eher Weg, Felsen und Disteln als fruchtbares Ackerland. Aber Jesus macht uns zu gutem Boden, denn in und durch Jesus hat Gott bereits alles getan, was nötig ist, damit wir es schaffen können. In ihm sind wir längst guter Boden. Darin liegt das tiefe Geheimnis des christlichen Lebens: Wir sind in und durch Jesus etwas, das wir selbst niemals sein könnten. Jesus tauscht mit uns. Er nimmt unseren Platz ein – wird zertreten, verbrannt und erstickt –, damit wir seinen Platz einnehmen können. Der Reiche wird arm für die Armen, damit sie reich sein können. Jesus macht aus uns das, was wir nicht sind: guter Boden.

WIR SIND EHER WEG, FELSEN UND DISTELN ALS FRUCHTBARES ACKERLAND.

Was bleibt uns also zu tun? Wir können damit beginnen, ehrlich zu sein – mit uns selbst und mit Gott. Wir können uns Jesus anvertrauen. Ihm unsere Unfähigkeit und Armseligkeit hinhalten. Er kommt damit zurecht. Es überrascht uns vermutlich mehr als ihn. Wir können zu uns stehen – vor uns selbst und vor ihm. Wir sollten aufhören, besser sein zu wollen, als wir sind. Wir sollten aufhören, jemand zu sein, der wir nicht sind. Mündige Christen machen sich keine Illusionen über sich selbst, sondern haben sich durchschaut und stehen zu dem, was sie entdecken.

Mündige Christinnen finden sich damit nicht ab, sondern machen aus ihrer Enttäuschung ein Gebet und bitten Jesus, ihnen zu helfen, guter Boden zu sein. Sie bitten Jesus, dass er sie anspricht und dass sie hören, sich ansprechen lassen und von den Worten Gottes geprägt werden. Mündige Christen bitten Jesus, dass sie durch sein Wort verändert werden, denn das Wort Gottes kommt nicht leer zurück. Sie beten mit den Worten des Hauptmanns von Kapernaum »Herr, sprich ein Wort« (vgl. Lukas 7,1-10), weil sie wissen, dass sein Wort den Unterschied macht: Wenn er spricht, so können wir guter Boden werden und unser Leben Frucht bringen. Darum beten wir: »Herr, sprich ein Wort.«

Mit der Feier des Abendmahls eröffnet uns Gott einen sehr konkreten und »dichten« Raum, um sein Wort in unser Leben aufzunehmen. So wirklich und direkt wie das Stück Brot und der Schluck Wein kommt Gottes Wort, ja Gott selbst in unser Leben und tut, was ihm gefällt. Gottes Wort legt sich in den Boden unseres Lebens und kommt dort ans Ziel, indem es die Frucht bringt, die Gott beabsichtigt. (fe)

Teil 3

KLAR GLAUBEN UND MÜNDIG LEBEN

Mündig beten – als Kind des Vaters

Zu den Lieblingsbüchern in unserer Familie gehört – generationenübergreifend – das Buch von Janosch »Ich mache dich gesund, sagte der Bär«. Da gibt es den kleinen Tiger und den kleinen Bären. Sie sind gute Freunde. Dummerweise wird der kleine Tiger krank. Aber der kleine Bär kümmert sich um ihn. Er sagt zum Beispiel: »Ich koche dir etwas Dolles! Sag doch mal deine Lieblingsspeise.« Mit anderen Worten: »Komm, äußere eine Bitte, was immer du willst!«

Der kleine Tiger lässt sich nicht lange bitten: »Springforelle mit Mandelkernsoße, Kartöffelchen und Semmelbröseln.«

»Haben wir nicht«, sagt der Bär, »sag etwas anderes!«

Nun gut: »Eiernudeln mit Mandelkernsoße und Semmelbröseln.«

»Haben wir auch nicht. Sag noch etwas anderes!«

»Semmelbrösel«, sagt der kleine Tiger, aber die haben sie auch nicht.

Nun muss der kleine Bär dem kleinen Tiger die richtige Bitte in den Mund legen: »Sag doch mal: Bouillon!«

Und der kleine Tiger geht darauf ein: »Ja, Bouillon«, ruft er, »das wollte ich haargenau sagen.«

Immerhin gibt es Himbeeren als Nachspeise![20]

Manchmal muss man einem guten Freund helfen, die richtigen Worte zu finden, die richtige Bitte zu äußern, also: um das zu bitten, womit man ihm helfen kann, oder das zu bekommen, was bekömmlich ist und guttut.

»Sag doch mal…«

In diesem Kapitel geht es um das mündige Beten. Jesus hilft in den Evangelien seinen Freunden in Sachen Gebet. Sie sind ja noch Anfänger – sie sind noch unmündig, könnte man sagen. Und er gibt ihnen die richtigen Worte. Er hilft ihnen, den Mund aufzumachen und die richtigen Bitten zu äußern, also um das zu bitten, womit Gott im Himmel ihnen tatsächlich helfen kann, ja helfen will und darum auch helfen wird – weil es gut für sie ist –:

> Wenn ihr betet, macht es nicht wie die Scheinheiligen: Sie stellen sich zum Beten gerne in die Synagogen und an die Straßenecken – damit die Leute sie sehen können. Amen, das sage ich euch: Sie haben damit ihren Lohn schon bekommen. Wenn du betest, geh in dein Zimmer und schließ die Tür. Bete zu deinem Vater, der im Verborgenen ist. Dein Vater, der auch das Verborgene sieht, wird dich dafür belohnen. Sprecht eure Gebete nicht gedankenlos vor euch hin wie die Heiden! Denn sie meinen, ihr Gebet wird erhört, weil sie viele Worte machen. Macht es nicht so wie sie! Denn euer Vater weiß, was ihr braucht, noch bevor ihr ihn darum bittet. So sollt ihr beten:
> Unser Vater im Himmel,
> dein Name soll geheiligt werden.
> Dein Reich soll kommen.
> Dein Wille soll geschehen.
> Wie er im Himmel geschieht,
> so soll er auch auf der Erde Wirklichkeit werden.
> Gib uns heute unser tägliches Brot.
> Und vergib uns unsere Schuld –

so wie wir denen vergeben haben,
die an uns schuldig geworden sind.
Und stell uns nicht auf die Probe,
sondern rette uns vor dem Bösen.

Matthäus 6,5-13

Jesus sagt uns, dass wir beten sollen. Aber wie? Auf diese Frage antwortet Jesus mit dem »Vaterunser«, dem bekanntesten Gebet der Christenheit, dem Gebet, das die Welt umspannt. Meine Hoffnung ist, dass wir am Ende dieses Kapitels (und des gesamten Buchs) wieder etwas mehr Mut zum Beten haben, aber auch wissen, wie unser Gebet aussehen kann. Nicht: Sag doch mal: »Bouillon!« Aber: Sag doch mal: »Vater unser.« Sag doch mal: »Dein Wille geschehe!« Sag doch mal: »Unser tägliches Brot gib uns heute!« Sag doch mal: »Dein Reich komme.« Sag es immer wieder: »Unser Vater im Himmel!« Darum geht es: um den rechten Mut zum Beten und die richtigen Worte – Worte, die auf Resonanz im Himmel stoßen.

MANCHMAL MUSS MAN EINEM GUTEN FREUND HELFEN, DIE RICHTIGE BITTE ZU ÄUSSERN.

Hindernisse

Dabei müssen wir zuerst ein paar Hindernisse überwinden. Wir mögen selbst genug Hindernisse für das Beten sehen, vielleicht sogar schmerzhaft spüren. Vielleicht sind wir müde geworden mit dem Beten. Wir beten schon so lange um etwas wirklich Wichtiges, und der Himmel lässt sich wieder mal grausam viel Zeit mit seiner Antwort. Vielleicht haben wir auch eine gewisse Scheu, einfach so mit Gott zu reden. Oder wir haben Zweifel, ob da jemand ist, der hört, und wenn er hört, auch bereit und in der Lage ist, also willig und fähig ist, zu helfen. Es gibt bei kaum einem Thema mehr Hindernisse im Glauben als beim Beten. Kein Wunder: Beten ist der Ernstfall mündigen Glaubens.

Es wird auch nicht gerade einfacher, wenn wir in der großen Predigt, die Jesus auf dem Berg hielt, hören, dass es noch mehr Hindernisse gibt. Keine Hindernisse, die uns sofort einfallen (siehe oben), sondern solche, auf die er uns erst aufmerksam machen muss.

BETEN IST DER ERNSTFALL MÜNDIGEN GLAUBENS.

Jesus sagt: »Das Gebet gehört zu den wichtigsten Übungen des Glaubens. Es ist absolut zentral! Das Herzstück! Wahnsinnig wichtig! Euer großes Privileg! Aber Vorsicht: Es ist ein riskantes Unterfangen, zu beten. Sehr unfallgefährdet.«

Bei einer Radtour rund um den Tollensesee bei Neubrandenburg kamen wir einmal nach mühsamen Aufstiegen an eine sehr schöne Stelle und fuhren von einer Anhöhe herunter wieder dem See entgegen. Vor einer Kurve stand ein Schild: »Vorsichtig, gefährliche Kurve, Unfallgefahr!«

Hier könnt ihr vom Weg abkommen! Das könnte Jesus ebenfalls sagen: »Das Gebet ist so wichtig! Aber es ist auch unfallgefährdet.«

Nun möchten wir fragen: »Was sollen das für Gefahren sein, wo könnten wir verunfallen?«

Jesus erläutert: »Zum einen könntet ihr in Gefahr geraten, aus dem Gebet eine Show zu machen. Jeder soll sehen, wie fromm ihr seid. Eure schönen Worte, eure demütigen Gesten, alles Show! Ihr wollt Eindruck machen. Ihr seid mit dem Herzen nicht bei der Sache, nicht bei Gott, sondern bei der Wirkung, die euer Gebet auf andere hat. Ihr seid Zuschauer eures eigenen Gebets. Ihr seid Zuschauer der bewundernden Blicke all der anderen. Ihr badet euch im Erfolg eurer Frömmigkeit.« Nun weiß ich nicht, ob man damit bei uns noch einen Blumentopf gewinnen kann, aber immerhin: Jesus fand es wichtig, uns darauf aufmerksam zu machen. »Ihr macht euer Gebet kaputt, wenn es nicht Gott gilt, sondern wenn es zur Show wird.« Und er rät: »Ihr solltet euch für euer Gebet einen Ort suchen, wo euch nichts ablenkt. Wo ihr still werdet. Einen Ort, der euch hilft, alles Störende abzuschalten und auf Gott zu schauen.« Haben wir einen solchen Ort?

»Zum anderen«, sagt Jesus, »könntet ihr auf die komplett dämliche Idee verfallen, Gott manipulieren zu wollen. Ihr könntet tatsächlich – man glaubt es kaum – denken, dass bei Gott viel Beten auch viel hilft. Viele Worte – mehr Erhörung.«

Wie gut, dass heutzutage kein Mensch mehr auf solch dumme Gedanken kommt! Wie gut, dass wir alle wissen, dass der Vater im Himmel ja Bescheid weiß und dass er gerne hilft und wir ihn weder informieren noch überreden müssen. Weder informieren, denn: Er weiß Bescheid. Noch überreden, denn: Er will für uns da sein. Er ist ja der Vater. Unser armes, unvollkommenes, gestottertes, kleines Gebet findet offene Türen!

Wir können hier an mehreren Stellen scheitern. Es kann sein, dass wir nichts empfangen, weil wir nicht darum bitten. Wir sollen beten! Wir sollen wirklich Gott anrufen. Wir können aber auch furchtbar irren, wenn wir denken, wir könnten mehr empfangen, wenn wir nur öfter, intensiver, länger und wortmächtiger beten. Lieber noch zehnmal: »Herr, Herr!« Lieber 24 Stunden als 10 Minuten beten! Jesus meint das ganz ernst: »Ihr denkt falsch von Gott. Ihr könnt Gott nicht mit Worten kontrollieren. Ihr müsst Gott auch nicht mit Worten überzeugen.« Das wäre gnadenloses Beten.

Gnadenloses Beten heißt: Es hängt an der Qualität meines Betens, ob ich erhört werde. Es hängt an der Quantität meiner Gebetszeiten, ob ich etwas empfange oder nicht. Gnadenloses Beten ist

Beten als Leistungssport. Jesus warnt uns davor: »Vergesst niemals, dass ihr mit dem Vater redet, nicht mit einem Tyrannen, mit dem Vater, nicht mit einer Behörde, mit dem Vater, der euch liebt und niemals vor die Tür schickt, der auf euch wartet und längst weiß, was euch fehlt. Ihr bekommt mit kräftigen Worten keine Macht über Gott. Ihr müsst mit vielen Worten Gott nicht überreden. Ihr redet mit dem Vater, dessen Herz euer armes, unvollkommenes, gestottertes, kleines Gebet sofort in Schwingung versetzt.«

Gott sagt: »Ich weiß!« Und darin steckt alles: »Du musst mich nicht erst informieren. Du musst mich nicht überreden. Ich weiß Bescheid! Ich bin für dich da. Ich liebe dich. Ich bin dein Vater, der Vater, von dem du immer geträumt hast. Und ich bin im Himmel, ich bin der, dem alle Macht und Mittel zu Gebote stehen, um dir zu helfen. Ich bin Vater und ich bin im Himmel.«

GNADENLOSES BETEN IST BETEN ALS LEISTUNGSSPORT.

Diese großen Hindernisse zeigt Jesus auf: Gebet als Demo vor anderen und Gebet als Leistung, zugleich als Versuch, einen harten und knauserigen Gott durch viele Worte weichzuklopfen. Gebet ist das Herzstück des Glaubens, aber auch unfallträchtiges Terrain. Man kann vom Weg abkommen. »Tut das nicht«, sagt Jesus. »Sagt doch lieber: ›Unser Vater …‹«

Ermutigungen

Nach all den kritischen Aspekten wird es Zeit, zu den Ermutigungen zu kommen, die Jesus uns für das Gebet mitgibt. Das Vaterunser, das wir auch das »Gebet des Herrn« nennen, wird seit Jahrhunderten auf der ganzen Welt gebetet. »So sollt ihr beten«, sagt Jesus. »Sagt doch mal: Vater unser!«

Um einen Irrtum gleich auszuräumen: Jesus meint nicht, wir dürften fortan nur noch diese Worte beten. Aber er möchte, dass wir in diesem Sinne beten.

Und darin sind viele Ermutigungen enthalten. Ich befasse mich hier mit dreien:

1. Betet groß, nicht klein. Sagt doch mal: »Vater unser im Himmel, dein Reich komme!«

Es wird gerne gesagt, die ersten Bitten im Vaterunser würden sich auf Gottes Anliegen beziehen und wir sollten lernen, nicht selbstsüchtig mit unseren Angelegenheiten anzufangen, sondern lieber mit seinen. Das klingt sicher fromm, aber es überzeugt mich nicht.

Die ersten Bitten im Vaterunser weiten unseren Blick. Betet groß, betet um das, was alles ändert! Das Reich Gottes ist nahe herbeikommen. Jetzt betet, dass es sich endlich und endgültig durchsetzt. Was würde das bedeuten? Jesus sagt: »Dann werden die Armen gute Nachrichten vernehmen, die Gefangenen befreit, die Blinden sehen, die Zerschlagenen aufatmen und alle Menschen Gottes Gnade erfahren« (vgl. Lukas 4,18-19).

Gottes Reich kommt. Das heißt: Gottes guter Wille setzt sich durch. Die Mächte der Gewalt und der Zerstörung, des Unfriedens, der himmelschreienden Ungerechtigkeit, der Unterdrückung, all diese Mächte danken ab. Es geschieht nur noch, was Gott will. Wo Krieg war, schweigen die Waffen. Wo Hungersnöte herrschten, tragen die Felder reichlich Frucht. Keiner sitzt mehr auf einer griechischen Insel ohne medizinische Versorgung und in furchtbaren hygienischen Verhältnissen. Niemand muss sich mehr sorgen, dass das Klima sich dramatisch zum Schlechteren verändert. Kein Kind liegt verängstigt im Bett und fürchtet sich vor dem, was ihm in dieser Nacht noch zustoßen könnte. Keine Pandemie lässt Tausende vor der Zeit sterben. Niemand wird wegen seines Glaubens verfolgt. Keiner bereichert sich mehr maßlos auf Kosten der Armen. Gottes Reich kommt. Die Erde wird erneuert. Das Leben blüht auf. Und alle preisen den, dem sie das verdanken, den Vater im Himmel.

Wenn wir das so hören, dann tut es weh: All das ist ja oft nicht so. Es geschieht nicht, was gut, schön und wahr ist, es geschieht, was böse, hässlich und verlogen ist. Nicht nur da draußen bei den Mächtigen, auch hier drinnen. Was müssten wir rufen und Gott in den Ohren liegen: »Vater, bitte, endlich, lass dein Reich kommen.«

Ich kann nicht erkennen, dass diese Bitten unsere Angelegenheiten beiseiteschieben. Vielmehr wird uns hier eine Bitte in den Mund gelegt, mit der wir um nichts weniger als Erlösung bitten, die Bitte, dass alles wieder gut werden möge, die Bitte, dass das Böse und der Tod endgültig besiegt werden. So groß bitten wir – ach ja, und auch: dass wir dabei sind. So groß, wenn ihr wollt: so politisch! Auf jeden Fall: so weltumspannend! Und so persönlich: dass es auch bei uns und für uns so kommt. Betet groß, betet nicht klein. Sagt doch mal: »Vater unser im Himmel, dein Reich komme.«

WAS MÜSSTEN WIR RUFEN UND GOTT IN DEN OHREN LIEGEN: »VATER, BITTE, ENDLICH, LASS DEIN REICH KOMMEN.«

2. Betet demütig, willigt ein. Sagt doch mal: »Vater unser im Himmel, dein Wille geschehe!«

Ich möchte die zweite Ermutigung aus meiner eigenen Erfahrung illustrieren. Ich habe bei dieser Bitte immer etwas inneren Widerstand gespürt. Es klang für mich wie: Nicht mein, sondern dein Wille geschehe. Es war eher ein Dämpfer für das Gebet. Nach dem Motto: Du darfst ruhig um etwas bitten, aber letztlich geht es nicht nach deinem Willen. Besser, du schraubst deine Erwartungen herunter. Besser, du baust diesen Satz gleich ein: »Vater, das und das hätte ich so gerne, aber nicht mein, sondern dein Wille geschehe.« Das erschien mir immer etwas unfair. Wenn ich doch zum Vater kommen darf, wieso dann nicht ganz offen und frei, ohne vorauseilende Absicherung gegen Enttäuschungen: Na ja, es passiert am Ende sowieso, was du willst, wahrscheinlich anders, als ich wollte! Also sage ich lieber gleich: »Nicht mein Wille, sondern dein Wille geschehe.«

Irgendwann habe ich begriffen, dass es so nicht ist. Ich darf Gott meine Sorgen nennen. Ich darf ihn ohne Scheu bitten. Ich darf mein Herz vor ihm ausschütten. Ohne Wenn und Aber. Ohne Absicherung.

Worum geht es aber dann?

Im Rückblick auf viele Entscheidungen, auf Weggabelungen in meinem Leben, auf Tage, an denen ich meinen Willen bekam, im Rückblick auf all das frage ich mich, wieweit ich damit gekommen bin. Und nachdem ich mir oft genug mit meinem Willen die Nase blutig gestoßen habe, frage ich mich, ob sein Wille nicht manchmal die bessere Lösung gewesen wäre.

Im Ausblick auf manches, was jetzt an Entscheidungen und Weggabelungen vor mir liegt, im Ausblick auf viel Unsicheres in der Zukunft frage ich mich, ob ich tatsächlich »die hellste Kerze auf der Geburtstagstorte« bin, also der, der am besten weiß, was gut ist. Mich hat mal ein Kollege im Institut einen »Unternehmer« genannt. Ich weiß nicht ganz sicher, ob das nur ein Kompliment war. Aber ich verstand, was er meinte. Und er hat recht. Ich plane, treffe Entscheidungen, gehe voran, versuche, Hindernisse aus dem Weg zu räumen. Ich habe Ideen und Pläne, wie die Zukunft aussehen könnte. Ich bitte Gott gerne, die Bahn frei zu machen und Hindernisse aus dem Weg zu räumen oder Türen zu öffnen – für meine Pläne.

Aber ich denke jetzt häufiger als früher: Dieses Problem muss gelöst werden, und es wäre nicht das Schlechteste, wenn es so gelöst würde, wie Gott es will. Er hat doch mehr Durchblick als ich. Nicht dass mich jetzt jemand für überaus demütig hält – na gut, das tut wohl sowieso niemand. Aber es tritt etwas nach vorne, wird stärker, überzeugender: Da sind Probleme, Lebensaufgaben und Entscheidungen vor mir, die gelöst und getroffen werden müssen. Ich will dabei nicht baden gehen. Ich habe Ideen und trage Gott meine Wünsche vor. Aber ich ahne auch, wie das ist. Ich bin doch eher der Vierjährige, der seinem Vater seine Wünsche erzählt. Und manchmal entscheidet der Vater anders, als der Vierjährige wollte. Zum Glück! Zum Wohl des Vierjährigen. Als geistlicher Vierjähriger übe ich mich darin, zu sagen: »Herr, das steht an. So denke ich. Aber am besten ist allen gedient, wenn dein guter Wille geschieht. Und darum beuge ich mich unter deinen Willen. Ich willige ein. Ich gehe voran und hoffe nur, dass geschieht, was du willst.«

Betet demütig, willigt ein. Sagt doch mal: »Vater unser im Himmel, dein Wille geschehe!«

3. Betet persönlich, betet konkret: Sagt doch mal: »Vater unser im Himmel, unser tägliches Brot gib uns heute!«

Das klingt ja fast wie ein dramatischer Abstieg: aus den Höhen des ganz Großen herunter auf den Frühstückstisch in der WG. Vom Reich Gottes zum gedeckten Tisch. Aber so ist das: Auch das beschäftigt den Vater. Auch dafür sollen wir beten: für das, was wir heute zum Leben brauchen, für das, was Leib und Seele erhält.

Martin Luther hat im Kleinen Katechismus ja ganz ausführlich erklärt, was das alles ist, das »täglich Brot«: natürlich Essen und Trinken, aber ebenso Kleider und Schuhe, Haus und Hof, dass der Acker seine Frucht trägt, ja auch Geld und Gut, Beziehungen, die tragen und nicht brechen, zum Partner oder der Partnerin, zu den Kindern und Eltern, Regierungen und Verwaltungen, die ihren Job gut machen und treu zu Gesetz und Ordnung stehen, gute Freunde und hilfsbereite Nachbarn, auch gutes Wetter und Friede und natürlich auch das: Gesundheit.

Betet persönlich, betet konkret. Ich empfehle gerne eine besondere Art, das Vaterunser zu beten. Oft bete ich eine Zeile des Gebets, und dann halte ich inne und denke an all das, was ich jetzt, hier und heute mit dieser Bitte verbinde, mal nur still, mal spreche ich es aus.

Vielleicht schriebe der Luther heute dies in den Katechismus: »Unser tägliches Brot gib uns heute! Was ist das? Alles, was wir hier und heute brauchen zum Leben, Medizin und Impfstoff gegen Corona, genügend Tests, Ärzte und Pflegende, die nicht erschöpft zusammenbrechen, Politiker mit klugen Entscheidungen, Beistand für die, die so einsam sind in der Zeit der Kontaktsperren, Aufträge für die Wirtschaft, Arbeit für die, deren Firmen straucheln, Aufschwung für Unternehmer, die unter der Last ihrer Verantwortung leiden und nicht wissen, wie es weitergeht, Gäste im Tourismus, die nicht nur kommen, sondern sich auch noch vernünftig benehmen.«

Unser tägliches Brot: dass wir stark genug bleiben, die Schwachen zu unterstützen. Dass wir unseren Kindern ein gesundes Land übergeben. Dass keine Rattenfänger das Denken der Menschen besetzen und verführen. Ja so ist das: Das tägliche Brot ist auch der Impfstoff, der Arbeitsplatz und die gerechte Rente. Betet persönlich, betet konkret, sagt mal: »Vater unser, unser tägliches Brot gib uns heute.«

Es gibt genug

Eines muss noch geklärt werden. Der kleine Tiger kriegt ja am Ende Bouillon. Immerhin mit Himbeeren zum Nachtisch. Aber Bouillon. Keine Springforelle, keine Kartöffelchen, keine Mandelkernsoße, keine Semmelbrösel. Nur Bouillon. Da muss man doch fragen, ob das eine gute Einleitung in dieses Kapitel unseres Buchs war. Der kleine Bär sagt: »Sag doch mal Bouillon!« Ist nichts mit Springforelle. Und Jesus sagt: »Sag doch mal: ›Vater unser‹!« Gibt's da auch nur Bouillon? Will ich damit sagen: Richte dich auf Enttäuschungen ein? Erwarte nicht zu viel? Wenn du um Springforelle bittest, gibt es doch nur Bouillon? Oder beim Grillen: Statt Bratwürstchen gibt es nur gegrillte Zucchini-Scheiben?

DAS TÄGLICHE BROT IST AUCH DER IMPFSTOFF, DER ARBEITSPLATZ UND DIE GERECHTE RENTE.

Ja und nein! Der kleine Tiger bekommt, was einem Kranken guttut und Kraft bringt. Manchmal bekommen auch wir geistlich Vierjährigen etwas anderes als erhofft. Vater weiß, warum, und vielleicht verstehen wir es auch irgendwann.

Aber beim kleinen Bären ist das Problem auch ein schlecht gefüllter Kühlschrank, er hat einfach nicht mehr. Vater im Himmel dagegen hat täglich Brot für jeden Tag und ein Reich, das kommen soll. Mangel ist da nicht zu fürchten. Da ist Gottes Wort eben doch etwas anderes als eine Geschichte von Janosch. Und wenn es gut geht, dann haben wir jetzt etwas mehr Mut zum Beten. Dann haben wir einen Mund zum Beten, sind also mündig, und empfehlen es auch anderen: »Sagt doch mal: Vater unser …« (mh)

Mündige Nüchternheit: Sei nicht übertrieben gerecht!?

Es war wieder so weit: Die, deren Bücher es ins Buch der Bücher geschafft hatten, trafen sich zu ihrer Jahreshauptversammlung. Alle, wirklich alle, waren gekommen. Das ließ man sich nicht entgehen. Paulus war da, auch Johannes. Man sah Jesaja und Jeremia ins Gespräch vertieft. Hosea und Amos bereiteten einen Antrag vor, künftig nicht mehr nur »kleine Propheten« genannt zu werden. Der geheimnisvolle Autor (oder die Autorin?) des Hebräerbriefs stand neben Petrus, der ein paar Fische mitgebracht hatte. Die Stimmung war gut und man wartete darauf, dass Mose die diesjährige Shortlist für den biblischen Buchpreis bekannt geben würde.

Bis er kam. Da wurde es einen Moment still. Paulus runzelte die Stirn, Lukas und Matthäus verdrehten die Augen. Er schon wieder!

»Ich sage dir, es war ein Fehler, ihn aufzunehmen«, raunte eine der Psalmendichterinnen David zu. »Es war einfach falsch. Der gehört hier nicht hin.«

Er! Kohelet war sein Name. Das heißt so viel wie Gemeindeleiter. Manche nannten ihn auch nur »den Prediger«. Dabei war er nichts weniger als ein Prediger und schon gar kein Gemeindeleiter. Kohelet war ein sehr, sehr skeptischer Mensch. Er durchdachte alles bis zum Ende, mit scharfem Verstand und ohne Rücksicht auf fromme Gemüter, manchmal beißend in seinem Spott, schonungslos nüchtern. Wenn wir einen mündigen Menschen in der Bibel suchen würden, dann hätten wir hier wohl einen gefunden! Alles stellte er auf die Probe, alles. Das konnte den anderen schon gehörig auf den Geist gehen. Faktencheck, das war sein Ding. Fromme Zuversicht muss man bei ihm mit der Lupe suchen. Die Quintessenz seiner Einsicht ist: »Alles ist eitel. Wir kommen nackt zur Welt, geben uns Mühe, sammeln Güter, versuchen gute Menschen zu sein, müssen trotzdem leiden und am Ende sterben. That's it. Es gibt nichts Neues unter der Sonne! Was wir tun, ist Haschen nach Wind! Das Altern ist schrecklich. Punkt.«

Und das ist Gottes Wort? Hat die Psalmendichterin recht? Sollte man Kohelet die Lizenz entziehen? Oder lernen wir hier etwas über mündiges Christsein?

Worte eines biblischen Skeptikers

> Beides habe ich beobachtet in meinem Leben, das rasch vorüberzieht: Da ist ein gerechter Mensch. Der kommt ums Leben, obwohl er die Gebote befolgte. Und da ist ein ungerechter Mensch. Der hat ein langes Leben, obwohl er Böses tat. Darum rate ich dir: Sei nicht übertrieben gerecht und bemühe dich nicht, überaus klug zu sein! Warum willst du dich selbst zerstören? Handle aber auch nicht allzu gottlos, und tu nicht so, als wärst du dumm! Warum willst du vor deiner Zeit sterben? Man sagt: »Gut ist es, wenn du das eine anpackst und auch von dem anderen deine Hand nicht lässt.« Denn wer Gott ernst nimmt, dem gelingt beides.
>
> *Kohelet 7,15-18*

Kohelet will uns – davon bin ich überzeugt – zu einem geerdeten, erwachsenen, mündigen Glauben helfen. Unterstellen wir ihm also gute Absichten und hören hin. Es sind ein paar schlichte Beobachtungen, die er macht:

1. Nicht allen frommen Leuten geht es gut, nicht allen gottlosen Menschen geht es schlecht. Manchen frommen Leuten geht es sogar ausgesprochen mies, während die Fieslinge das Leben in vollen Zügen genießen. Kurzum: Wer an Gott glaubt und nach seinem Willen lebt, damit er ein gutes Leben bekommt, der erfährt: Das funktioniert nicht.
2. Schlussfolgerung! Sei nicht übertrieben gerecht, nicht allzu gerecht! Und sei nicht allzu weise, nicht neunmalklug. Es lohnt nicht, du gewinnst nichts damit! Aber Vorsicht: Sei auch nicht allzu böse und gottlos und bitte auch nicht über die Maßen dumm und töricht. Das könnte nämlich nach hinten losgehen.

Sei nicht allzu gerecht und nicht allzu weise? Das steht in der Bibel? Wir sind ja nicht zugelassen bei der Jahreshauptversammlung der Bibelautoren, aber man kann da schon die Stirn runzeln! Soll das heißen: Bleib mittelmäßig fromm? Das wohltemperierte Christsein? Mach ruhig den einen oder anderen Kompromiss? Treib es nicht zu schlimm, aber übertreib es auch nicht mit dem Frommsein? Mittelmäßiges Christsein als biblisches Vorbild? Man bemüht sich schon irgendwie, aber wenn dann der Karneval kommt, darf man mal die Sau rauslassen. Hinterher holt man sich ein Aschekreuz und alles ist wieder gut. Irgendwie christlich, aber bitte nicht radikal, nicht 100 Prozent Hingabe, nicht Suche nach Einsicht um jeden Preis, nicht »Näher, näher, mein Gott, zu dir«! Alles lieber etwas »piano«? Bleib sauber, aber werde mir bitte nicht so furchtbar fromm?

Na, da haben wir uns etwas vorgenommen! Wir werden drei Anläufe brauchen, um zu verstehen, was der seltsame »Prediger« uns zu sagen hat.

Der erste Anlauf: Die Idee des Maßhaltens

Gleich vorweg: Es geht in diesem Abschnitt beim Maßhalten nicht um Essen und Trinken, sondern um Philosophie. Wenn man sich mit Philosophie beschäftigt, dann kommt man um Aristoteles nicht herum. Der Philosoph lebte im 4. Jahrhundert v. Chr. in Griechenland und eines seiner Bücher kann man bis heute kaufen, es handelt sich kurz gesagt um eine Ethik, eine Lehre vom guten Leben. Darin geht es auch ums Maßhalten. Aristoteles waren Maß und Mitte sehr wichtig und Maß und Mitte sind etwas völlig anderes als Mittelmäßigkeit. Aristoteles fragte: »Wie sieht das gute Leben aus?« Seine Antwort war: »Es hält Maß und Mitte.«

Der Junge hatte schon in der Schule eine Eins in Philosophie. Vielleicht hatte er nur eine Vier minus in Sport, aber man kann ja nicht alles haben. Schlau war er jedenfalls. Er hat sich nämlich Folgendes ausgedacht: Bei jeder guten Eigenschaft gibt es ein Übermaß und einen Mangel, und zwischen Übermaß und Mangel liegt die gesunde Mitte. Auch bei allen menschlichen Tugenden gibt es immer Übermaß, Mangel und Mitte. Das Übermaß ist ein Fehler, der Mangel ist zu tadeln und die Mitte ist das Beste.

Nehmen wir einmal den Umgang mit unserem Geld und unseren Gütern. Das Übermaß heißt hier: Verschwendung, da steht man am Ende arm da. Der Mangel heißt: Geiz, da steht man am Ende einsam da. Die Mitte aber heißt: Großzügigkeit. Das ist das gute Leben: weder verschwenderisch noch geizig, aber großzügig. Klingt vernünftig, oder?

Wir können das auch auf Tugenden anwenden, zum Beispiel den Mut. Mangelt es an Mut, dann sind wir feige. Im Übermaß wird Mut zum Übermut, ja zur Tollkühnheit. In der Mitte liegt die Tapferkeit.

Es gilt auch für Beziehungen: Wie nett sollen wir zueinander sein? Anders gefragt: Wie kommen Liebe und Wahrhaftigkeit zueinander? Mangelt es uns an Wahrhaftigkeit, dann schmeicheln wir dem anderen, sagen zu allem Ja und Amen. Haben wir Wahrhaftigkeit im Übermaß, dann suchen wir mit Lust jeden Streit und sagen allen ins Gesicht, was wir für wahr halten (»Mein Gott, siehst du heute furchtbar aus!«). Das gute Leben blüht auf, wo wir einander die Wahrheit in Liebe sagen, mal mutig die unangenehmen Dinge ansprechen, aber immer den anderen als Menschen schützen und schonen.

Das klingt doch irgendwie gut: das Maß und die Mitte, das gute Leben abseits von Mangel und Übermaß.

DAS ZIEL LAUTET: MASS UND MITTE, ALSO DAS GUTE LEBEN ABSEITS VON MANGEL UND ÜBERMASS.

Aristoteles wusste jedoch auch, wo das nicht klappt, wo die Regel von Maß und Mitte nicht funktioniert, nämlich bei den Schlechtigkeiten. Bei Mord und Ehebruch gibt es kein Maß und keine Mitte, bei Schamlosigkeit und Ungerechtigkeit auch nicht. Nur bei der Tugend gibt es das: Maß und Mitte.

So, jetzt sind wir alle ein bisschen schlauer. Aber das ist hier ja kein Philosophiebuch, und wir müssen uns fragen: Verstehen wir jetzt den Kohelet besser? Ist das die Lösung: Suche Maß und Mitte in der Gerechtigkeit und in der Weisheit? Es klingt ja sehr ähnlich: weder Mangel noch Übermaß. Weder übergerecht noch allzu gottlos. Weder allzu weise, aber auch kein törichter Mensch. Maß und Mitte! Meinst du das so?

Ich höre Petrus maulen: »Dann soll er doch sein Büchlein nehmen und zu den Philosophen nach Athen gehen, aber uns hier in Ruhe lassen.«

Aber ich glaube, wir müssen ihn noch einmal selbst hören, den Kohelet, den Prediger.

Der zweite Anlauf: Kohelets Beitrag zum mündigen Glauben

»Ihr habt noch nicht genau genug hingeschaut«, sagt Kohelet. »Das mit Maß und Mitte, ja, das ist schon ganz nett, aber noch nicht ganz meine Pointe. Ich muss ein paar Dinge klarstellen:

1. Ich werbe nicht für ein mittelmäßiges Glaubensleben. Keineswegs. Wenn ihr begeistert seid, konsequent, in manchem kompromisslos, voller Erwartung Gott gegenüber, neugierig, mehr über Gott zu erfahren – wunderbar! Ich hoffe, ihr werdet nicht enttäuscht, ich habe da nicht nur gute Erfahrungen gemacht, aber – im Prinzip! – wunderbar!
2. Es ist mir nicht egal, wie ihr lebt. Ich bin nicht der Meinung, ihr solltet ruhig ein bisschen ungerecht, gottlos, närrisch oder töricht sein. Keineswegs, guckt genau hin, das sage ich nicht! Es ist ein feiner Unterschied, aber ein Unterschied ist es. Keineswegs sage ich: Sündigt ruhig ein bisschen mehr, es kommt ja nicht darauf an.
3. Ich spreche zwar von den Extremen – allzu gerecht, allzu gottlos, allzu weise, allzu töricht –, aber meine Lösung ist nicht Maß oder Mitte. Ihr müsst weiterlesen: Wer Gott ernst nimmt, der zieht die richtigen Konsequenzen. Gott ernst nehmen! Darum geht es. Wer Gott ernst nimmt (andere übersetzen auch: ›fürchtet‹), der meidet das Böse und wird nicht dumm. Wer Gott fürchtet, der übertreibt es jedoch

auch nicht mit der selbst gemachten Gerechtigkeit und der glaubt nicht, dass er alles weiß und versteht. Wo dieser – wie hieß er gleich – Aristoteles von Maß und Mitte spricht, da spreche ich von der gesunden Ehrfurcht vor dem ewigen und großen Gott.

Lasst mich noch eines festhalten. Was ich euch sagen möchte, ist die etwas ernüchternde Wahrheit, die mündige Menschen aushalten können und aushalten müssen: Glauben ist gar nicht so leicht. Im Glauben in der Balance zu bleiben, ist etwas, auf das ihr ein Leben lang achten müsst. Man kann so leicht ins Rutschen kommen. Man kann so leicht driften. Und das Verrückte ist: Man kann auf beiden Seiten vom Pferd fallen. Man kann allzu gerecht und weise werden oder plötzlich ziemlich weit weg von Gott auf törichten Pfaden wandeln. Man kann den Glauben sozusagen überhitzen oder unterkühlen. Man kann religiöses Fieber bekommen oder geistlich erfrieren. Man kann am Übermaß oder am Mangel an Frömmigkeit erkranken! Davor warne ich.«

WER GOTT FÜRCHTET, DER MEIDET DAS BÖSE UND WIRD NICHT DUMM.

Kohelet ist vielleicht nicht der beliebteste unter den Autoren der Bibel, aber er hat eine Mission und eine »Message«: Achtet auf Nüchternheit, Balance, einen geerdeten Glauben. Geerdet wird der Glaube, der Gott Respekt zeigt, der ihm ehrfürchtig begegnet und der darum weder nach rechts noch nach links vom Weg abkommt.

»Hm«, möchten wir sagen, »klingt irgendwie interessant, aber auch ein bisschen abstrakt. Kannst du das nicht mal konkreter sagen?«

»Okay«, antwortet Kohelet, »da lasse ich mal meine Kollegen zu Wort kommen. Die mögen mich nicht besonders, obwohl sie sich ganz ähnliche Gedanken gemacht haben.«

Der letzte Anlauf: Der geerdete, mündige Glaube, der Gott ernst nimmt und in der Balance bleibt

Ich konzentriere mich hier auf die interessantere Seite: den Glauben mit Fieber, der allzu gerecht und allzu weise sein möchte.

Das erste Beispiel steuert Lukas mit dem bereits erzählten Gleichnis vom Gebet des Zöllners und des Pharisäers bei (»Zwei Arten, Gott zu dienen«). Wenn Jesus »Zöllner« sagte, hatten die Menschen gleich ein Bild im Kopf: ein Gauner! Ein Verräter!

MAN KANN RELIGIÖSES FIEBER BEKOMMEN ODER GEISTLICH ERFRIEREN.

Pharisäer dagegen waren keine Karikaturen religiöser Menschen, sondern Männer, die es wirklich ernst nahmen: keine Kompromisse! Null Toleranz für Sünde. Volle Hingabe an Gott! 100 Prozent, nicht 95 Prozent. Und Jesus nahm diese Menschen ernst. Wäre es anders, hätte er sich nicht so intensiv mit ihnen beschäftigt. Warum aber ist der Pharisäer, den Lukas hier vorstellt, ein Beispiel für die allzu Gerechten und den überhitzten Glauben? Weil man an ihm sehen kann, wohin Gerechtigkeit ohne Gottesfurcht führt. Der Pharisäer weiß, was er ist. Er ist gerecht. Sein Einsatz hat sich gelohnt. Sein Leben hat er im Griff. Er kriegt alles auf die Reihe. Die Gebote hält er peinlich genau ein. Seinen Platz bei Gott hat er sich redlich verdient. Er ist eben nicht so wie dieser … dieser Zöllner, der allzu gottlos und töricht gelebt hat und sich nun kaum in die Kirche traut! Ha, so einer ist er nicht.

Jesus aber wendet sich dem armen Sünder zu, dem Zöllner, der Gott sein verkorkstes Leben hinhält und um Erbarmen bittet, der Gott so dringend braucht und der ohne Gottes Gnade nicht mehr ein noch aus wüsste. »Der«, so Jesus, »der ist Gott recht.«

Warum aber ist es der Pharisäer nicht? Warum könnte Jesus nicht beiden sagen, dass alles gut ist? Weil der Pharisäer Gottes Erbarmen nicht mehr braucht! Weil er auch ohne Gnade ganz gut zurechtkommt! Weil er in seiner Gerechtigkeit selbstgenügsam geworden ist! Er hat so lange an seiner Gerechtigkeit geschraubt, bis er zum Selbstversorger geworden ist. Im Extrem wartet das Gegenteil. Er braucht Gott nicht. Er ist von Gnade unabhängig. Und genau da verliert er Gott. Er dient Gott so heftig, dass Gott ihn nicht mehr mit dem beschenken kann, was sein größtes Geschenk ist: Gnade, Jesus, Vergebung, Annahme – nur aus Gnade, nur im Glauben, nur durch Jesus.

Vielleicht finden wir das abstrakt. Aber es ist alles andere als abstrakt. Immer wieder, seit Menschen Jesus folgen und auch davor, gab es das: ein Streben nach vollkommener Heiligkeit, das in Hochmut und falscher Selbstsicherheit endet. Diejenigen, die Gott am nächsten sein wollten, laufen am Ende vor ihm weg. Noch einmal: nichts gegen Hingabe, konsequente Nachfolge. Aber immer mit Gottesfurcht!

NICHT ALLZU GERECHT SEIN HEISST: ICH WEISS, ICH BLEIBE EIN UNVOLLKOMMENER, GEBROCHENER MENSCH.

Gott fürchten heißt: nicht allzu gerecht sein. Das bedeutet: Ich weiß, dass ich ein unvollkommener, gebrochener Mensch bleibe. Ich weiß, dass selbst meine besten Taten infiziert sind von meinem alten Leben, das ich fern von Gott gelebt habe. Es ist noch nicht vorbei. Solange ich lebe! Was immer ich tue, auch das Allerbeste, auch in der schönsten Mitte – es kann nicht bestehen ohne Gnade, ohne Jesus.

Gott fürchten heißt aber auch sich unbändig freuen! Ich, der ich weder allzu gerecht noch allzu weise bin, bin Gott recht. Er schließt mich in die Arme. Mehr muss nicht sein. So bleibt der Glaube nüchtern, geerdet, in der Balance und gesund. Mündige

Christen setzen bis zum letzten Atemzug nicht auf ihre, sondern auf seine Gerechtigkeit!

Das zweite Beispiel steuert Matthäus bei, der die wichtigste Rede des Herrn aufgeschrieben hat, die Rede auf dem Berg. Da redet Jesus über eine andere Form von »allzu gerechtem« Glauben, nämlich von geistlicher Überhitzung. Bevor Jesus seinen Wegbegleitern das Beten beibringt, warnt er sie davor, zu meinen, dass ihre Chancen bei Gott steigen werden, wenn sie viele Worte machen (Matthäus 6,7). Andersherum: Sie könnten meinen, ihre Anliegen würden nur deshalb nicht zu Gottes Ohr und Herz hindurchstoßen, weil sie nicht genug Worte machen. Ihr Gebet könnte zu kurz ausfallen, zu wenig engagiert, nachhaltig, intensiv. »Wenn wir nur mehr beten würden, dann würden wir auch mehr erleben«, denken sie. Natürlich gibt es auch das andere, dass wir nichts empfangen, weil wir nicht beten, es gibt auch einen Mangel an Gebet, der wirklich töricht ist (vgl. Jakobus 4,2). Aber das ist hier nicht das Thema, sondern das Prinzip des Quantums im Gebet, der Gedanke: »Mehr hilft mehr.« Wenn wir 24/7 beteten, was würde alles geschehen! Jesus aber sagt: »Macht nicht viele Worte. Der Vater weiß, was ihr braucht. Der Vater weiß. Betet. Betet auch gerne, leidenschaftlich und oft. Aber wer Gott fürchtet, der weiß: Er muss nicht viele Worte machen.« Im Extrem wartet das Gegenteil. Im Extrem wird aus Vertrauen Misstrauen und der Gedanke: Ich muss mehr beten, sonst hört Gott nicht. Jesus sagt: »Vater weiß doch schon!«

Auch das ist nicht abstrakt. Wie gut, wenn uns das Gebet wichtig wird. Wie gut, wenn wir füreinander und für andere beten. Ich bin so dankbar, dass ich wissen kann, dass für mich Menschen beten. Und ich selbst wüsste nicht mehr ein noch aus, wenn ich nicht Gott in den Ohren liegen dürfte. Aber: Nicht die Menge macht's. Der Vater weiß. Deshalb beten mündige Beter oft und halten's kurz.

Ich könnte die Reihe noch mit der Weisheit fortsetzen. Dieses Thema müssten wir einmal unter uns Theologen anschauen. Sei nicht allzu weise, aber fürchte Gott. Unsere Texte und Reden klingen manchmal so, als säßen wir bei Gott am Mittagstisch und wüssten alle seine Geheimnisse. Paulus, einer der größten unter den Theologen, sagt: »Was wir erkennen, sind nur Bruchstücke« (1. Korinther 13,9). Vieles verstehen wir nicht im Ansatz, vieles ist (und bleibt bis auf Weiteres) Gottes Geheimnis. Was wir wissen müssen, das lesen wir in der Bibel. Durch sie redet der Herr mit uns. Da ist Klarheit und genug Weisheit. Aber darüber hinaus wissen wir viel weniger, als wir manchmal zu wissen vorgeben.

Was hat das alles mit mündigem Christsein zu tun?

Warum aber das alles? Warum gehört er doch zum mündigen Christsein, dieser Kohelet, diese seltsame Gestalt am Rande des Alten Testaments?

»WAS WIR ERKENNEN, SIND NUR BRUCHSTÜCKE.«

Es geht ja nicht darum, diejenigen zu belehren oder gar zu beschämen, die nach einer tieferen Beziehung zu Gott suchen, die mehr von ihm erwarten als religiöses Mittelmaß, die mit Gott im Alltag leben möchten. Kohelet ist nicht der Prediger des Mittelmaßes.

Aber Christen ringen immer wieder darum, wie das aussieht: Jesus konsequent nachfolgen, lebendig und mündig Christ sein, sein Leben in die Waagschale werfen. Großartig! Dafür schreiben wir solche Bücher! Aber wir wollen von der ganzen Bibel lernen, auch von Kohelet. Sein Beitrag zur Bibel soll auch zu Gehör gebracht werden. »Habt acht auf eure Frömmigkeit«, sagt Jesus auf dem Berg (vgl. Matthäus 6,1). »Euer Glaube kann driften, er kann unterkühlt alles hinter sich lassen, was euch einmal heilig war. Nicht gut! Euer Glaube kann aber auch überhitzt, ja fiebrig werden, ins Extrem laufen, ins Gegenteil fallen, sei es, dass er Gottes Gnade nicht mehr braucht, sei es, dass er Gott betend so misstraut, dass er immer mehr Worte macht. Auch nicht gut. Habt das im Sinn auf eurer geistlichen Reise. Fürchtet Gott!« Oder klarer noch: Haltet euch an Jesus, den Gekreuzigten und Auferstandenen, und an das klare Wort der Bibel. So bleibt der Glaube geerdet, nüchtern, in der Balance und darin mündig.

Die Jahreshauptversammlung der Bibelautoren ging dann doch friedlich weiter. Kohelet wurde freundlich in der Runde begrüßt und Lukas und Matthäus räumten grummelnd ein, dass er etwas zu sagen hat. Er gehört dazu, wenn er auch eher als Grenzwächter am Rand der biblischen Botschaft taugt. Auf die Shortlist für den Bibel-Buchpreis hat er es wieder nicht geschafft. Da standen die kleinen Propheten. (mh)

Vom kindlichen Sorgen zum mündigen Unternehmertum

Redewendungen rufen gewisse Reaktionen hervor. Das geschieht fast automatisch, sozusagen reflexhaft. Sie wirken wie Reize, die eine Reaktion auslösen. Vor unserem Inneren erstehen Bilder, werden Gefühle wach, Erinnerungen tauchen auf. Bei mir sind das oft Assoziationen an Filme. Wenn ich zum Beispiel höre: »Das Leben ist wie eine Pralinenschachtel«, sehe ich sofort Forrest Gump auf der Bank sitzen. »Play it again, Sam«, da bin ich plötzlich in einer Bar in Casablanca mit Humphrey Bogart. Und »Ich gehe allein nach Mordor« projiziert den einen Gesichtsausdruck auf meine innere Leinwand, zu dem Frodo Beutlin in entscheidenden Momenten fähig ist.

Leider passiert dasselbe, wenn ich die Erzählung aus der Apostelgeschichte höre. Moment, wieso leider? Da passieren doch großartige Dinge! Den Film möchte man immer wieder gucken! In den Tagen nach Pfingsten wächst die kleine Schar der Jesusnachfolger rasant an, immer mehr Menschen schließen sich der ersten Gemeinde an. Es ist der Honeymoon der Christenheit. Pfingsten scheint gar nicht mehr aufzuhören. Sie kommen in ihren Häusern zusammen, erzählen die Jesus-Geschichte, essen zusammen, loben Gott, beten. An allen Ecken in Jerusalem hört man es: »Jesus ist auferstanden! Er ist der Herr. Kommt, lasst euch taufen, glaubt an ihn!« Die Menschen kommen, lassen sich taufen und glauben an ihn. Sie sind erfüllt von Freude und Hoffnung. Schuld ist vergeben, der Tod entmachtet.

Das Leben fängt noch einmal neu an: Es ändert sich so viel. Nein, *sie* ändern sich so sehr. Wo Missmut war, ist nun Freude. Wo Trauer regierte, ist jetzt Hoffnung. Wo jeder um sich selbst kreiste, herrscht selbstlose Freundlichkeit. Wer sich nur selbst bediente, dient nun den anderen.

Das hat krasse Folgen: Diese Christen geben das Geld mit vollen Händen aus, aber nicht für privaten Luxus. Sie geben es für die, die zu wenig zum Leben und zu viel zum Sterben haben. Als ob sie sich um sich selbst überhaupt keine Sorgen mehr machen! Als ob sie ihr kleines Vermögen und das ererbte Grundstück bald nicht mehr brauchen würden!

> Die ganze Gemeinde war ein Herz und eine Seele. Keiner betrachtete etwas von seinem Besitz als sein persönliches Eigentum. Vielmehr gehörte alles, was sie hatten, ihnen allen gemeinsam. Mit großer Kraft traten die Apostel als Zeugen dafür auf, dass Jesus, der Herr, auferstanden war. Gottes Gnade war unter ihnen in reichem Maß spürbar. Keiner von ihnen musste Not leiden. Wer Grundstücke oder Häuser besaß, verkaufte diese und stellte den Erlös zur Verfügung. Er legte das Geld den Aposteln zu Füßen. Davon erhielt jeder Bedürftige so viel, wie er brauchte. So machte es auch Josef, ein Levit, der aus Zypern stammte. Die Apostel nannten ihn Barnabas, das bedeutet: der Tröster. Josef verkaufte einen Acker, der ihm gehörte. Den Erlös stellte er der Gemeinde zur Verfügung und legte ihn den Aposteln zu Füßen.
>
> *Apostelgeschichte 4,32-37*

Barnabas, ein respektierter Bürger, verkauft sein Grundstück und gibt das Geld bei den Leitern der Gemeinde ab; er legt es ihnen zu Füßen. Andere werden angesteckt und tun dasselbe. Niemand steuert und lenkt das; die machen das einfach so, als wäre es ihr größtes Vergnügen, ihr innerstes Anliegen! Die geben auch nicht nach dem Prinzip von »Marie Kondō«: Entsorgen oder verschenken, woran man keine Freude mehr hat. Die geben weg, woran sie eben noch größte Freude hatten: elterlichen Besitz, heiligen Grund und Boden! Und nach kurzer Zeit haben sich die Verhältnisse geändert: Die einen betrachten ihren Besitz nicht mehr als ihr Eigentum. Die anderen haben keinen Mangel mehr. Und die Gemeinde scheint dazwischen zu vermitteln: Die einen geben, was sie haben, an die Gemeinde ab. Die anderen bekommen, was sie brauchen, von der Gemeinde. Und keiner hat Mangel.

Da erzählt doch einer: »Das, liebe Leute, das ist ein altes, ein uraltes Versprechen. In den alten Büchern aus Moses Tagen, da heißt es, dass eines Tages, wenn Gott die Zeiten wendet, dass eines Tages, wenn endlich alles wahr wird, was wir erhoffen, dass eines Tages tatsächlich niemand mehr Mangel leiden wird. Niemand wird mit knurrendem Magen ins Bett steigen. Niemand wird sich nachts sorgen, wovon er morgen die Kinder satt kriegt. Niemand wird im Alter vor sich hin darben. Niemand wird auf der Straße leben und betteln. Niemand wird Mangel haben. ›Eigentlich sollte es gar keinen Armen bei dir geben‹ (5. Mose 15,4), heißt es in den alten Schriften aus Moses Tagen.« Wahnsinn, denken nun alle, was ist los hier bei uns in Jerusalem, was geschieht da in der Gemeinschaft der Jesus-Nachfolger? Lukas schreibt: »Keiner von ihnen musste Not leiden.«

»Ein Herz und eine Seele«

Da passieren großartige Dinge in Jerusalem. Warum habe ich also einen Reflex, den ich bedauere? Lukas sagt über die ersten Christen: Sie waren »ein Herz und eine Seele«. Damit will er sagen: Ihre Gemeinschaft war ohne Schatten. Sie hatten einen Sinn, verfolgten einen Willen, empfanden dieselbe Freude und waren erfüllt von derselben Liebe. Ein Herz und eine Seele. Das ist schon sprichwörtlich Ausdruck von ungetrübter Gemeinschaft!

Aber leider funktioniert bei mir nun derselbe Reflex, der mich bei Forrest Gump an Schokolade und bei Frodo an Tempo-Taschentücher denken lässt. Ein Herz und eine Seele – zack, schon sehe ich in meinem inneren Kinosaal Alfred Tetzlaff, das Ekel Alfred, der mit seiner Frau, die er gerne als »dumme Kuh« tituliert, und mit Tochter und Schwiegersohn in einer engen Ruhrgebietswohnung lebt. Diese Serie von 24 Folgen hieß ausgerechnet so: »Ein Herz und eine Seele«. Die Serie ist Kult! Und man kann daran mein Alter ablesen, denn die Serie startete 1973. So viel sei verraten: In dieser Familie mit Ekel Alfred an der Spitze war nichts von ungetrübter Gemeinschaft zu spüren. Alfreds Motto könnte man in Anlehnung an Hamlet so benennen: »Du oder ich, das ist hier die Frage!« Sie waren einander in herzlicher Abneigung zugetan. Kein gemeinsames Trachten, kein großzügiges Beistehen, kein rücksichtsvoller Umgang. »Mord und Totschlag« wäre der bessere Titel für diese Serie gewesen!

Märchen oder Appell?

Das allein wäre ja noch nicht so schlimm, wenn nicht der erste Reflex gleich einen zweiten erzeugte: Ist es nicht so? Ist das nicht unsere Realität? Wo sind denn Menschen wirklich »ein Herz und eine Seele«? Seit wann sind Christen berühmt für ihre Einigkeit und Herzlichkeit? Wo regiert solche Freundlichkeit? Bei uns? Wo herrscht diese krasse Großzügigkeit? Bei mir? Wo verliert »mein Geld« so an Wert, dass ich lieber die Not des anderen lindere, als das eigene Säckel zu füllen? Sind wir so? Wo bitte soll das sein? Wo fällt die Christengemeinde durch ihren radikalen Lebensstil derart öffentlich auf, dass es Stadtgespräch wird? Wo sind mit einem Mal alle sozialen Probleme beiseitegeräumt?

In mir wachsen die Einwände. War ich eben noch berührt von dieser herrlichen Szene aus den ersten Tagen der Christenheit, wacht nun der kritische Theologe in mir auf. Muss ich nicht als mündiger Christ erwachsen sein und mir diese romantischen Vorstellungen endgültig verbieten? Ist mündig sein nicht gleichbedeutend damit, keinen Illusionen nachzuhängen?

SEIT WANN SIND CHRISTEN BERÜHMT FÜR IHRE EINIGKEIT UND HERZLICHKEIT?

Und überhaupt: War es denn damals wirklich so? Erzählt nicht Lukas gleich im Anschluss von Lug und Trug, von halbherzigen Opfern, von verstecktem Eigennutz, vom Streit bei der Witwenspeisung? Muss nicht Paulus wenig später eine Kollekte in den Gemeinden rund ums Mittelmeer sammeln, weil die in Jerusalem hoffnungslos pleite war (vgl. 2. Korinther 8–10)? Werden sie sich nicht ganz schnell über alles Mögliche in die Haare kriegen, muss nicht ein Konzil erst die gröbsten Streitigkeiten beilegen? Also kommt mir nicht mit »ein Herz und eine Seele«! Damals wie heute: Ekel Alfred regiert, nicht »ein Herz und eine Seele«.

Wie kommen wir raus aus dieser Nummer? Was ist mit diesem kurzen Film aus längst vergangenen Tagen, den wir mit offenem Mund staunend betrachten: tatsächlich Christen, die für ihre Liebe und Großzügigkeit berühmt waren? Donnerwetter!

Man könnte denken, dass uns nur zwei Auswege zur Verfügung stehen:

Entweder können wir die Geschichte, die Lukas erzählt, ins Reich der Märchen entlassen. Zu schön, um wahr zu sein! Ade, Lukas, war ein netter Versuch, aber leider krachend gescheitert. Ein kleines Bedauern huscht durch unser Herz. Ein kleines Bedauern, weil es so schön klingt: herzliche Gemeinschaft, Schluss mit Mangel und Not. Aber was soll's, halte dich nicht mit Märchen auf!

Oder wir können uns diese Geschichte so richtig zu Herzen nehmen: Mensch, Leute, strengt euch doch mal ein bisschen an. Steigert eure monatlichen Spenden, seid nett zueinander, verkauft eure Lebensversicherung und spendet den Ertrag an Greta Thunberg, lebt einfach und bescheiden, helft dem Pastor, seinen Rasen zu mähen, und nehmt euch selbst nicht immer so wichtig. Nehmt euch Jesus zum Vorbild, der selbstlos alles gegeben hat!

> DIE ERSTEN CHRISTEN WAREN FÜR IHRE LIEBE UND GROSSZÜGIGKEIT BERÜHMT.

Ein bisschen wird es nun eng in unserer Brust. Das klingt nicht nur anspruchsvoll, das klingt restlos unmöglich.

Entweder Märchen oder Appell! Ein Drittes gibt es nicht. Wir könnten für unsere Leserinnen und Leser zwei Fortsetzungen bei YouTube anbieten, einmal die Variante »Abschied von einem Märchen« und einmal die Variante »Aufruf zu konsequenter Heiligung«. Aber: Wer nur ein Märchen sieht und resigniert, macht denselben Fehler wie der, der zu moralischer Aufrüstung ruft: Er macht die Rechnung ohne den Wirt, er liest die Geschichte ohne ihre Pointe, er überliest, was hier eigentlich erzählt wird.

Weder Märchen noch Appell – sondern: Heiliger Geist

Diese Geschichte ist nämlich nicht Teil 1 in der spannenden Mini-Serie »Die ersten Tage von Jerusalem«. Unsere Geschichte von herzlicher, einmütiger, tatkräftiger Gemeinschaft ist nur Teil 2. Und man könnte es auch merken: Es ist nämlich gar nicht so märchenhaft, was da erzählt wird. Es ist eine Geschichte von einem großen, berührenden Moment, aber der sie erzählt, weiß auch von Niederlagen und Rückschlägen. Und es ist auch gar niemand in Sicht, der die Christen in Jerusalem aufgerüttelt, angespornt und mal so richtig auf Trab gebracht hätte. Die tun das alles irgendwie – wie von selbst!

Es muss also eine andere Lösung geben: weder Märchen noch Appell. Was dann?

Es hängt alles an Pfingsten. Es hängt alles am Kommen des Heiligen Geistes. Von großer Gnade und großer Kraft erzählt Lukas, das heißt vom Heiligen Geist. Von mutiger Predigt erzählt Lukas, das heißt vom Heiligen Geist. Heiliger Geist: Das ist Gott in unserer Mitte. Die Menschen in Jerusalem hören die Apostel, wie sie von Jesus erzählen, und sie hören nicht nur Worte, denn diese Worte sind voller Geist und Kraft, und sie tragen den Geist Gottes an die Herzen derer heran, die es hören; und der Geist Gottes trägt diese Worte in die Herzen derer, die es hören. So macht das der Heilige Geist. Das Wort trägt den Geist an das Herz heran, der Geist trägt das Wort in das Herz hinein.[21]

DAS WORT TRÄGT DEN GEIST AN DAS HERZ HERAN, DER GEIST TRÄGT DAS WORT IN DAS HERZ HINEIN.

Nun passieren große Dinge: Der Geist macht plötzlich alles groß und wichtig, klar und gewiss, was Jesus getan hat. Der Geist lässt uns schmerzhaft erkennen, wie wir ohne Gott in der Welt herumtreiben, an vergänglich Geld und Gut gebunden, so oft voneinander im Zwist geschieden, so oft ängstlich besorgt um das eigene Auskommen, so oft gleichgültig für den Mangel des anderen, zutiefst einsam, traurig, unmündig und hoffnungslos im Angesicht unseres Todes.

Und dann lässt uns der Geist sehen, wer Jesus ist: derjenige, der alles Gott zu Füßen gelegt hat, alle Macht, alle Anerkennung, den ganzen Himmel, der bettelarm geworden ist, damit wir reich werden.

Aber der Geist lässt uns das nicht abstrakt sehen: Er zeigt uns, wie wir in unserer Taufe mit Jesus vereint wurden. Unser altes Leben ist vergangen, ein neues soll beginnen. Unsere Schuld ist vergeben. Unsere Armut ist besiegt. Wir sind unendlich reich: Weil wir zu ihm gehören und indem wir zu ihm gehören, allein indem wir zu ihm gehören, sind wir Gotteskinder, gerecht, heilig, mit der ganzen Ewigkeit beschenkt, Teil seines Teams auf Erden, begabt, Gäste an seinem Tisch, Glieder an seinem Leib, Könige und Priesterinnen. Der uns so adelt, wird uns auch nicht verhungern lassen, er wird für alles sorgen, was wir auf Erden brauchen.

Er öffnet die Türen

Und dann öffnet der Geist in uns eine Tür nach der anderen: Wir sehen die Dinge in einem neuen Licht. Das Verhältnis von Mittel und Zweck wird wieder geordnet. Geld und Besitz sind Mittel, nicht Zweck. Mittel, Gutes zu tun, anderen zu dienen, Not zu lindern. Klar: auch Mittel für Essen, Trinken, Kleidung, Kinder, Alter und Urlaub. Aber Mittel, nicht Zweck. Kein Wert an sich. Wir wachsen heraus aus einem unmündigen und kindischen Verhältnis zu unserem Geld und Gut. Aus Kindern, die sich ängstlich an Vergängliches klammern, werden geistliche Unternehmer, die mündig den Wert der Güter einschätzen und sie dann verantwortlich einsetzen.

WIR WACHSEN HERAUS AUS EINEM UNMÜNDIGEN VERHÄLTNIS ZU UNSEREM GELD UND GUT.

Wo die Sorge um uns selbst weicht, erwacht Großzügigkeit. Wo uns unser Reichtum vor Augen steht, wird das Geben leichter. Plötzlich sehen wir überhaupt erst den anderen, der Hilfe braucht und Mangel leidet. Und es geht nicht mehr, wir können das nicht länger ertragen, dass wir haben, was der andere braucht. Die Hände öffnen sich von selbst, die Erleichterung des anderen wird unsere Freude.

Also: »Komm, Heiliger Geist«

Der Geist macht frei, das Gute zu tun. Pfingsten ist der Schlüssel zu dieser Geschichte. »Komm, Heiliger Geist, komm und erneuere uns«, das kann nur unser Gebet sein, wenn wir das alles hören. Wenn wir dieses Bild großzügiger Gemeinschaft nicht einfach verabschieden wollen, aber auch nicht so tun, als brächten wir das zustande, dann beten wir: »Komm, Heiliger Geist.« In einem Pfingstlied, das um 1200 entstanden ist, heißt es:

Komm herab, o Heiliger Geist,
der die finstere Nacht zerreißt,
strahle Licht in diese Welt.

Komm, der alle Armen liebt,
komm, der gute Gaben gibt,
komm, der jedes Herz erhellt …

Komm, o du glückselig Licht,
fülle Herz und Angesicht,
dring bis auf der Seele Grund.

Ohne dein lebendig Wehn
kann im Menschen nichts bestehn,
kann nichts heil sein noch gesund.

Lukas erzählt, wie die Apostel die Jesus-Nachricht verkünden, mutig und klar, einladend und herausfordernd. Und da, unter diesem Einfluss, verändern sich die Dinge. Menschen verändern sich. Die Jesus-Nachricht geht zu Herzen, sie erzeugt Sehnsucht nach einem anderen Leben, sie lässt Abschied nehmen von alten Lebensentwürfen, sie macht ein neues Leben möglich. Und wenn das nicht Singular bleibt, sondern Plural wird, dann entsteht Gemeinde, »ein Herz und eine Seele«. Es geschieht wohl nicht ein für alle Mal, aber es geschieht immer wieder – und manches wird mit der Zeit, trotz aller Rückschläge, tatsächlich leichter.

Zwei Ausblicke für das 21. Jahrhundert

Ich möchte das noch etwas beleuchten: Wir leben ja nicht im ersten, sondern im 21. Jahrhundert – da sind die Verhältnisse etwas andere, in die der Heilige Geist hineinwirken wird. Darum zum Schluss zwei Ausblicke. Wie könnte das denn aussehen, wenn der Geist uns erneuert?

Das Altbekannte

Es tut mir leid, aber beim ersten Ausblick geht es immer noch um Geld, um den Mangel der einen und den Überfluss der anderen. Woran würde man merken, dass sich hier etwas in uns verändert hat?

Versuchen wir es mal so: Wenn wir Geld geben, weil wir ein schlechtes Gewissen haben oder weil wir dazu von frommen Stimmen gedrängt werden, dann geschieht das erstens passiv und zweitens spontan. Passiv, denn der Impuls kommt nicht von uns; wir werden ein bisschen »geschoben«. Und spontan, denn wir tun hier nichts, was Teil unseres Lebensplans ist.

Wenn wir Geld geben, weil wir wissen, wie reich wir sind und wie gut für uns gesorgt wird, dann geschieht das nicht, weil uns fromme Stimmen bedrängen. Es geschieht erstens aktiv und zweitens absichtsvoll. Das ist das A&A des mündigen Gebens: aktiv und absichtsvoll. Das heißt: Wir haben über unser Geld nachgedacht. Wir haben einen Plan. Wir wissen, was wir brauchen. Wir legen auch vernünftigerweise Geld beiseite für zukünftige Ausgaben. Und dann haben wir ein Budget für das Reich Gottes. Wir opfern nicht mit Leidensmiene, sondern wir investieren in Projekte des Reiches Gottes, in zukunftssichere Projekte mit Ewigkeitswert. Wir investieren in den Dienst der Gemeinde: Legt ruhig den Ältesten ein Säckchen Geld zu Füßen. Wir investieren in das Leben derer, die wenig haben, für die uns aber Gott mit Ressourcen ausgestattet hat. Haben wir unser Geld schon einmal so gesehen: als Ressource, mit der uns Gott losschickt zu anderen? Wir investieren in Gerechtigkeit, in Frieden, in die Erhaltung der Schöpfung, in ein Klima, in dem auch zukünftig Menschen und Tiere leben können. Wir investieren darin, dass mehr Menschen von Jesus hören. Und zwar aktiv und absichtsvoll, nicht passiv und spontan. Es ist Teil unseres Lebens. Es ist das Unternehmerische in der Nachfolge von mündigen Christen. Es ist Freude. Es ist leicht. Der Geist macht es leicht. Okay, leichter, denn auf Erden ist ja immer noch »Old Adam« da, der sich mit Sorge, Gier und Neid einmischt. Aber er kriegt immer öfter mal die rote Karte gezeigt.

Ich hänge einen kleinen Gedanken an: So gesehen ist es auch Freude, Steuern zu zahlen. Ich kann natürlich sagen: Das ist mein Geld, und mein Sport ist es, dem Finanzamt so wenig wie möglich zu geben. Ich kann aber auch sagen: Das ist ein Investitionsmittel, und ein Teil gehört der größeren Gemeinschaft, unserer Gesellschaft, die vielleicht nicht alles so einsetzt, wie ich es täte, aber zum Beispiel in Pandemiezeiten Intensivstationen ausstattet, Forschung finanziert, kleinen Selbstständigen hilft, zu überleben, meine Lieblingspizzeria offen zu halten und Schulen und Kindergärten vernünftig auszustatten. Ich muss das Zahlen von Steuern nicht lieben, ich darf auch weiter eine ehrliche Steuererklärung abgeben. Aber ich habe ein Problem damit, dass uns das Opfer für die Gemeinde Spaß machen, aber die Abgabe an unsere gesellschaftliche Gemeinschaft eine Qual sein soll.

HABEN WIR UNSER GELD SCHON EINMAL ALS RESSOURCE GESEHEN, MIT DER UNS GOTT LOSSCHICKT ZU ANDEREN?

Das Besondere unserer Zeit

Wir leben im 21. Jahrhundert. Das heißt auch: Der Mangel, der Menschen das Leben schwer macht, ist nicht immer ein Mangel an Geld und Gut, an Nahrung, Kleidung oder Unterkunft. Das auch! Aber nicht immer. Wir leben in einem Sozialstaat. Und ich stimme von Herzen dem zu, was ein Moderator im Fernsehen einmal sagte: »Ich wollte in keinem anderen Staat die Corona-Krise erlebt haben.« Wahrlich nicht. Vielen geht es gut, für die meisten anderen wird gesorgt. Das war in Jerusalem kurz nach Pfingsten anders.

Wir sollten daher neu nachdenken, welchem Mangel denn jetzt abgeholfen werden müsste. Vielleicht ist es der Mangel an Gemeinschaft. Es ist die erlebte und erlittene Einsamkeit, die in Corona-Zeiten noch schmerzhafter zu spüren war. Marc Zuckerberg hat 2017 ein Manifest gegen Einsamkeit und für den Aufbau neuer Gemeinschaften veröffentlicht. Facebook sollte zu mehr realen Gemeinschaften beitragen. Also Online-Gemeinschaft im Dienst von Offline-Gemeinschaft. Ich bin mir nicht sicher, ob das klappt, aber immerhin war Online-Gemeinschaft in diesen Corona-Monaten für viele das Einzige, was gegen Einsamkeit möglich war. Ich bin dankbar für die Möglichkeit, wenigstens per Skype oder Zoom mit meinen Kindern, Freunden, Kolleginnen, mit der Gemeinde zusammen zu sein. Und zugleich merken wir, dass Online-Gemeinschaft kein Ersatz für Offline-Gemeinschaft ist. Wir können online miteinander reden, aber es ist nicht dasselbe wie zusammen essen, singen, das Mahl feiern. Wir können jemanden anrufen und trösten, aber es ist nicht dasselbe, wie des anderen Hand zu halten, ihn zu segnen, ihm einen Kuchen zu bringen.

Einsamkeit in Zeiten von Corona verschärft, was auch sonst da ist (oder fehlt). Gemeinschaft ist die Mangel-Ressource schlechthin im Leben von Alten und Jungen. Auch in christlichen Gemeinden kann man dabei und doch einsam sein. Weil man nicht zu den angesagten Freundeskreisen gehört, nicht auffällt oder nicht so wichtig scheint, weil man still ist oder als schwierig gilt, unattraktiv scheint oder einfach übersehen wird. Dann ist die Gemeinde nur 60 Prozent »ein Herz und eine Seele« und merkt es vielleicht nicht.

»Social distancing« begann nicht mit Corona, es ist immer schon da gewesen, aber die Attraktiven und Verknüpften haben es nicht gemerkt. Wir müssen wohl nicht weiter ausmalen, was der Geist da in uns ändern wollte, welche Türen er aufgestoßen hat, zu wem er uns jetzt sendet und wen er vom Rand in die Mitte rückt. Keiner soll Mangel leiden. Und meine kostbaren Ressourcen an Zeit, Gespräch, Zuhören, praktischer Hilfe, Zuwendung, Geduld gehören nicht nur mir und meinen Freundinnen und Buddies.

Wenn wir so leben, dann können vielleicht die Worte »ein Herz und eine Seele« in uns nicht den Gedanken an »Ekel Alfred«, sondern Hoffnung und Sehnsucht wecken. (mh)

Mündig hoffen: Jesus kommt wieder

Dass zwischen Wissen und Nichtwissen ein großer Unterschied besteht, habe ich vor einigen Jahren sehr eindrücklich gelernt: Ich habe in Berlin bei der Kältehilfe der Stadtmission mit obdachlosen Menschen gearbeitet. Eines Abends haben wir einen Gast an der Tür begrüßt. Dabei bot er mir Schokolade an und meinte: »Hier, koste mal! Schmeckt voll ekelig.« Es handelte sich um Lavendel-Schokolade. Ich habe ein Stück genommen und gekostet, und ja, sie schmeckte tatsächlich etwas gewöhnungsbedürftig. Irgendwie nach Seife oder Waschmittel. Es war halt Lavendel-Schokolade. Als dann eine Kollegin von mir zur Tür kam, bot der Mann ihr ebenfalls ein Stück an und meinte: »Koste mal, die hab ich im Müll gefunden.«

In dem Moment dachte ich: »Diese Info hätte ich gern ein bisschen früher gehabt.« Meine Kollegin lehnte höflich ab. Das also ist der Unterschied zwischen Wissen und Nichtwissen.

Eigentlich nichts Neues

Der Apostel Paulus schreibt in seinem ältesten (uns bekannten) Brief:

> Was die Zeiten und Fristen betrifft, Brüder und Schwestern, darüber brauche ich euch nichts zu schreiben. Denn ihr wisst selbst ganz genau: Der Tag des Herrn kommt unerwartet wie ein Dieb in der Nacht. Gerade sagen die Leute noch: »Wir leben in Frieden und Sicherheit!« Da wird das Verder-

ben ganz plötzlich über sie hereinbrechen – so wie bei einer schwangeren Frau plötzlich die Wehen einsetzen. Dann gibt es kein Entkommen.
Brüder und Schwestern! Ihr lebt nicht in der Finsternis. Deshalb wird euch der Tag des Herrn nicht überraschen wie ein Dieb. Denn ihr seid alle Kinder des Lichts und Kinder des Tages. Wir gehören weder der Nacht noch der Finsternis. Lasst uns also nicht schlafen wie die anderen. Lasst uns vielmehr wach und nüchtern sein! Denn wer schläft, schläft in der Nacht. Und wer sich betrinkt, ist nachts betrunken. Aber wir gehören zum Tag. Deshalb wollen wir nüchtern sein – gewappnet mit Glaube und Liebe als Brustpanzer und der Hoffnung auf Rettung als Helm. Denn Gott hat uns nicht dazu erwählt, dass uns im Gericht sein Zorn trifft. Vielmehr sollen wir gerettet werden durch unseren Herrn Jesus Christus. Der ist für uns gestorben, damit wir zusammen mit ihm leben. Dabei ist es ganz gleich, ob wir noch am Leben sind oder ob wir dann schon gestorben sind. Darum macht euch gegenseitig Mut und baut einander auf, wie ihr es ja schon tut.

1. Thessalonicher 5,1-11

Die Gemeinde in Thessalonich, davon ist der Apostel überzeugt, weiß eines ganz genau: »Der Tag des Herrn kommt unerwartet wie ein Dieb in der Nacht.« Dieses Wissen setzt Paulus voraus. Man könnte auch sagen, dass er es der Gemeinde in einem ganz positiven Sinne unterstellt. Ich unterstelle den meisten Leserinnen und Lesern dieses Buchs dieses Wissen ebenfalls. Wie komme ich dazu? Es handelt sich um ein christliches Buch und die Wahrscheinlichkeit, dass es von Christinnen und Christen gelesen wird, ist relativ hoch. Und jeder Mensch, der sich als Christ bezeichnet, bekennt mehr oder weniger regelmäßig folgende Worte: »Ich glaube ... an Jesus Christus, ... aufgefahren in den Himmel; er sitzt zur Rechten Gottes, des allmächtigen Vaters; von dort wird er kommen, zu richten die Lebenden und die Toten.«

Daraus kann man schlussfolgern: Die Vermutung des Paulus, was die Gemeinde in Thessalonich betrifft, gilt für alle Christen. Und man könnte ergänzen: Ausdruck eines mündigen Glaubens ist es, über diese Dinge Bescheid zu wissen.

Der Tag des Herrn

Paulus schreibt an die Gemeinde und stellt klar, dass er über diese Zeit bis zum »Tag des Herrn« und über diesen Zeitpunkt – also den »Tag des Herrn« – eigentlich nichts schreiben muss, da sie ja ohnehin alles wissen. So auch wir: Eigentlich alles klar, oder? Das Kapitel könnte jetzt zu Ende sein, aber vielleicht überlegt der eine oder die andere doch: »Ist mir das wirklich so klar?« Vielleicht ist die Frage, was das eigentlich ist – der Tag des Herrn –, gar nicht so unangebracht.

Wenn man es ganz knapp sagen möchte, dann bedeutet der Tag des Herrn, dass Jesus wiederkommt. Punkt. Dass Gott in Jesus in diese Welt gekommen ist, feiern wir jedes Jahr aufs Neue, wenn wir uns im Advent auf Weihnachten vorbereiten und dann Weihnachten feiern. Wir feiern das große Wunder, dass Gott Mensch wird und sich einmischt in die Welt, sich klein macht und ganz konkret Teil dieser Welt wird. Der Tag des Herrn ist gewissermaßen Weihnachten reloaded: Jesus, der wiederkommt und sich wieder einmischt und wieder Teil der Welt wird.

> DER TAG DES HERRN BEDEUTET, DASS JESUS WIEDERKOMMT. PUNKT.

Aber das wird etwas anders laufen als das erste Weihnachten. Es wird nicht ganz so ruhig, nicht ganz so klein und nicht ganz so zurückhaltend. Es wird gewaltiger, größer und eindeutiger.

Einen Eindruck davon, wie das sein wird, liefert die Beschreibung in Psalm 96:

Sagt den Völkern: »Der HERR herrscht als König!«
Die Erde ist fest gegründet, dass sie nicht wankt.
Er richtet die Nationen nach Recht und Ordnung.
Der Himmel soll sich freuen und die Erde jauchzen.
Das Meer soll brausen und alles, was in ihm lebt.
Das Feld sei fröhlich und alles, was auf ihm wächst.
Alle Bäume des Waldes sollen in Jubel ausbrechen –
vor dem Angesicht des HERRN, wenn er kommt.
Denn er kommt, um Gericht zu halten auf der Erde.
Über den Erdkreis wird er ein gerechtes Urteil fällen
und die Völker nach seiner Wahrheit richten.

Psalm 96,10-13

Der Tag des Herrn – ein Tag des Jubels und des Schreckens

Der Herr kommt zum Gericht und das ist – spannenderweise – Grund für Jubel und Freude! Der Psalm beschreibt, wie die ganze Welt aufblüht, wie das Meer und alles, was darin ist, braust, die Bäume jubeln und alles voller Freude ist. Lebewesen, die sonst nicht so oft tanzen und sich eher weniger bewegen, werden hier voller Dynamik beschrieben. Alles blüht auf, wird lebendig und jetzt könnte man denken: »Okay, aber Gericht und Jubel – wie passt das zusammen?«

Dieser Tag – der Tag des Herrn – ist ein Tag der Freude, wenn man Freude hat an dem, was Gott bringt, nämlich Gerechtigkeit, Wahrheit und Recht. Wenn man an Gott Freude hat, ist dieser Tag ein Tag der Freude, weil Gott selbst kommt. Wenn man wiederum weder an Gott noch an diesen Dingen Freude hat – Gerechtigkeit, Wahrheit, Recht –, dann ist es ein Tag voller Schrecken. Ein Tag voller schrecklicher Erkenntnisse. Ein Tag, an dem jeder Mensch konfrontiert wird mit den Früchten und den Folgen seines Lebens. Ein Tag, der Anlass zur Sorge bietet.

WENN MAN AN GOTT FREUDE HAT, IST DIESER TAG EIN TAG DER FREUDE, WEIL GOTT SELBST KOMMT.

Wenn ich mir mein Leben anschaue, dann würde ich sagen, dass ich mich irgendwo dazwischen befinde. Ich habe Grund, mich zu freuen, aber ich habe auch Grund, mich zu sorgen, weil mein Leben ambivalent ist. Ich entdecke in meinem Herzen unterschiedliche Neigungen: Natürlich freue ich mich an Gott und an dem, was er tut und will. Aber gleichzeitig merke ich, dass sich in mir auch Dinge finden, an denen Gott kein Gefallen hat: Neid, Gier, Egoismus und Hass.

Der Tag des Herrn kommt unerwartet und unvermeidlich

Zwei Merkmale zeichnen den Tag des Herrn aus:

Zum einen ist er wie ein Dieb in der Nacht – sein Zeitpunkt ist unbekannt. Wir wissen nicht, wann dieser Tag kommt. Wir wissen nur, dass er kommt, und das ist das zweite Merkmal: Er kommt so wie die Wehen einer Schwangeren. Wenn eine Frau schwanger ist, weiß man natürlich, dass das irgendwann passieren wird, und je weiter die Schwangerschaft vorangeschritten ist, desto wahrscheinlicher. Trotzdem passiert es plötzlich. Auf einmal geht es los und der Körper sagt: »Okay, die Reise kann beginnen.« Dann ist es unvermeidlich und irreversibel. (Es ist natürlich auch vorher schon unvermeidlich, aber dann ist es offensichtlich unvermeidlich.) Und wenn es losgeht, ist allen klar, worin das enden wird, nämlich: in etwas ganz Neuem und Wunderbarem.

WENN MAN WEDER AN GOTT NOCH AN GERECHTIGKEIT, WAHRHEIT UND RECHT FREUDE HAT, IST ES EIN TAG VOLLER SCHRECKEN.

Der Tag des Herrn kommt plötzlich und unvermeidlich, überraschend und erschreckend. Das gilt besonders dann, wenn man nicht damit rechnet, es nicht auf dem Zettel hat, wenn man nicht weiß, dass der Tag kommt.

Warten wir auf den Tag des Herrn?

Die Frage, die wir uns stellen müssen, lautet: Warten wir eigentlich auf diesen Tag? Paulus gibt einen Hinweis, anhand dessen wir prüfen können, ob wir warten. Ich will ihn als Frage formulieren: Hängt das, was meinem Herz und meiner Seele Frieden und Sicherheit vermittelt, an dieser Welt, an dem, was ich sehen und anfassen, was ich besitzen und beschreiben kann, oder hängt es an Gott selbst, an seiner Wirklichkeit, an seinen Zusagen, an seinem Reich? In Kurzform: Woran hängt das, was mein Leben friedlich und sicher macht?

Je nachdem, wie ich diese Frage beantworte, komme ich meiner Haltung zum Tag des Herrn auf die Spur. Ich identifiziere das, woran mein Herz hängt, und entdecke, worauf ich hoffe und warte. Paulus sagt: »Ihr seid Kinder genau dieses Tages. Ihr seid eben nicht Kinder der Nacht. Dieser Tag sollte euch nicht überraschen, denn ihr gehört bereits zu ihm. Deshalb ist es auch nichts wirklich Neues, was ich euch hier schreibe. Es ist eigentlich klar. Ich müsste euch darüber gar nichts erzählen. Ich müsste darüber gar nicht predigen.«

Mündige Christinnen und Christen – so könnte man Paulus verstehen – sollten vorbereitet sein, denn dieser Tag dämmert bereits und wir sind Kinder dieses Tages. Der Tag ist nicht nur gesetzt, er ist bereits angebrochen und zugleich ist er noch nicht ganz da, sondern entfaltet sich erst. Doch obwohl dieser Tag noch nicht voll und ganz da ist, leben wir bereits im Licht dieses Tages. Traugott Holtz schreibt in seinem Kommentar zum ersten Thessalonicherbrief, dass es Paulus um eine »Situationsbestimmung« gehe: Christinnen und Christen leben in einem »Spannungsfeld zwischen Nacht und Tag, zwischen der Welt dieser Geschichte und der Welt des kommenden Gekommenen«.[22]

WORAN HÄNGT DAS, WAS MEIN LEBEN FRIEDLICH UND SICHER MACHT?

In genau dieser Spannung befinden wir uns: Wir existieren zwischen der Nacht, die uns so sichtbar umgibt, und dem anbrechenden Tag, der sich abzeichnet, aber eben erst im Werden ist. Wir leben zwischen der Welt mit ihrer Geschichte und ihrer Wirklichkeit und dem, der kommt – Jesus Christus. Er, der schon einmal in die Welt gekommen ist und als Kind in der Krippe lag, und er, der wiederkommt.

Vorfreude

Mit ungefähr acht Jahren – kurz nach der Wende – war ich bei meinen Großeltern in Radebeul. Irgendwann hieß es: »Heute kommen

Ebelings.« Ich wusste zwar nicht genau, wer das ist, aber ich wusste zwei Sachen: Erstens: Das sind Menschen aus dem Westen, und zweitens: Die haben ein Wohnmobil. Das waren für einen Achtjährigen aus dem Osten zwei gute Gründe, sich ziemlich zu freuen und aufgeregt zu sein. Ich habe deshalb mehr oder weniger den ganzen Tag damit verbracht, immer wieder zum Gartentor zu laufen und auf der voll befahrenen Straße zu gucken, wann dieses Wohnmobil auftaucht. Was genau das ist, wusste ich nicht, aber ich wusste, dass es irgendwie ein Haus auf Rädern ist. Ich hatte keine genaue Ahnung, wie ich mir das vorstellen soll, aber es klang cool und ich wollte es sehen und war entsprechend gespannt. Irgendwann kamen Ebelings tatsächlich. Sie waren ein nettes älteres Ehepaar, das ein bisschen komisch redete, und sie hatten dieses ominöse Wohnmobil dabei, welches ich die nächsten Tage intensiv erkundete.

Jetzt als Erwachsener warte ich nicht mehr auf Wohnmobile, aber ich kenne solche Vorfreuden immer noch. Die letzte Woche vor dem lang ersehnten Sommerurlaub. Die Hochzeit von guten Freunden. Noch mehr: wenn ich auf jemanden warte, den ich wirklich mag und den ich vermisst habe. Jeder, der schon mal verliebt war, weiß, wie das ist. Wenn meine Frau mit unserer Tochter für ein paar Tage weg ist, bin ich schon einen halben Tag bevor sie kommen, total aufgeregt. Dann schaue ich auf die Uhr und denke: »Jetzt fahren sie los und in zwei Stunden sind sie da«, und die Vorfreude steigt. Und je näher das Wiedersehen rückt, desto schöner die Stimmung und umso größer die Vorfreude.

WIE WIR AUF JEMANDEN WARTEN, DRÜCKT AUS, WAS UNS DIESE PERSON BEDEUTET.

Die Art, wie wir auf jemanden warten, drückt aus, was uns diese Person bedeutet. Deshalb lautet meine Frage an uns: Wie warten wir auf Jesus und was sagt das darüber aus, was er uns bedeutet? Warten wir ungeduldig oder uninteressiert? Warten wir gespannt oder gleichgültig? Warten wir sehnsüchtig oder doch eher sorgenvoll? Sind wir suchend oder eher satt? Schmerzt uns die Abwesenheit von Jesus oder sind wir eigentlich zufrieden, weil wir uns gut eingerichtet haben in dieser Welt und ihrer Wirklichkeit?

Wach und nüchtern

Paulus zeigt uns, wie mündige Christen warten sollen: wach und nüchtern. Wach bedeutet: Wir sollen nicht gleichgültig, nicht schlafend oder schlafwandelnd sein – also nur scheinbar wach, aber doch schlafend. Wir sollen wach und wissend, voller Erwartung, ja Vorfreude sein. Nicht uninteressiert oder ahnungslos, nicht abgelenkt oder abgestumpft, nicht blind für Gottes Wirklichkeit und doch nicht verzweifelt oder panisch.

Mündige Christen sollen aufmerksam sein, gespannt und voller Erwartung, wach für die Zeichen der Zeit, wahrnehmen, was passiert. Jesus hat gesagt: »Schaut euch doch den Feigenbaum an oder all die anderen Bäume. Wenn ihr seht, dass sie Blätter bekommen, dann wisst ihr: Der Sommer ist bald da. So ist es auch mit euch: Wenn ihr seht, dass das alles geschieht, dann wisst ihr: Das Reich Gottes ist nahe« (Lukas 21,29-31). Mit anderen Worten: Wenn ihr einen Baum seht, der neue Triebe bringt, dann wisst ihr, dass der Frühling nah ist. Und wenn ihr aus dem Fenster schaut und seht, dass sich die Bäume verfärben, dann wisst ihr, dass der Herbst kommt. Ihr könnt die kleinen Zeichen der Zeit lesen, bitte lest auch die großen Zeichen der Zeit! Seid nicht naiv und macht euch klar, dass diese Welt nicht unendlich ist. Seid realistisch, seid wach für die Wirklichkeit Gottes, aber seid nüchtern. Seid bitte nicht hysterisch. Spekuliert nicht herum, wann denn jetzt genau der Tag des Herrn ist. Berechnet es bitte nicht und zieht keine voreiligen Schlüsse. Seid nicht so arrogant, zu denken, dass ihr etwas wüsstet, das ihr eben nicht wisst, sondern nehmt Jesus ernst, der sagt: »An welchem Tag oder zu welcher Stunde das sein wird, weiß niemand – auch nicht die Engel im Himmel, nicht einmal der Sohn, sondern nur der Vater« (Markus 13,32).

Deshalb lasst uns wach und nüchtern sein. Lasst uns gelassen sein in dem Wissen, dass Gott den richtigen Zeitpunkt kennt und wählt. Lasst uns demütig und bescheiden sein. Lasst uns auch hier nicht naiv, sondern realistisch sein. Wir wissen es schlicht nicht. Der Tag des Herrn ist wie ein Dieb in der Nacht: Zeitpunkt unbekannt. Ein Blick in die Kirchengeschichte hilft und mahnt: Wie viele Berechnungen, Termine, Daten und Ankündigungen hat es gegeben und dann war alles heiße Luft. Mündige Christinnen und Christen sind also wach und nüchtern. Sie warten und sind gewappnet.

Paulus fordert die Leser auf: »Legt einen Brustpanzer an!« Das ist so eine Art Weste aus Metall. Dieser Brustpanzer hat eine Aufgabe: Er soll unser Herz schützen. Unser Herz ist – nach biblischer Vorstellung – die Mitte unserer Person. Der Ort, an dem Gefühl, Wille und Persönlichkeit sitzen, also das, was uns letztlich auszeichnet. Und was schützt unser Herz? Paulus nennt zwei Dinge: Glaube und Liebe.

Glaube

Der Autor des Hebräerbriefs schreibt: »Der Glaube ist ein Festhalten an dem, worauf man hofft – ein Überzeugtsein von Dingen, die nicht sichtbar sind« (Hebräer 11,1).

Glaube ist keine Autosuggestion und kein Schönreden, sondern ein Überzeugtsein. Dieses Überzeugtsein ist das Resultat einer Begegnung mit Gott selbst bzw. einer Offenbarung Gottes in unserem Herzen. Die Folge dessen, dass Jesus in unser Leben tritt, unser Herz berührt, unsere inneren Augen öffnet und sich uns vorstellt, ist Glaube. Das ist ein Geschenk, das Gott mir macht und das ich nicht selbst herstellen oder machen kann. Glaube bedeutet inhaltlich nichts anderes als Festhalten oder Vertrauen. Vertrauen auf Jesus – darauf, dass er da ist, dass er rettet und dass er wiederkommt. Es ist auch ein Vertrauen darauf, dass der Tag des Herrn, der Tag, an dem Jesus wiederkommt, ein Tag des Jubels und nicht der Sorge ist.

Warum? Weil Jesus mit mir getauscht hat und weil er die Folgen meines Lebens trägt, die mehr oder weniger genießbaren Früchte meines Lebens. Er übernimmt die Konsequenzen meines Lebens und schenkt mir die Folgen, Früchte und Konsequenzen seines Lebens: Diese sind Glaube, Liebe und Hoffnung.

GLAUBE BEDEUTET NICHTS ANDERES ALS FESTHALTEN ODER VERTRAUEN.

Paulus formuliert das etwas eigenwillig, indem er sagt: »Ihr besitzt diese Rettung. Ihr besitzt dieses Heil. Es handelt sich um etwas, das Gott euch schenkt. Es gehört euch und deshalb ist der Tag des Herrn kein Gericht, weil Jesus mit uns tauscht.« Es ist der Tag der Rettung, wenn wir uns ihm anvertrauen und wenn wir davon Gebrauch machen, dass er tauscht. Wir können in dem Leben von Jesus die Zukunft Gottes sehen – und damit unsere eigene Zukunft. Wir können sehen, dass Gott alles neu macht, den Tod überwindet, alles Kaputte heilt. Und egal ob wir leben oder sterben, wir haben in Jesus ein Leben, das uns niemand wegnehmen kann. Ein Leben, das keiner kaputt machen kann. Wir bekommen Anteil an seinem Leben und niemand kann uns davon trennen – auch nicht der Tod. Der Auferstandene trägt noch die Spuren seines irdischen Lebens, so beschreiben es die Evangelien. Weil er sich verletzen ließ, kann ich unverletzt und sicher sein. Das Evangelium schenkt uns die Gewissheit, dass unser Leben gelungen ist, noch bevor es uns gelingt. Das ist das Versprechen Gottes für unsere Zukunft, die schon feststeht. Das ist Glaube. Und Liebe?

Liebe

Liebe bedeutet, dass Jesus all das, was er tut – dass er Mensch wird, dass er als Kind in diese Welt kommt, dass er lebt, leidet, stirbt und aufersteht und dass er wiederkommt –, dass er all das aus Liebe tut. Er tut es aus Liebe zu uns. Weil er uns und diese Welt liebt. Jede und jeden Einzelnen – auch all diejenigen, die wir vielleicht nicht so liebenswert finden und die uns Mühe bereiten. Er liebt sie und uns so sehr, dass er das, was er tut, für sie und für jeden von uns tut.

Ebenso wie der Glaube an Jesus ist die Liebe von und zu Jesus, diese Liebe, die unser Leben berührt und verändert und unser Herz schützt, das Resultat einer Begegnung mit Jesus. Ebenso wie den Glauben kann ich diese Liebe nicht machen, sondern Jesus selbst ist es, der mein Leben prägt und mein Herz schützt.

Das Lied »Enclosed by You« von Liz Vice[23] ist ein Gebet – eine Zwiesprache zwischen Mensch und Gott – und kann in etwa so wiedergegeben werden. Sie fragt:

Wirst du bei mir bleiben,
auch wenn ich vergesse,
dass du da bist?
Wirst du mich immer noch lieben,

auch wenn meine Liebe woanders verweilt?
Ich höre dich leise sprechen,
Geheimnisse, die mich umschließen,
Worte, die sanft mit süßer Ruhe verweilen.

Und Gott antwortet:

Ich werde dich niemals verlassen,
auch wenn du auf dich warten lässt,
denn ich bin derjenige, der gewartet hat,
damit du dich umdrehst, damit du dich zu mir umdrehst.

Dann fragt sie weiter:

Wie kann ich dich aufnehmen, wenn du alles umfasst?
Das Haus meiner Seele ist viel zu klein.
Und dennoch singe ich: Ich höre dich leise sprechen.
Geheimnisse, die mich umschließen.
Worte, die sanft mit süßer Ruhe verweilen.

Und Gott antwortet:

Ich werde dich niemals verlassen,
wenn du auf dich warten lässt,
denn ich bin derjenige, der gewartet hat,
damit du dich umdrehst, damit du dich zu mir umdrehst.

Und sie erkennt:

Von dir umschlossen – in deiner Nähe – erkenne ich:
Ich bin in dir und du bist in mir.

Diese Begegnung verändert unser Herz. Die Erkenntnis, dass der Schöpfer des Universums auf uns wartet – darauf, dass wir uns ihm zuwenden, uns umdrehen zu ihm, auf ihn schauen, uns ihm anvertrauen –, verändert unser Leben und stellt alles auf den Kopf.

Hoffnung

Glaube und Liebe sind Herzenssachen. Neben dem Brustpanzer, der unser Herz schützt, nennt Paulus noch ein Zweites, nämlich einen Helm. Ein Helm, der unsere Gedanken schützt. Dieser Helm ist die Hoffnung.

Aber nicht irgendeine Hoffnung, im Sinne eines allgemeinen Hoffens, sondern ganz konkret: Hoffnung auf Rettung. Hoffnung auf genau das, was wir uns angeschaut haben. Hoffnung auf ein gelungenes Leben. Hoffnung darauf, dass wir nicht allein klarkommen müssen. Hoffnung darauf, dass unsere Zukunft bereits gut ist und Jesus uns zu sich zieht und mit uns tauscht, weil er uns liebt. Diese Hoffnung schützt uns vor trüben und dunklen Gedanken. Sie schützt uns vor Sorgen und Angst. Sie bewahrt uns vor Zweifel und Verzweiflung. Sie schenkt uns Gedanken voller Frieden, Zuversicht und Gelassenheit.

WAS SCHÜTZT UNSERE GEDANKEN? HOFFNUNG.

Diese Hoffnung entsteht aus Glauben und Liebe, und auch diese Hoffnung ist – genau wie Glaube und Liebe – das Resultat einer Begegnung mit Jesus selbst. Eine Begegnung mit Jesus, der uns diese Hoffnung zuspricht. »Der Glaube ist ein Festhalten an dem, worauf man hofft – ein Überzeugtsein von Dingen, die nicht sichtbar sind« (Hebräer 11,1).

Erinnert euch!

Am Ende seines Textes schließt Paulus und sagt: »Macht euch gegenseitig Mut. Ermahnt euch. Tröstet euch und baut einander auf.« Er skizziert damit das, was die Absicht dieses Briefes ist: der Gemeinde wieder ins Gedächtnis zu rufen, dass das ihre Aufgabe ist. Die Christinnen und Christen in Thessalonich werden von Paulus daran erinnert, dass sie Verantwortung füreinander haben und sich gegenseitig unterstützen, stärken und ermutigen sollen. Sie sollen einander annehmen und sich gegenseitig voranbringen in einem Leben, das unter dem Zuspruch von Glaube, Liebe und Hoffnung steht.

Was die Funktion des Briefes des Paulus an die Gemeinde in Thessalonich ist, ist auch die Funktion dieses Buchs und besonders dieses Kapitels: eine Erinnerung daran, dass wir als mündige Christen Verantwortung füreinander übernehmen sollen. Dass wir uns gegenseitig an diese Aufgabe erinnern und nicht vergessen, dass sie jedem gilt und jede ihren Beitrag leisten kann und soll, andere zu ermutigen, zu trösten, zu ermahnen und zu erbauen: in der Familie, in der Gemeinde, in Kleingruppen, in unseren WGs, auf Arbeit, im digitalen Raum. Dort und überall sonst sind wir beauftragt, uns gegenseitig zu ermutigen, zu ermahnen und zu trösten, indem wir uns daran erinnern, dass Jesus wiederkommt.

ALS MÜNDIGE CHRISTEN SOLLEN WIR VERANTWORTUNG FÜREINANDER ÜBERNEHMEN.

»Eigentlich«, sagt Paulus, »habe ich euch nichts Neues zu sagen.« Ganz am Beginn des Textes stellt er fest: »Ihr wisst ja Bescheid, was die Zeiten angeht.« Und auch am Ende schreibt er: »All das tut ihr ja bereits. Also macht weiter damit! Und falls ihr es nicht tut, fangt damit an. Übernehmt Verantwortung füreinander. Warnt euch, ermutigt euch, tröstet euch, erinnert euch!«

Drei Praxis-Tipps

Am Schluss dieses Kapitels sollen drei praktische Tipps stehen, wie es uns gelingen kann, uns im Alltag daran zu erinnern, dass Jesus wiederkommt. Wie schaffen wir es, diesen Gedanken wachzuhalten, auch wenn so vieles andere unsere Aufmerksamkeit fordert?

Erstens: Wir haben zu Hause einen kleinen Herrnhuter Stern am Fenster hängen – ganzjährig. Er leuchtet dort 365 Tage im Jahr und weist uns wie der Stern von Bethlehem darauf hin, dass ein König unterwegs ist. Es kommt ein König, ein großer König, *der* König. Der Stern erinnert uns an jedem einzelnen Tag daran. Mündige Christinnen und Christen lassen sich erinnern und erinnern sich und andere, dass der König kommt.

Zweitens: Das Leiden in dieser Welt und das Leiden an dieser Welt kann eine große und auch schmerzhafte Erinnerung daran sein, dass Jesus wiederkommen muss und hoffentlich bald kommt. Das Leiden in und an der Welt erinnert uns daran, dass die Welt nicht gut ist und dass diese Welt Heilung und Erneuerung braucht. Und das Leiden erinnert uns daran, dass es einen guten und gerechten König braucht, der Recht und Gerechtigkeit schafft. Mündige Christinnen und Christen laufen vor dem Leiden der Welt nicht weg, verschließen auch nicht ihre Augen oder reden die Dinge schön, sondern sie stellen sich dem Bösen und Schlimmen und lassen sich dadurch erinnern, dass Jesus wiederkommt und die Welt nicht so bleiben muss und kann.

Drittens: Ich lasse mich erinnern von den Geschwistern Lazarus, Maria und Marta. Die Geschichte aus Johannes 11 ist den meisten vermutlich bekannt: Lazarus stirbt und Jesus kommt zu spät. Die Schwestern werfen ihm vor: »Wenn du hier gewesen wärest, wäre alles anders gekommen. Deine Anwesenheit hätte den entscheidenden Unterschied gemacht.« Genau so ist es mit Jesus: Wenn er da ist, ist alles anders. Seine Anwesenheit macht den großen Unterschied. Deshalb stelle ich mir in schwierigen Situationen vor, wie es wäre, wenn jetzt Jesus hier wäre. Wenn er jetzt mit den Leuten reden würde. Wenn er sich um dies und das kümmern würde. Wenn er Versöhnung und Heilung, Umkehr und Korrektur – kurz: Rettung – bringen würde. Mündiger Glaube lässt sich von Lazarus, Marta und Maria daran erinnern. Immer wieder.

An noch eine Sache erinnert uns die Geschichte der drei Geschwister: daran, dass es manchmal länger dauert, als uns lieb ist, bis Jesus kommt. Aber wenn er dann kommt, macht er alles gut und tut, was getan werden muss. Dann ist dies das Ende, weil es gut ist – und wenn es noch nicht gut ist, dann ist es eben noch nicht das Ende. Deshalb beten mündige Christen mit den Worten des Paulus: »Der Herr aber richte eure Herzen aus auf die Liebe zu Gott und das Warten auf Christus« (2. Thessalonicher 3,5). (fe)

ZIELFOTO: MÜNDIGE NACHFOLGE

Ich schaue für mein Leben gern Biathlon, vor allem Verfolgung und Massenstart, wenn alle gleichzeitig dem Ziel entgegenjagen und es oft bis zum letzten Moment spannend ist, wer als Erster die Ziellinie überqueren wird. Aber dann wird weiterberichtet, bis alle 30 oder 60 im Ziel sind. Und ich stelle mir vor, dass das jeder im Sinn hat, der startet: ins Ziel kommen. Möglichst weit vorne, aber auf jeden Fall: gut durchgekommen und erfolgreich angekommen.

Bevor das reale Zielfoto entsteht, haben die Athleten wieder und wieder ein »Zielfoto« vor dem inneren Auge gehabt: ankommen, das Ziel erreichen, gewinnen. Das will ich. Da will ich hin. Am Ende ist es das, wo ich ankommen möchte. Bevor eine Olympiasiegerin durchs Ziel läuft, hat ein kleines Mädchen davon geträumt, und dann hat es in den Jahren dazwischen alles getan, damit es kein Traum bleibt.

Wer solch ein Zielfoto vor Augen hat, der wird sein Leben danach ausrichten. Das Ziel, das ich erreichen möchte, wird zur bestimmenden Mitte meiner Entscheidungen: was ich tue oder lasse, wie ich meine Tage gestalte, wie oft ich trainiere, bei wem ich mir Rat suche, was ich esse, was ich nicht esse. Triple C ist dann ein Problem: Chocolate-Chip-Cookie, 488 Kalorien auf 100 Gramm. Eher nicht, lieber Hüttenkäse. Aber es tut gar nicht so weh: Das Ziel lockt, zieht, leuchtet.

WER EIN ZIELFOTO VOR AUGEN HAT, DER WIRD SEIN LEBEN DANACH AUSRICHTEN.

Wer ein Ziel vor Augen hat, hat Biss. Biss (oder englisch: »grit«) – so die Psychologin Angela Duckworth – ist die Kombination von

Passion und Persistence, von Leidenschaft und Ausdauer.[24] Wenn ich ein Zielfoto für mein Leben finde, habe ich Leidenschaft. Um dabeizubleiben, brauche ich Ausdauer. Eine gute Biathletin hat Leidenschaft und Ausdauer.

Ein motivierendes Ziel

Wie sieht das Zielfoto für Menschen aus, die Jesus nachfolgen?

> Also, meine Lieben: Hört auf mich – so wie bisher. Tut dies nicht nur dann, wenn ich bei euch bin. Tut es vielmehr erst recht dann, wenn ich nicht da bin. Es geht um eure Rettung. Setzt alles daran, auch wenn euch Furcht und Zittern überkommen! Denn Gott bringt euch dazu, dass ihr nicht nur so handeln wollt, wie es ihm gefällt. Er sorgt vielmehr dafür, dass ihr es auch könnt!
> Tut alles, ohne euch zu beklagen und ohne Zweifel und Bedenken. Denn ihr sollt fehlerlos und unbescholten sein – makellose Kinder Gottes inmitten einer ungerechten und verkehrten Generation. Aus ihr strahlt ihr hervor wie helle Lichter in der Welt. Denn ihr haltet am Wort des Lebens fest. Darauf kann ich stolz sein an dem Tag, an dem Christus wiederkommt. Ich habe mich also nicht umsonst angestrengt und mich nicht umsonst abgemüht. Sogar wenn ich mein Leben geben müsste, würde ich mich freuen. Denn es wäre wie ein Opfer und ein Dienst für euren Glauben. Ja, ich freue mich wirklich mit euch allen! Und ihr sollt euch genauso freuen. Ja, freut euch mit mir!
> Ich hoffe im Vertrauen auf Jesus, den Herrn, dass ich Timotheus bald zu euch schicken kann. Es würde mich ermutigen,

zu erfahren, wie es bei euch steht. Ich habe nämlich sonst keinen, der genauso denkt wie ich und sich so zuverlässig um euch kümmert. Allen anderen geht es doch nur um sich selbst und nicht um die Sache von Jesus Christus. Ihr wisst, wie sehr sich Timotheus bewährt hat: Er hat zusammen mit mir der Guten Nachricht gedient. Dabei war er für mich wie ein Sohn, der seinem Vater zur Hand geht. Ich hoffe also, ihn bald schicken zu können. Ich tue das, sobald ich absehen kann, wie es mit mir weitergeht. Aber im Vertrauen auf den Herrn rechne ich sogar damit, dass ich bald selbst kommen kann.

Ich habe es für nötig gehalten, Epaphroditus zu euch zurückzuschicken. Er ist mein Bruder, Mitarbeiter und Mitstreiter. Ihr hattet ihn zu mir geschickt, und er war mein Helfer in der Not. Er hatte nämlich große Sehnsucht nach euch allen. Außerdem machte er sich Sorgen, weil ihr von seiner Krankheit erfahren habt. Tatsächlich war er schwer krank und dem Tod nahe. Aber Gott hatte Mitleid mit ihm – und nicht nur mit ihm, sondern auch mit mir! Ich sollte nicht ein Leid nach dem anderen erfahren. Umso mehr habe ich mich beeilt, ihn zu euch zu senden. Dann könnt ihr euch über das Wiedersehen freuen und ich selbst habe dadurch eine Sorge weniger. Nehmt ihn also voll Freude als Bruder auf! Solche Menschen muss man in Ehren halten. Denn es war die Arbeit für Christus, durch die er dem Tod nahegekommen ist. Er hat sein Leben aufs Spiel gesetzt, um mir einen Dienst zu leisten – den Dienst, den ihr selbst nicht für mich tun konntet.

Philipper 2,12–30

Ich konzentriere mich auf drei Details.

1. Wir haben wertvolle und erstaunlich einmütige Beziehungen

Der ganze Abschnitt in diesem Schreiben aus dem Knast dreht sich um gute Beziehungen. Paulus scheint hier eine größere Baustelle in der Gemeinde zu sehen. Er schreibt zum Beispiel: »Macht also meine Freude vollkommen und seid euch einig. Seid miteinander verbunden durch dieselbe Liebe, und strebt einmütig dasselbe Ziel an« (Vers 2).

Wann schreibt man so etwas? Wenn die Freude noch nicht vollkommen ist, wenn es mit der Eintracht nicht so weit her ist. Zwietracht Philippi heißt es dann, nicht Eintracht Philippi. Aber das ist doch das Zielfoto: einig, dieselbe Liebe, einmütig und einträchtig. Da ist Luft nach oben in Philippi und sicher auch bei uns. Aber es ist ein Ziel, das wir mit Leidenschaft und Ausdauer verfolgen sollen.

Paulus greift hier zu einem erprobten Mittel, um den Philippern zu zeigen, was er meint. Er erzählt eine Geschichte, er bringt ein Beispiel, genauer gesagt: Er malt ihnen ein Vorbild vor Augen. Das Vorbild ist sein junger Kollege Timotheus. Eigentlich geht es darum, der Gemeinde den Besuch des Timotheus anzukündigen. Nicht zum ersten Mal schickt Paulus ihn auf Reisen. Timotheus war so etwas wie die Allzweckwaffe des Apostels. Egal wie heikel die Mission war, Timotheus hat es immer hingekriegt: in Thessalonich, in Korinth – und nun soll er den Apostel in Philippi vertreten. Paulus stellt Timotheus für diese Reise ein Zeugnis aus. Es ist ein Empfehlungsschreiben erster Güte. Aber nebenbei ist das, was Paulus hier über Timotheus schreibt, auch ein Hinweis auf Haltungen, die zu wichtigen und erstaunlich einmütigen Beziehungen beitragen. Nach dem Motto: Wenn ihr das wollt, dann schaut euch bitte mal Timotheus an. Warum? Nun schaut hin: Unter allen meinen

Mitarbeitern ragt er heraus. Was ich an ihm habe, das habe ich an keinem anderen. Und das ist zweierlei.

1. Er sucht nicht nur das Seine. Er ist nicht andauernd damit beschäftigt, was ihm nützt, ihn voranbringt, ihn ins Rampenlicht stellt, seine Wünsche erfüllt. Er ist erstaunlich wenig mit sich beschäftigt. Welche Wohltat! Ein Mensch, dessen Lebenslied nicht auf »me, myself and I« gestimmt ist.
2. Er dient mit mir zusammen dem Evangelium. Das Erste alleine sagt noch nicht viel. Timotheus aber ist nicht nur wenig mit sich selbst sondern auch sehr mit dem Evangelium beschäftigt. Seine Leidenschaft ist mit Ausdauer darauf ausgerichtet, dass möglichst viele Menschen von Jesus hören, sodass die Gemeinde aufblühen kann und das Gemeinwesen zu einem lebenswerten Ort wird. Das ist seine Leidenschaft.

Beides zusammen macht unsere Beziehung so wertvoll und einträchtig. Wir sind nicht deshalb so eng miteinander verbunden, weil wir uns so ähnlich wären: weil wir aus derselben sozialen Schicht stammen, ähnlich ticken, ähnlich denken, ähnlich wählen, die gleiche Fußballmannschaft verehren, die gleiche Musik hören, uns für Gemüseanbau interessieren oder aus der gleichen Region stammen und einfach so furchtbar nett zueinander sind. Alles definitiv nicht. Wir sind deshalb so eng miteinander verbunden, weil wir dasselbe wollen, mit Leidenschaft und Ausdauer. Wir haben für unser Leben dieselbe Mission! Dasselbe Zielfoto! Das macht uns zu unzertrennlichen Seelengefährten.

Wie kommen wir also zu wertvollen und erstaunlich einmütigen Beziehungen? Was muss geschehen, damit wir uns diesem Detail auf dem Zielfoto nähern? Der französische Schriftsteller

Antoine de Saint-Exupéry soll es einmal so ausgedrückt haben: »Liebe besteht nicht darin, dass man einander anschaut, sondern dass man gemeinsam in dieselbe Richtung blickt.« Was Timotheus ausmacht, macht auch die Seelenfreundschaft von Paulus und Timotheus aus: Wie er nicht dauernd mit sich selbst beschäftigt ist, so sind die beiden auch nicht dauernd mit ihrer Beziehung beschäftigt, aber sie haben eine gemeinsame Blickrichtung, ein gemeinsames Ziel, gemeinsame Leidenschaft und Ausdauer. Und das schweißt sie zusammen.

WIR HABEN FÜR UNSER LEBEN DIESELBE MISSION! DASSELBE ZIELFOTO!

Unser Zielfoto ist ein von Jesus verändertes, erneuertes, mündiges Dasein. Dazu gehören wertvolle, erstaunlich einmütige Beziehungen. Wie kommen wir dahin? Wie werden unsere Beziehungen zueinander so erfreulich, eng, belastbar, dauerhaft? Durch die gemeinsame Blickrichtung! Wie gelingen Freundschaften und Ehen? Indem sie gemeinsam auf etwas Großes schauen! Wie erleben wir als Gemeinde erstaunliche Einigkeit? Indem wir uns einer Mission für Jesus verschreiben.

2. Wir unterscheiden uns in vielem von unserer Umwelt

Paulus hat einen sehr strengen Blick auf die Lebensverhältnisse seiner Zeit geworfen. Er sagt: »Das ist ein verdorbenes und verkehrtes Geschlecht.« »Eine ungerechte und verkehrte Generation«, übersetzt die BasisBibel. Und dann fügt er sein zweites Detail zum Zielfoto hinzu: »Seid anders«, sagt er. »Unter den Menschen dieser Zeit sollt ihr leuchten wie Lichter in einer dunklen Welt.« Die BasisBibel übersetzt: »Ihr sollt hervorstrahlen wie helle Lichter.«

Unser Zielfoto ist ein von Jesus verändertes, erneuertes, mündiges Dasein. Für Paulus bedeutet das: anders sein, sich unterscheiden, nicht angepasst leben. Wir werden gleich sehen, dass das ein heikles Thema ist. Aber bevor wir uns mit ein paar Problemen beschäftigen, möchte ich ein bisschen erzählen, was in der Antike, also zur Zeit des Paulus und der ersten Christen, damit gemeint war. Ich nenne nur ein Beispiel, das mit dem Anfang des Lebens zu tun hat.

Am Anfang des Lebens: In der Antike befürworteten große Philosophen wie Plato und Seneca, dass man Neugeborene tötete, wenn sie behindert oder missgestaltet waren. Es war das Recht jedes Hausvaters im Römischen Reich, über Leben oder Tod eines Neugeborenen zu entscheiden. Man legte es dem Patriarchen zu Füßen und er entschied, ob das Kind aufgezogen werden durfte. In einem Badehaus im antiken Askalon fand man Hunderte von Skeletten, die meisten Jungen. Das Badehaus war auch ein Bordell, und man vermutet, dass man die männlichen Neugeborenen tötete, weil sie später nicht von Nutzen für den Betrieb des Freudenhauses sein würden. Erst das Vordringen des christlichen Glaubens machte dieser Praxis ein Ende. Der jüdische und der christliche Glaube standen dafür, dass das Lebensrecht jedes Neugeborenen geachtet wurde.

UNSER ZIELFOTO IST EIN VON JESUS VERÄNDERTES, ERNEUERTES, MÜNDIGES DASEIN.

In meiner Heimat in Bethel, in der dortigen Diakonie, hieß es immer: »Mensch ist, wer vom Menschen geboren wird, und dann ist er oder sie auch zu achten.« Etwas gröber auf Westfälisch: »Was zur Welt kommt, wird gewickelt.«

Die Christen unterschieden sich von ihrer Umgebung. Sie wussten um Gottes Liebe zu jedem Menschenkind. Sie kannten die Zuneigung ihres Herrn zu den Kleinen, Armen und Schwachen.

Und das formte ihren Lebensstil. Das war im Übrigen für ihre Mitmenschen nicht nur überraschend, sondern auch anziehend.

Jetzt müssen wir zwei Grenzen markieren, damit wir das alles nicht in den falschen Hals kriegen.

1. Nicht alles, was da draußen passiert, ist böse und verkehrt. Vieles ist – Gott sei Dank! – gut. Ärztinnen heilen, Eltern sorgen, Erzieher bilden, Trainer fördern, Bäckerinnen backen und Polizisten schützen. Das funktioniert ganz gut. Das, was Menschen schaffen und wie sie leben, können wir in vielerlei Hinsicht nur dankbar annehmen. Und zwar unabhängig davon, ob sie wie wir denken und mit uns den Glauben an Jesus teilen! Nicht in jeder Hinsicht müssen wir uns unterscheiden. Zuweilen machen es die »Kinder der Welt« sogar besser als die frommen Gotteskinder.
2. Vorsicht vor Hochmut. Es gibt einen Willen, sich zu unterscheiden, der hochmütig auf andere herabschaut. »Ich bin so viel besser als du! Und ich will, dass du das auch weißt, damit du dich mal so richtig schlecht fühlst.« Sich unterscheiden bedeutet dann: am eigenen Denkmal werkeln. Sich selbst groß und den Nächsten klein machen. So ist es hier gewiss nicht gemeint!

Aber was bleibt dann? Wieso ist das trotzdem ein Detail unseres Zielfotos? Weil uns Jesus immer wieder auf etwas aufmerksam macht, was böse und verdreht ist, Menschen schädigt, Raubbau an der Schöpfung darstellt oder das Gute mit Füßen tritt. Man konnte das in den letzten Jahren zum Beispiel im Blick auf den Umgang mit Flüchtlingen sehen. Das ist jetzt nicht ein Votum für eine bestimmte parteipolitische Lösung des sogenannten Flüchtlingsproblems. Aber es ist der Appell, sich zu unterscheiden, indem wir das Gebot

Gottes achten: für Barmherzigkeit und Großzügigkeit, gegen Härte und Selbstbezogenheit.

Jetzt wird es kompliziert. Die »böse Welt« ist nicht nur da draußen. Sie ist manchmal auch hier drinnen, mitten in der frommen Welt. Der Missbrauch von Schutzbefohlenen, die sexuellen Übergriffe gegen Kinder, die Vertuschung der Taten, die Rücksicht auf Täter statt auf Opfer: Das alles geschieht mitten im frommen Kosmos. Dann ist auch die Kirche »ein verdorbenes und verkehrtes Geschlecht«.

Zu leuchten beginnen wir erst, wenn Eltern vertrauen können, dass Kinder in unseren Gemeinden behütet und geborgen sind und dass ihnen nichts zustößt, was ihre Seele und ihren Leib verletzt. Unsere Regeln müssen an dieser Stelle so streng sein, dass klar ist: Wir dulden das hier nicht. Wir stellen sicher, dass die, die bei uns Kinder betreuen, besonders strengen Maßstäben gerecht werden. Wir tun alles, damit Kinder bei uns stark werden, Gaben entfalten, sozial fit werden und Jesus kennenlernen.

Wenn in den Kommunen gesagt wird: »Schickt eure Kinder zur christlichen Gemeinde, da widerfährt ihnen Gutes«, dann sind wir unserem Zielfoto ein Stückchen näher gekommen.

3. Wir leben riskante Selbstlosigkeit

Paulus hat noch einen Trumpf in der Hand: ein weiteres Beispiel. Dieses Mal ist es einer der Ihren, ein waschechter Philipper, ein Kind aus der Nachbarschaft. Er trägt den merkwürdigen Namen Epaphroditus, Günstling der Liebesgöttin Aphrodite, einfacher gesagt: Kind der Liebe.

Eines Tages ist Epaphroditus Christ geworden und hat sich taufen lassen. Jetzt ist er ein Musterbeispiel eines von Jesus veränderten und erneuerten Lebens, ein Vorbild, wenn es darum geht, unserem Zielfoto näher zu kommen. Warum? Weil er so gut reden konnte? Nein. Weil er ein wichtiger Leiter der Gemeinde war? Nein. Warum dann? Weil er riskante Selbstlosigkeit lebte.

Und das kam so: Für Paulus war die Zeit damals alles andere als eine vergnügliche Phase seines Lebens. Er schrieb diesen Brief aus dem Gefängnis. Und Knast bedeutete: Niemand hat die Absicht, Gefangene zu ernähren. Wer keine Hilfe von außen bekam, der hungerte.

Und da kommt Epaphroditus ins Spiel. Der reist im Auftrag der Gemeinde zu Paulus und versorgt ihn im Knast. Täglich. Solange es halt dauert. Bringt ihm Brot und Gulaschsuppe. Also: Ohne die Mahlzeiten von Epaphroditus wäre Paulus nicht mehr dazu gekommen, den Römerbrief zu schreiben. Kein Römerbrief ohne Gulasch. Kein Römerbrief ohne den Sohn der Liebe. Nicht schlecht, oder?

Aber damit noch nicht genug: Epaphroditus bleibt auch, als er selbst krank wird. Er tut seinen Dienst unermüdlich. Er riskiert selbstlos alles für den Apostel. Er weiß: Paulus wird noch gebraucht, deshalb macht er weiter, obwohl es wehtut. Leidenschaft und Ausdauer. So folgt er Jesus, der auch über alle Grenzen gegangen ist, auch als es wehgetan hat.

Epaphroditus hätte es fast nicht überlebt. Er wird gerade noch einmal gesund. Da schickt ihn Paulus wieder nach Hause, nicht ohne ihn zu einer Ikone der »helping hands« zu erklären, der Leute in der zweiten Reihe, ohne die nichts geht, die nicht leiten, lehren oder reden, aber den Apostel am Leben erhalten.

Auch das ist ein Detail unseres Zielfotos und vielleicht das schwierigste. Welche Grenzen sind wir bereit zu überschreiten, wenn es darum geht, Jesus zu folgen und dem Evangelium den Weg zu bereiten? Wo riskieren wir es, das Eigene zurückzustellen und Opfer zu bringen, auch wenn sie wehtun?

Natürlich muss man jetzt ganz korrekt darauf hinweisen, dass manche Aufopferung des eigenen Lebens nicht gut ist, sogar schädlich, Ausdruck von Schwäche und Bedürftigkeit, nicht Ausdruck von Stärke und Mündigkeit. Manche Menschen opfern sich auf, um endlich Anerkennung und Liebe zu finden. So ist es gewiss nicht gemeint!

WO RISKIEREN WIR ES, DAS EIGENE ZURÜCKZUSTELLEN UND OPFER ZU BRINGEN?

Aber nicht jedes Opfer ist fragwürdig. Kommt es vor, dass wir Lebenspläne ändern, um für Jesus verfügbar zu sein, um seine Sache voranzubringen? Auf Eigenes verzichten, um für die Mission der Gemeinde da zu sein?

Dieser Verzicht wird nur dann nicht schräg, wenn wir wissen: Das ist das beste Leben, das wir leben können. Paulus redet von Freude, seiner Freude und der Freude der Gemeinde. Es ist, wenn es gut geht, kein erzwungenes Tun, keine Pflicht, es ist Leidenschaft, es ist Ausdauer, es ist der Wunsch, nahe bei Jesus zu sein. Es ist Investment in ein gutes Leben, verändert und erneuert durch Jesus. Es ist ein Schritt auf das Ziel zu, das unserem Leben gesetzt ist.

Drei provokative Details eines Lebensentwurfs, eines Zielfotos: von Jesus erneuertes, mündiges Leben. Wertvolle Beziehungen, erstaunlich einmütig, entstehen durch eine gemeinsame Blickrichtung. In manchem sind Unterschiede nötig, weil im Licht Jesu manches in unserer Gesellschaft und auch in der Kirche nicht bestehen kann. Und dann stehen wir vor der Frage, ob wir zu investieren bereit sind, auch wenn es wehtut, weil wir Teil einer aufregenden Mission sind. (mh)

ANMERKUNGEN

1 Diese Gedanken zu meinem persönlichen Erlebnis sind inspiriert von Timothy Keller, vgl. Keller, Timothy: Jesus: Seine Geschichte – unsere Geschichte, Gießen 2012, 114-115.

2 Dalferth, Ingolf U.: Leiden und Böses. Vom schwierigen Umgang mit Widersinnigem, Leipzig 2007 (2. Aufl.), 214.

3 Vgl. Keller, Timothy: Center Church. Kirche in der Stadt, Worms 2015, 59: »Die Kraft des Evangeliums wirkt in zwei Richtungen. Zunächst bewirkt sie die Erkenntnis: ›Ich bin so sündhaft und schlecht, wie ich es nie für möglich gehalten hätte.‹ Unmittelbar darauf folgt aber die andere: ›Ich bin angenommener und geliebter, als ich es je zu hoffen gewagt hätte.‹«

4 Vgl. Wikipedia (Hg.): Coronavirus (Comicfigur). https://de.wikipedia.org/wiki/Coronavirus_(Comicfigur); letzter Abruf 20.07.2021.

5 Hartenstein, Karl: Der wiederkommende Herr. Eine Auslegung der Offenbarung des Johannes, Stuttgart 1948, 64.

6 Ein feste Burg ist unser Gott, Text & Melodie: Martin Luther (1529).

7 Vgl. Ortberg, John: Das Abenteuer, nach dem du dich sehnst, Asslar 2002, 219-221.

8 Keller, Timothy: Center Church. Kirche in der Stadt, 65.

9 Ebd., 66.

10 Vgl. Sesamstraße: Die Marsmännchen entdecken Tropfen. Auf: https://www.youtube.com/watch?v=_2U2U9jn6XY; letzter Abruf 20.07.2021.

11 Bonhoeffer, Dietrich: Nachfolge, München 1971, 65.

12 Vgl. ebd., 201.

13 Diese von mir leicht abgewandelte Idee verdanke ich dem Tatortreiniger Heiko »Schotty« Schotte, Staffel 2, Folge 4.

14 Vgl. Warren, Rick: The purpose driven life, 2013 (10. Aufl.).

15 Keller, Timothy: Gottes Weisheit entdecken. Ein Jahr mit dem Buch der Sprüche, Gießen 2020, 148.

16 Vgl. Barth, Karl: Die kirchliche Dogmatik. Die Lehre vom Wort Gottes: Prolegomena zur Kirchlichen Dogmatik (Erster Halbband), Zürich 1981 (9. Aufl.), 89-128.

17 Kaiser, Gerhard: Die Menschwerdung Gottes im Bibeltext, Tübingen 2011, 11 und 24.

18 Bohren, Rudolf: Predigtlehre, München 1986 (5. Aufl.), 25, 27 und 82.

19 Fehr, Reto: Stell dir vor, die Welt hätte nur 100 Einwohner. Das wären ihre Bewohner, Watson 28.12.2919. https://www.watson.ch/wissen/international/993164658-so-wuerde-die-welt-mit-100-einwohnern-aussehen; letzter Abruf 20.07.2021.

20 Vgl. diesen Dialog bei Janosch: Ich mach dich gesund, sagte der Bär. Die Geschichte, wie der kleine Tiger einmal krank war, Zürich 1985, 10-11.

21 Vgl. Berkhof, Hendrikus: Theologie des Heiligen Geistes, Neukirchen-Vluyn 1988 (2. Aufl.), 43.

22 Holtz, Traugott: Der erste Brief an die Thessalonicher, EKK Band XIII, Zürich u.a. 1986, 238.

23 Ramseur Records; eigene Übersetzung.

24 Vgl. Duckworth, Angela: FAQ. https://angeladuckworth.com/qa/; letzter Abruf 20.07.2021.

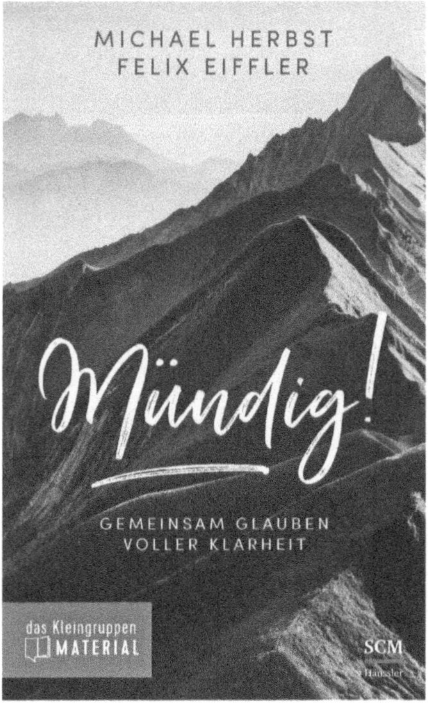

Michael Herbst, Felix Eiffler

Mündig!
Gemeinsam glauben voller Klarheit

Wir werden im Glauben erwachsen, wenn wir Klarheit gewinnen – jeder über sich selbst und wir gemeinsam über Gott. Für diesen Prozess spielt die Gemeinschaft eine große Rolle. Mit praktischen Anleitungen zu Austausch, gemeinsamem Bibelstudium und Gebet vertieft das Kleingruppenmaterial die Buchkapitel von »Mündig!«. Die Autoren nehmen Gruppen mit auf den Weg vom Begreifen zum Umsetzen und zeigen: Mündiges Christsein wird praktisch erlebbar, wenn wir uns darin als Gemeinschaft gegenseitig tragen können.

Paperback, 13,5 x 21,5 cm, 112 S.
Nr. 396.155, ISBN: 978-3-7751-6155-8
Auch als E-Book *e*

SCM
Hänssler

Michael Herbst

Lebendig!
Vom Geheimnis mündigen Christseins

Wie geht Glaube, der mitten im Alltag alles beflügelt? Mit Jesus und wie Jesus arbeiten, Gaben einsetzen, Entscheidungen treffen, scheitern, beten, durchstarten. Ein Buch über das Geheimnis mündigen Christseins.
Mit Fragen zum persönlichen Weiterdenken oder für Hauskreise und Gruppen.

Gebunden, 13,5 x 21,5 cm, 288 S.,
mit Lesebändchen
Nr. 395.850, ISBN: 978-3-7751-5850-3
Auch als E-Book e

SCM
Hänssler